520.
Ce.4.

YJ 3040

OEUVRES
DE MOLIÈRE.

PARIS. — DE L'IMPRIMERIE DE RIGNOUX,
Rue des Francs-Bourgeois-S.-Michel, n° 8.

Œuvres
DE MOLIÈRE,

AVEC

UN COMMENTAIRE HISTORIQUE ET LITTÉRAIRE;

PRÉCÉDÉES

DU TABLEAU DES MOEURS DU DIX-SEPTIÈME SIÈCLE,
ET DE LA VIE DE MOLIÈRE,

PAR M. PETITOT.

Nouvelle Édition.

TOME QUATRIÈME.

PARIS.

J. P. AILLAUD, QUAI VOLTAIRE, N° 11.

M DCCC XXIX.

MÉLICERTE,

PASTORALE HÉROÏQUE,

Dont il n'existe que les deux premiers actes, qui furent représentés à Saint-Germain-en-Laye, le 2 décembre 1666.

PERSONNAGES.

MÉLICERTE, bergère.
DAPHNÉ, bergère.
ÉROXÈNE, bergère.
MYRTIL, amant de Mélicerte.
AGANTE, amant de Daphné.
TIRÈNE, amant d'Éroxène.
LICARSIS, pâtre, cru père de Myrtil.
CORINNE, confidente de Mélicerte.
NICANDRE, berger.
MOPSE, berger, cru oncle de Mélicerte.

La scène est en Thessalie, dans la vallée de Tempé.

MÉLICERTE.

ACTE PREMIER.

SCÈNE I.

DAPHNÉ, ÉROXÈNE, ACANTE, TIRÈNE.

ACANTE.

Ah! charmante Daphné!

TIRÈNE.

Trop aimable Eroxène!

DAPHNÉ.

Acante, laisse-moi.

ÉROXÈNE.

Ne me suis point, Tirène.

ACANTE, à Daphné.

Pourquoi me chasses-tu?

TIRÈNE, à Éroxène.

Pourquoi fuis-tu mes pas?

DAPHNÉ, à Acante.

Tu me plais loin de moi.

ÉROXÈNE, à Tirène.

Je m'aime où tu n'es pas.

ACANTE.

Ne cesseras-tu point cette rigueur mortelle?

TIRÈNE.

Ne cesseras-tu point de m'être si cruelle?

DAPHNÉ.

Ne cesseras-tu point tes inutiles vœux?

ÉROXÈNE.

Ne cesseras-tu point de m'être si fâcheux?

ACANTE.

Si tu n'en prends pitié, je succombe à ma peine.

TIRÈNE.

Si tu ne me secours, ma mort est trop certaine.

DAPHNÉ.

Si tu ne veux partir, je vais quitter ce lieu.

ÉROXÈNE.

Si tu veux demeurer, je te vais dire adieu.

ACANTE.

Hé bien! en m'éloignant je te vais satisfaire.

TIRÈNE.

Mon départ va t'ôter ce qui peut te déplaire.

ACANTE.

Généreuse Éroxène, en faveur de mes feux,
Daigne au moins, par pitié, lui dire un mot ou deux.

TIRÈNE.

Obligeante Daphné, parle à cette inhumaine,
Et sache d'où pour moi procède tant de haine.

SCÈNE II.

DAPHNÉ, ÉROXÈNE.

ÉROXÈNE.

Acante a du mérite, et t'aime tendrement ;
D'où vient que tu lui fais un si dur traitement ?

DAPHNÉ.

Tirène vaut beaucoup, et languit pour tes charmes ;
D'où vient que sans pitié tu vois couler ses larmes ?

ÉROXÈNE.

Puisque j'ai fait ici la demande avant toi,
La raison te condamne à répondre avant moi.

DAPHNÉ.

Pour tous les soins d'Acante on me voit inflexible,
Parce qu'à d'autres vœux je me trouve sensible.

ÉROXÈNE.

Je ne fais pour Tirène éclater que rigueur,
Parce qu'un autre choix est maître de mon cœur.

DAPHNÉ.

Puis-je savoir de toi ce choix qu'on te voit taire ?

ÉROXÈNE.

Oui, si tu veux du tien m'apprendre le mystère.

DAPHNÉ.

Sans te nommer celui qu'amour m'a fait choisir,
Je puis facilement contenter ton désir ;
Et de la main d'Atis, ce peintre inimitable,
J'en garde dans ma poche un portrait admirable,

Qui jusqu'au moindre trait lui ressemble si fort,
Qu'il est sûr que tes yeux le connoîtront d'abord.

ÉROXÈNE.

Je puis te contenter par une même voie,
Et payer ton secret en pareille monnoie.
J'ai de la main aussi de ce peintre fameux
Un aimable portrait de l'objet de mes vœux,
Si plein de tous ses traits et de sa grâce extrême,
Que tu pourras d'abord te le nommer toi-même.

DAPHNÉ.

La boîte que le peintre a fait faire pour moi
Est tout-à-fait semblable à celle que je voi.

ÉROXÈNE.

Il est vrai, l'une à l'autre entièrement ressemble,
Et certe il faut qu'Atis les ait fait faire ensemble.

DAPHNÉ.

Faisons en même temps, par un peu de couleurs,
Confidence à nos yeux du secret de nos cœurs.

ÉROXÈNE.

Voyons à qui plus vite entendra ce langage,
Et qui parle le mieux, de l'un ou l'autre ouvrage.

DAPHNÉ.

La méprise est plaisante, et tu te brouilles bien ;
Au lieu de ton portrait, tu m'as rendu le mien.

ÉROXÈNE.

Il est vrai ; je ne sais comme j'ai fait la chose.

DAPHNÉ.

Donne. De cette erreur ta rêverie est cause.

ACTE I, SCÈNE II.

ÉROXÈNE.

Que veut dire ceci ? Nous nous jouons, je croi :
Tu fais de ces portraits même chose que moi.

DAPHNÉ.

Certes, c'est pour en rire, et tu peux me le rendre.

ÉROXÈNE, *mettant les deux portraits l'un à côté de l'autre.*

Voici le vrai moyen de ne se point méprendre.

DAPHNÉ.

De mes sens prévenus est-ce une illusion ?

ÉROXÈNE.

Mon âme sur mes yeux fait-elle impression ?

DAPHNÉ.

Myrtil à mes regards s'offre dans cet ouvrage.

ÉROXÈNE.

De Myrtil dans ces traits je rencontre l'image.

DAPHNÉ.

C'est le jeune Myrtil qui fait naître mes feux.

ÉROXÈNE.

C'est au jeune Myrtil que tendent tous mes vœux.

DAPHNÉ.

Je venois aujourd'hui te prier de lui dire
Les soins que pour son sort son mérite m'inspire.

ÉROXÈNE.

Je venois te chercher pour servir mon ardeur
Dans le dessein que j'ai de m'assurer son cœur.

DAPHNÉ.

Cette ardeur qu'il t'inspire est-elle si puissante ?

ÉROXÈNE.

L'aimes-tu d'une amour qui soit si violente?

DAPHNÉ.

Il n'est point de froideur qu'il ne puisse enflammer,
Et sa grâce naissante a de quoi tout charmer.

ÉROXÈNE.

Il n'est nymphe en l'aimant qui ne se tînt heureuse;
Et Diane, sans honte, en seroit amoureuse.

DAPHNÉ.

Rien que son air charmant ne me touche aujourd'hui;
Et si j'avois cent cœurs, ils seroient tous pour lui.

ÉROXÈNE.

Il efface à mes yeux tout ce qu'on voit paroître;
Et si j'avois un sceptre, il en seroit le maître.

DAPHNÉ.

Ce seroit donc en vain qu'à chacune, en ce jour,
On nous voudroit du sein arracher cet amour :
Nos âmes dans leurs vœux sont trop bien affermies.
Ne tâchons, s'il se peut, qu'à demeurer amies,
Et puisqu'en même temps, pour le même sujet,
Nous avons toutes deux formé même projet,
Mettons dans ce débat la franchise en usage,
Ne prenons l'une et l'autre aucun lâche avantage,
Et courons nous ouvrir ensemble à Licarsis
Des tendres sentiments où nous jette son fils.

ÉROXÈNE.

J'ai peine à concevoir, tant la surprise est forte,
Comme un tel fils est né d'un père de la sorte;

ACTE I, SCÈNE II.

Et sa taille, son air, sa parole et ses yeux,
Feroient croire qu'il est issu du sang des dieux.
Mais enfin j'y souscris, courons trouver ce père,
Allons lui de nos cœurs découvrir le mystère;
Et consentons qu'après Myrtil entre nous deux
Décide par son choix ce combat de nos vœux.

DAPHNÉ.

Soit. Je vois Licarsis avec Mopse et Nicandre.
Ils pourront le quitter, cachons-nous pour attendre.

SCÈNE III.

LICARSIS, MOPSE, NICANDRE.

NICANDRE, à Licarsis.

Dis-nous donc ta nouvelle.

LICARSIS.

Ah! que vous me pressez!
Cela ne se dit pas comme vous le pensez.

MOPSE.

Que de sottes façons et que de badinage!
Ménalque pour chanter n'en fait pas davantage.

LICARSIS.

Parmi les curieux des affaires d'État,
Une nouvelle à dire est d'un puissant éclat.
Je me veux mettre un peu sur l'homme d'importance,
Et jouir quelque temps de votre impatience.

NICANDRE.

Veux-tu par tes délais nous fatiguer tous deux?

MOPSE.

Prends-tu quelque plaisir à te rendre fâcheux?

NICANDRE.

De grâce, parle, et mets ces mines en arrière.

LICARSIS.

Priez-moi donc tous deux de la bonne manière,
Et me dites chacun quel don vous me ferez
Pour obtenir de moi ce que vous désirez.

MOPSE.

La peste soit du fat! Laissons-le là, Nicandre;
Il brûle de parler, bien plus que nous d'entendre.
Sa nouvelle lui pèse, il veut s'en décharger,
Et ne l'écouter pas est le faire enrager.

LICARSIS.

Hé!

NICANDRE.

Te voilà puni de tes façons de faire.

LICARSIS.

Je m'en vais vous le dire, écoutez.

MOPSE.

Point d'affaire.

LICARSIS.

Quoi! vous ne voulez pas m'entendre?

NICANDRE.

Non.

LICARSIS.

Hé bien!
Je ne dirai donc mot, et vous ne saurez rien.

ACTE I, SCÈNE III.

MOPSE.

Soit.

LICARSIS.

Vous ne saurez pas qu'avec magnificence
Le roi vient honorer Tempé de sa présence;
Qu'il entra dans Larisse hier sur le haut du jour;
Qu'à l'aise je l'y vis avec toute sa cour;
Que ces bois vont jouir aujourd'hui de sa vue,
Et qu'on raisonne fort touchant cette venue.

NICANDRE.

Nous n'avons pas envie aussi de rien savoir.

LICARSIS.

Je vis cent choses là, ravissantes à voir :
Ce ne sont que seigneurs, qui, des pieds à la tête,
Sont brillants et parés comme au jour d'une fête;
Ils surprennent la vue; et nos prés au printemps,
Avec toutes leurs fleurs, sont bien moins éclatants.
Pour le prince, entre tous sans peine on le remarque,
Et d'une stade loin il sent son grand monarque :
Dans toute sa personne il a je ne sais quoi
Qui d'abord fait juger que c'est un maître roi.
Il le fait d'une grâce à nulle autre seconde;
Et cela, sans mentir lui sied le mieux du monde.
On ne croiroit jamais comme de toutes parts
Toute sa cour s'empresse à chercher ses regards :
Ce sont autour de lui confusions plaisantes;
Et l'on diroit d'un tas de mouches reluisantes
Qui suivent en tous lieux un doux rayon de miel.

Enfin l'on ne voit rien de si beau sous le ciel;
Et la fête de Pan, parmi nous si chérie,
Auprès de ce spectacle est une gueuserie.
Mais puisque sur le fier vous vous tenez si bien,
Je garde ma nouvelle, et ne veux dire rien.

MOPSE.

Et nous ne te voulons aucunement entendre.

LICARSIS.

Allez vous promener.

MOPSE.

Va-t'en te faire pendre.

SCÈNE IV.

ÉROXÈNE, DAPHNÉ, LICARSIS.

LICARSIS, se croyant seul.

C'EST de cette façon que l'on punit les gens,
Quand ils font les benêts et les impertinents.

DAPHNÉ.

Le ciel tienne, pasteur, vos brebis toujours saines!

ÉROXÈNE.

Cérès tienne de grains vos granges toujours pleines!

LICARSIS.

Et le grand Pan vous donne à chacune un époux
Qui vous aime beaucoup, et soit digne de vous!

DAPHNÉ.

Ah! Licarsis, nos vœux à même but aspirent

ACTE I, SCÈNE IV.

ÉROXÈNE.

C'est pour le même objet que nos deux cœurs soupirent.

DAPHNÉ.

Et l'Amour, cet enfant qui cause nos langueurs,
A pris chez vous le trait dont il blesse nos cœurs.

ÉROXÈNE.

Et nous venons ici chercher votre alliance,
Et voir qui de nous deux aura la préférence.

LICARSIS.

Nymphes...

DAPHNÉ.

Pour ce bien seul nous poussons des soupirs.

LICARSIS.

Je suis...

ÉROXÈNE.

A ce bonheur tendent tous nos désirs.

DAPHNÉ.

C'est un peu librement expliquer sa pensée.

LICARSIS.

Pourquoi?

ÉROXÈNE.

La bienséance y semble un peu blessée.

LICARSIS.

Ah! point.

DAPHNÉ.

Mais quand le cœur brûle d'un noble feu,
On peut, sans nulle honte, en faire un libre aveu.

MÉLICERTE.

LICARSIS.

Je...

ÉROXÈNE.

Cette liberté nous peut être permise,
Et du choix de nos cœurs la beauté l'autorise.

LICARSIS.

C'est blesser ma pudeur que me flatter ainsi.

ÉROXÈNE.

Non, non, n'affectez point de modestie ici.

DAPHNÉ.

Enfin tout notre bien est en votre puissance.

ÉROXÈNE.

C'est de vous que dépend notre unique espérance.

DAPHNÉ.

Trouverons-nous en vous quelques difficultés?

LICARSIS.

Ah!

ÉROXÈNE.

Nos vœux, dites-moi, seront-ils rejetés?

LICARSIS.

Non, j'ai reçu du ciel une âme peu cruelle :
Je tiens de feu ma femme; et je me sens, comme elle,
Pour les désirs d'autrui beaucoup d'humanité,
Et je ne suis point homme à garder de fierté.

DAPHNÉ.

Accordez donc Myrtil à notre amoureux zèle.

ÉROXÈNE.

Et souffrez que son choix règle notre querelle.

LICARSIS.

Myrtil!

DAPHNÉ.

Oui, c'est Myrtil que de vous nous voulons.

ÉROXÈNE.

De qui pensez-vous donc qu'ici nous vous parlons?

LICARSIS.

Je ne sais; mais Myrtil n'est guère dans un âge
Qui soit propre à ranger au joug du mariage.

DAPHNÉ.

Son mérite naissant peut frapper d'autres yeux;
Et l'on veut s'engager un bien si précieux,
Prévenir d'autres cœurs, et braver la fortune
Sous les fermes liens d'une chaîne commune.

ÉROXÈNE.

Comme, par son esprit et ses autres brillants,
Il rompt l'ordre commun et devance le temps,
Notre flamme pour lui veut en faire de même,
Et régler tous ses vœux sur son mérite extrême.

LICARSIS.

Il est vrai qu'à son âge il surprend quelquefois;
Et cet Athénien qui fut chez moi vingt mois,
Qui, le trouvant joli, se mit en fantaisie
De lui remplir l'esprit de sa philosophie,
Sur de certains discours l'a rendu si profond,
Que, tout grand que je suis, souvent il me confond.
Mais, avec tout cela, ce n'est encor qu'enfance,
Et son fait est mêlé de beaucoup d'innocence.

DAPHNÉ.

Il n'est point tant enfant, qu'à le voir chaque jour
Je ne le croie atteint déjà d'un peu d'amour;
Et plus d'une aventure à mes yeux s'est offerte,
Où j'ai connu qu'il suit la jeune Mélicerte.

ÉROXÈNE.

Ils pourroient bien s'aimer, et je vois...

LICARSIS.

Franc abus.
Pour elle passe encore, elle a deux ans de plus;
Et deux ans, dans son sexe, est une grande avance.
Mais pour lui, le jeu seul l'occupe tout, je pense,
Et les petits désirs de se voir ajusté
Ainsi que les bergers de haute qualité.

DAPHNÉ.

Enfin nous désirons par le nœud d'hyménée
Attacher sa fortune à notre destinée.

ÉROXÈNE.

Nous voulons, l'une et l'autre, avec pareille ardeur,
Nous assurer de loin l'empire de son cœur.

LICARSIS.

Je m'en tiens honoré plus qu'on ne sauroit croire.
Je suis un pauvre pâtre; et ce m'est trop de gloire
Que deux nymphes d'un rang le plus haut du pays
Disputent à se faire un époux de mon fils.
Puisqu'il vous plaît, qu'ainsi la chose s'exécute,
Je consens que son choix règle votre dispute;
Et celle qu'à l'écart laissera cet arrêt

Pourra, pour son recours, m'épouser, s'il lui plaît.
C'est toujours même sang, et presque même chose.
Mais le voici. Souffrez qu'un peu je le dispose.
Il tient quelque moineau qu'il a pris fraîchement :
Et voilà ses amours et son attachement.

SCÈNE V.

ÉROXÈNE, DAPHNÉ et LICARSIS, dans le fond du théâtre; MYRTIL.

MYRTIL, se croyant seul, et tenant un moineau dans une cage.

Innocente petite bête,
Qui contre ce qui vous arrête
Vous débattez tant à mes yeux,
De votre liberté ne plaignez point la perte :
Votre destin est glorieux,
Je vous ai pris pour Mélicerte;
Elle vous baisera, vous prenant dans sa main;
Et de vous mettre en son sein
Elle vous fera la grâce.
Est-il un sort au monde et plus doux et plus beau?
Et qui des rois, hélas! heureux petit moineau,
Ne voudroit être en votre place?

LICARSIS.

Myrtil! Myrtil! un mot. Laissons là ces joyaux,
Il s'agit d'autre chose ici que de moineaux.
Ces deux nymphes, Myrtil, à la fois te prétendent,
Et tout jeune déjà pour époux te demandent;

Je dois par un hymen t'engager à leurs vœux,
Et c'est toi que l'on veut qui choisisses des deux.

MYRTIL.

Ces nymphes?

LICARSIS.

Oui. Des deux tu peux en choisir une.
Vois quel est ton bonheur, et bénis la fortune.

MYRTIL.

Ce choix qui m'est offert peut-il m'être un bonheur,
S'il n'est aucunement souhaité de mon cœur?

LICARSIS.

Enfin qu'on le reçoive; et que, sans se confondre,
A l'honneur qu'elles font on songe à bien répondre.

ÉROXÈNE.

Malgré cette fierté qui règne parmi nous,
Deux nymphes, ô Myrtil, viennent s'offrir à vous;
Et de vos qualités les merveilles écloses
Font que nous renversons ici l'ordre des choses.

DAPHNÉ.

Nous vous laissons, Myrtil, pour l'avis le meilleur,
Consulter sur ce choix vos yeux et votre cœur;
Et nous n'en voulons point prévenir les suffrages
Par un récit paré de tous nos avantages.

MYRTIL.

C'est me faire un honneur dont l'éclat me surprend;
Mais cet honneur pour moi, je l'avoue, est trop grand.
A vos rares bontés il faut que je m'oppose:
Pour mériter ce sort, je suis trop peu de chose;

ACTE I, SCÈNE V.

Et je serois fâché, quels qu'en soient les appas,
Qu'on vous blâmât pour moi de faire un choix trop bas.

ÉROXÈNE.

Contentez nos désirs, quoi qu'on en puisse croire;
Et ne vous chargez point du soin de notre gloire.

DAPHNÉ.

Non, ne descendez point dans ces humilités,
Et laissez-nous juger ce que vous méritez.

MYRTIL.

Le choix qui m'est offert s'oppose à votre attente,
Et peut seul empêcher que mon cœur vous contente.
Le moyen de choisir de deux grandes beautés,
Égales en naissance et rares qualités!
Rejeter l'une ou l'autre est un crime effroyable,
Et n'en choisir aucune est bien plus raisonnable.

ÉROXÈNE.

Mais en faisant refus de répondre à nos vœux,
Au lieu d'une, Myrtil, vous en outragez deux.

DAPHNÉ.

Puisque nous consentons à l'arrêt qu'on peut rendre,
Ces raisons ne font rien à vouloir s'en défendre.

MYRTIL.

Hé bien! si ces raisons ne vous satisfont pas,
Celle-ci le fera : J'aime d'autres appas;
Et je sens bien qu'un cœur qu'un bel objet engage
Est insensible et sourd à tout autre avantage.

LICARSIS.

Comment donc! Qu'est-ce ci? Qui l'eût pu présumer?
Et savez-vous, morveux, ce que c'est que d'aimer?

MYRTIL.

Sans savoir ce que c'est, mon cœur a su le faire.

LICARSIS.

Mais cet amour me choque, et n'est pas nécessaire.

MYRTIL.

Vous ne deviez donc pas, si cela vous déplaît,
Me faire un cœur sensible et tendre comme il est.

LICARSIS.

Mais ce cœur que j'ai fait me doit obéissance.

MYRTIL.

Oui, lorsque d'obéir il est en sa puissance.

LICARSIS.

Mais enfin, sans mon ordre il ne doit point aimer.

MYRTIL.

Que n'empêchiez-vous donc que l'on pût le charmer?

LICARSIS.

Hé bien! je vous défends que cela continue.

MYRTIL.

La défense, j'ai peur, sera trop tard venue.

LICARSIS.

Quoi! les pères n'ont pas des droits supérieurs?

MYRTIL.

Les dieux, qui sont bien plus, ne forcent point les cœurs.

ACTE I, SCÈNE V.

LICARSIS.

Les dieux... Paix, petit sot. Cette philosophie
Me...

DAPHNÉ.

Ne vous mettez point en courroux, je vous prie.

LICARSIS.

Non, je veux qu'il se donne à l'une pour époux,
Ou je vais lui donner le fouet tout devant vous.
Ah! ah! je vous ferai sentir que je suis père.

DAPHNÉ.

Traitons, de grâce, ici les choses sans colère.

ÉROXÈNE.

Peut-on savoir de vous cet objet si charmant
Dont la beauté, Myrtil, vous a fait son amant?

MYRTIL.

Mélicerte, madame. Elle en peut faire d'autres.

ÉROXÈNE.

Vous comparez, Myrtil, ses qualités aux nôtres!

DAPHNÉ.

Le choix d'elle et de nous est assez inégal!...

MYRTIL.

Nymphes, au nom des dieux, n'en dites point de mal.
Daignez considérer, de grâce, que je l'aime;
Et ne me jetez point dans un désordre extrême.
Si j'outrage, en l'aimant, vos célestes attraits,
Elle n'a point de part au crime que je fais;
C'est de moi, s'il vous plaît, que vient toute l'offense.
Il est vrai, d'elle à vous je sais la différence :

Mais par sa destinée on se trouve enchaîné;
Et je sens bien enfin que le ciel m'a donné
Pour vous tout le respect, nymphes, imaginable,
Pour elle tout l'amour dont une âme est capable.
Je vois, à la rougeur qui vient de vous saisir,
Que ce que je vous dis ne vous fait pas plaisir.
Si vous parlez, mon cœur appréhende d'entendre
Ce qui peut le blesser par l'endroit le plus tendre;
Et, pour me dérober à de semblables coups,
Nymphes, j'aime bien mieux prendre congé de vous.

LICARSIS.

Myrtil! holà, Myrtil! Veux-tu revenir, traître?
Il fuit; mais on verra qui de nous est le maître.
Ne vous effrayez point de tous ces vains transports;
Vous l'aurez pour époux, j'en réponds corps pour corps.

FIN DU PREMIER ACTE.

ACTE SECOND.

SCÈNE I.
MÉLICERTE, CORINNE.

MÉLICERTE.
Ah! Corinne, tu viens de l'apprendre de Stelle,
Et c'est de Licarsis qu'elle tient la nouvelle...
CORINNE.
Oui.
MÉLICERTE.
Que les qualités dont Myrtil est orné
Ont su toucher d'amour Éroxène et Daphné?
CORINNE.
Oui.
MÉLICERTE.
Que pour l'obtenir leur ardeur est si grande,
Qu'ensemble elles en ont déjà fait la demande,
Et que, dans ce débat, elles ont fait dessein
De passer dès cette heure à recevoir sa main?
Ah! que tes mots ont peine à sortir de ta bouche!
Et que c'est foiblement que mon souci te touche!
CORINNE.
Mais quoi! que voulez-vous? C'est là la vérité,
Et vous redites tout comme je l'ai conté.

MÉLICERTE.

Mais comment Licarsis reçoit-il cette affaire?

CORINNE.

Comme un honneur, je crois, qui doit beaucoup lui plaire.

MÉLICERTE.

Et ne vois-tu pas bien, toi qui sais mon ardeur,
Qu'avec ces mots, hélas! tu me perces le cœur?

CORINNE.

Comment?

MÉLICERTE.

Me mettre aux yeux que le sort implacable
Auprès d'elles me rend trop peu considérable,
Et qu'à moi, par leur rang, on les va préférer,
N'est-ce pas une idée à me désespérer?

CORINNE.

Mais quoi! je vous réponds, et dis ce que je pense.

MÉLICERTE.

Ah! tu me fais mourir par ton indifférence.
Mais dis, quels sentiments Myrtil a-t-il fait voir?

CORINNE.

Je ne sais.

MÉLICERTE.

Et c'est là ce qu'il falloit savoir,
Cruelle!

CORINNE.

En vérité, je ne sais comment faire;
Et de tous les côtés je trouve à vous déplaire.

MÉLICERTE.

C'est que tu n'entres point dans tous les mouvements

D'un cœur, hélas! rempli de tendres sentiments.
Va-t'en; laisse-moi seule en cette solitude
Passer quelques moments de mon inquiétude.

SCÈNE II.

MÉLICERTE.

Vous le voyez, mon cœur, ce que c'est que d'aimer;
Et Bélise avoit su trop bien m'en informer.
Cette charmante mère, avant sa destinée, [1]
Me disoit une fois, sur le bord du Pénée :
« Ma fille, songe à toi; l'amour aux jeunes cœurs
« Se présente toujours entouré de douceurs.
« D'abord il n'offre aux yeux que choses agréables;
« Mais il traîne après lui des troubles effroyables :
« Et si tu veux passer tes jours dans quelque paix,
« Toujours, comme d'un mal, défends-toi de ses traits. »
De ces leçons, mon cœur, je m'étois souvenue;
Et quand Myrtil venoit à s'offrir à ma vue,
Qu'il jouoit avec moi, qu'il me rendoit des soins,
Je vous disois toujours de vous y plaire moins.
Vous ne me crûtes point, et votre complaisance
Se vit bientôt changée en trop de bienveillance.
Dans ce naissant amour, qui flattoit vos désirs,
Vous ne vous figuriez que joie et que plaisirs;
Cependant vous voyez la cruelle disgrâce

---

[1] *Destinée* est là pour *mort*.

Dont en ce triste jour le destin vous menace,
Et la peine mortelle où vous voilà réduit.
Ah! mon cœur, ah! mon cœur, je vous l'avois bien dit.
Mais tenons, s'il se peut, notre douleur couverte.
Voici...

SCÈNE III.

MYRTIL, MÉLICERTE.

MYRTIL.

J'ai fait tantôt, charmante Mélicerte,
Un petit prisonnier que je garde pour vous,
Et dont peut-être un jour je deviendrai jaloux.
C'est un jeune moineau qu'avec un soin extrême
Je veux, pour vous l'offrir, apprivoiser moi-même.
Le présent n'est pas grand; mais les divinités
Ne jettent leurs regards que sur les volontés.
C'est le cœur qui fait tout; et jamais la richesse
Des présents que... Mais, ciel! d'où vient cette tristesse?
Qu'avez-vous, Mélicerte? et quel sombre chagrin
Se voit dans vos beaux yeux répandu ce matin?...
Vous ne répondez point; et ce morne silence
Redouble encor ma peine et mon impatience.
Parlez. De quel ennui ressentez-vous les coups?
Qu'est-ce donc?

MÉLICERTE.

Ce n'est rien.

MYRTIL.

Ce n'est rien, dites-vous?

ACTE II, SCÈNE III.

Et je vois cependant vos yeux couverts de larmes.
Cela s'accorde-t-il, beauté pleine de charmes?
Ah! ne me faites point un secret dont je meurs;
Et m'expliquez, hélas! ce que disent ces pleurs.

MÉLICERTE.

Rien ne me serviroit de vous le faire entendre.

MYRTIL.

Devez-vous rien avoir que je ne doive apprendre?
Et ne blessez-vous pas votre amour aujourd'hui,
De vouloir me voler ma part de votre ennui?
Ah! ne le cachez point à l'ardeur qui m'inspire.

MÉLICERTE.

Hé bien! Myrtil, hé bien! il faut donc vous le dire.
J'ai su que, par un choix plein de gloire pour vous,
Éroxène et Daphné vous veulent pour époux;
Et je vous avoûrai que j'ai cette foiblesse
De n'avoir pu, Myrtil, le savoir sans tristesse,
Sans accuser du sort la rigoureuse loi
Qui les rend dans leurs vœux préférables à moi.

MYRTIL.

Et vous pouvez l'avoir cette injuste tristesse!
Vous pouvez soupçonner mon amour de foiblesse,
Et croire qu'engagé par des charmes si doux
Je puisse être jamais à quelque autre qu'à vous;
Que je puisse accepter une autre main offerte!
Hé! que vous ai-je fait, cruelle Mélicerte,
Pour traiter ma tendresse avec tant de rigueur,
Et faire un jugement si mauvais de mon cœur?

Quoi! faut-il que de lui vous ayez quelque crainte!
Je suis bien malheureux de souffrir cette atteinte!
Et que me sert d'aimer comme je fais, hélas!
Si vous êtes si prête à ne le croire pas?

MÉLICERTE.

Je pourrois moins, Myrtil, redouter ces rivales,
Si les choses étoient de part et d'autre égales;
Et, dans un rang pareil, j'oserois espérer
Que peut-être l'amour me feroit préférer :
Mais l'inégalité de bien et de naissance,
Qui peut d'elles à moi faire la différence...

MYRTIL.

Ah! leur rang de mon cœur ne viendra point à bout;
Et vos divins appas vous tiennent lieu de tout.
Je vous aime, il suffit; et dans votre personne
Je vois rang, biens, trésors, états, sceptre, couronne;
Et des rois les plus grands m'offrit-on le pouvoir,
Je n'y changerois pas le bien de vous avoir.
C'est une vérité toute sincère et pure;
Et pouvoir en douter est me faire une injure.

MÉLICERTE.

Hé bien! je crois, Myrtil, puisque vous le voulez,
Que vos vœux par leur rang ne sont point ébranlés,
Et que, bien qu'elles soient nobles, riches, et belles,
Votre cœur m'aime assez pour me mieux aimer qu'elles :
Mais ce n'est pas l'amour dont vous suivez la voix;
Votre père, Myrtil, règlera votre choix;

Et de même qu'à vous je ne lui suis pas chére,
Pour préférer à tout une simple bergère.

MYRTIL.

Non, chère Mélicerte, il n'est père, ni dieux,
Qui me puisse forcer à quitter vos beaux yeux;
Et toujours de mes vœux reine comme vous êtes...

MÉLICERTE.

Ah! Myrtil, prenez garde à ce qu'ici vous faites:
N'allez point présenter un espoir à mon cœur,
Qu'il recevroit peut-être avec trop de douceur,
Et qui, tombant après comme un éclair qui passe,
Me rendroit plus cruel le coup de ma disgrâce.

MYRTIL.

Quoi! faut-il des serments appeler le secours,
Lorsque l'on vous promet de vous aimer toujours?
Que vous vous faites tort par de telles alarmes,
Et connoissez bien peu le pouvoir de vos charmes!
Hé bien! puisqu'il le faut, je jure par les dieux,
Et, si ce n'est assez, je jure par vos yeux,
Qu'on me tûra plutôt que je vous abandonne.
Recevez-en ici la foi que je vous donne;
Et souffrez que ma bouche, avec ravissement,
Sur cette belle main en signe le serment.

MÉLICERTE.

Ah! Myrtil, levez-vous de peur qu'on ne vous voie.

MYRTIL.

Est-il rien..? Mais, ô ciel! on vient troubler ma joie.

SCÈNE IV.

LICARSIS, MYRTIL, MÉLICERTE.

LICARSIS.

Ne vous contraignez pas pour moi.

MÉLICERTE, à part.

Quel sort fâcheux!

LICARSIS.

Cela ne va pas mal, continuez tous deux.
Peste! mon petit fils, que vous avez l'air tendre!
Et qu'en maître déjà vous savez vous y prendre!
Vous a-t-il, ce savant qu'Athènes exila,
Dans sa philosophie appris ces choses-là?
Et vous qui lui donnez, de si douce manière,
Votre main à baiser, la gentille bergère,
L'honneur vous apprend-il ces mignardes douceurs
Par qui vous débauchez ainsi les jeunes cœurs?

MYRTIL.

Ah! quittez de ces mots l'outrageante bassesse,
Et ne m'accablez point d'un discours qui la blesse.

LICARSIS.

Je veux lui parler, moi. Toutes ces amitiés...

MYRTIL.

Je ne souffrirai point que vous la maltraitiez.
A du respect pour vous la naissance m'engage;
Mais je saurai sur moi vous punir de l'outrage.

Oui, j'atteste le ciel que, si, contre mes vœux,
Vous lui dites encor le moindre mot fâcheux,
Je vais, avec ce fer qui m'en fera justice,
Au milieu de mon sein vous chercher un supplice,
Et par mon sang versé lui marquer promptement
L'éclatant désaveu de votre emportement.

MÉLICERTE.

Non, non, ne croyez pas qu'avec art je l'enflamme,
Et que mon dessein soit de séduire son âme.
S'il s'attache à me voir, et me veut quelque bien,
C'est de son mouvement, je ne l'y force en rien.
Ce n'est pas que mon cœur veuille ici se défendre
De répondre à ses vœux d'une ardeur assez tendre ;
Je l'aime, je l'avoue, autant qu'on puisse aimer :
Mais cet amour n'a rien qui vous doive alarmer ;
Et, pour vous arracher toute injuste créance,
Je vous promets ici d'éviter sa présence,
De faire place au choix où vous vous résoudrez,
Et ne souffrir ses vœux que quand vous le voudrez.

SCÈNE V.

LICARSIS, MYRTIL.

MYRTIL.

HÉ BIEN! vous triomphez avec cette retraite,
Et dans ces mots votre âme a ce qu'elle souhaite :
Mais apprenez qu'en vain vous vous réjouissez,
Que vous serez trompé dans ce que vous pensez,

Et qu'avec tous vos soins, toute votre puissance,
Vous ne gagnerez rien sur ma persévérance.

LICARSIS.

Comment! à quel orgueil, fripon, vous vois-je aller!
Est-ce de la façon que l'on me doit parler?

MYRTIL.

Oui, j'ai tort, il est vrai, mon transport n'est pas sage.
Pour rentrer au devoir, je change de langage,
Et je vous prie ici, mon père, au nom des dieux,
Et par tout ce qui peut vous être précieux,
De ne vous point servir dans cette conjoncture
Des fiers droits que sur moi vous donne la nature :
Ne m'empoisonnez point vos bienfaits les plus doux.
Le jour est un présent que j'ai reçu de vous;
Mais de quoi vous serai-je aujourd'hui redevable,
Si vous me l'allez rendre, hélas! insupportable?
Il est, sans Mélicerte, un supplice à mes yeux;
Sans ses divins appas rien ne m'est précieux,
Ils font tout mon bonheur et toute mon envie;
Et si vous me l'ôtez, vous m'arrachez la vie.

LICARSIS, à part.

Aux douleurs de son âme il me fait prendre part.
Qui l'auroit jamais cru de ce petit pendard?
Quel amour! quels transports! quels discours pour son âge!
J'en suis confus, et sens que cet amour m'engage.

MYRTIL, se jetant aux genoux de Licarsis.

Voyez, me voulez-vous ordonner de mourir?
Vous n'avez qu'à parler, je suis prêt d'obéir.

ACTE II, SCÈNE V.

LICARSIS, à part.

Je n'y puis plus tenir, il m'arrache des larmes,
Et ses tendres propos me font rendre les armes.

MYRTIL.

Que si dans votre cœur un reste d'amitié
Vous peut de mon destin donner quelque pitié,
Accordez Mélicerte à mon ardente envie,
Et vous ferez bien plus que me donner la vie.

LICARSIS.

Lève-toi.

MYRTIL.

Serez-vous sensible à mes soupirs?

LICARSIS.

Oui.

MYRTIL.

J'obtiendrai de vous l'objet de mes désirs?

LICARSIS.

Oui.

MYRTIL.

Vous ferez pour moi que son oncle l'oblige
A me donner sa main?

LICARSIS.

Oui. Lève-toi, te dis-je.

MYRTIL.

O père le meilleur qui jamais ait été!
Que je baise vos mains, après tant de bonté.

LICARSIS.

Ah! que pour ses enfants un père a de foiblesse!

Peut-on rien refuser à leurs mots de tendresse?
Et ne se sent-on pas certains mouvements doux,
Quand on vient à songer que cela sort de vous?

MYRTIL.

Me tiendrez-vous au moins la parole avancée?
Ne changerez-vous point, dites-moi, de pensée?

LICARSIS.

Non.

MYRTIL.

Me permettez-vous de vous désobéir,
Si de ces sentiments on vous fait revenir?
Prononcez le mot.

LICARSIS.

Oui. Ah! nature, nature!
Je m'en vais trouver Mopse, et lui faire ouverture
De l'amour que sa nièce et toi vous vous portez.

MYRTIL.

Ah! que ne dois-je point à vos rares bontés!
(seul.)
Quelle heureuse nouvelle à dire à Mélicerte!
Je n'accepterois pas une couronne offerte,
Pour le plaisir que j'ai de courir lui porter
Ce merveilleux succès qui la doit contenter.

SCÈNE VI.

ACANTE, TIRÈNE, MYRTIL.

ACANTE.

Ah! Myrtil, vous avez du ciel reçu des charmes
Qui nous ont préparé des matières de larmes;
Et leur naissant éclat, fatal à nos ardeurs,
De ce que nous aimons nous enlève les cœurs.

TIRÈNE.

Peut-on savoir, Myrtil, vers qui de ces deux belles
Vous tournerez ce choix dont courent les nouvelles,
Et sur qui doit de nous tomber ce coup affreux
Dont se voit foudroyé tout l'espoir de nos vœux?

ACANTE.

Ne faites point languir deux amants davantage,
Et nous dites quel sort votre cœur nous partage.[1]

TIRÈNE.

Il vaut mieux, quand on craint ces malheurs éclatants,
En mourir tout d'un coup que traîner si long-temps.

MYRTIL.

Rendez, nobles bergers, le calme à votre flamme;
La belle Mélicerte a captivé mon âme.
Auprès de cet objet mon sort est assez doux
Pour ne pas consentir à rien prendre sur vous;
Et si vos vœux enfin n'ont que les miens à craindre,
Vous n'aurez, l'un ni l'autre, aucun lieu de vous plaindre.

---

[1]. *Partage* est là pour *réserve, destine.*

MÉLICERTE.

ACANTE.

Ah! Myrtil, se peut-il que deux tristes amants...

TIRÈNE.

Est-il vrai que le ciel, sensible à nos tourments...

MYRTIL.

Oui : content de mes fers comme d'une victoire,
Je me suis excusé de ce choix plein de gloire ;
J'ai de mon père encor changé les volontés,
Et l'ai fait consentir à mes félicités.

ACANTE, à Tirène.

Ah! que cette aventure est un charmant miracle!
Et qu'à notre poursuite elle ôte un grand obstacle!

TIRÈNE, à Acante.

Elle peut renvoyer ces nymphes à nos vœux,
Et nous donner moyen d'être contents tous deux.

SCÈNE VII.

NICANDRE, MYRTIL, ACANTE, TIRÈNE.

NICANDRE.

Savez-vous en quel lieu Mélicerte est cachée?

MYRTIL.

Comment?

NICANDRE.

En diligence elle est partout cherchée.

MYRTIL.

Et pourquoi?

ACTE II, SCÈNE VII.

NICANDRE.

Nous allons perdre cette beauté.
C'est pour elle qu'ici le roi s'est transporté;
Avec un grand seigneur on dit qu'il la marie.

MYRTIL.

O ciel! Expliquez-moi ce discours, je vous prie.

NICANDRE.

Ce sont des incidents grands et mystérieux.
Oui, le roi vient chercher Mélicerte en ces lieux;
Et l'on dit qu'autrefois feu Bélise sa mère,
Dont tout Tempé croyoit que Mopse étoit le frère....
Mais je me suis chargé de la chercher partout :
Vous saurez tout cela tantôt de bout en bout.

MYRTIL.

Ah! dieux! quelle rigueur! Hé! Nicandre, Nicandre!

ACANTE.

Suivons aussi ses pas, afin de tout apprendre.

FIN DE MÉLICERTE.

RÉFLEXIONS

SUR

MÉLICERTE.

Une fête superbe fut donnée à Saint-Germain-en-Laye en 1666. Benserade traça le Ballet des Muses, composé de plusieurs pièces d'un genre différent; et Molière, l'un des auteurs appelés à concourir à ce ballet, ayant été averti trop tard, ne put achever l'ouvrage dont on l'avoit chargé. Il ne nous en reste que deux actes. Cet essai, composé rapidement, et que l'auteur ne s'occupa jamais ni à retoucher, ni à finir, est cependant curieux sous plus d'un rapport.

Il est assez singulier que le sujet soit tiré du roman de Cyrus,[1] de mademoiselle de Scudéry. Depuis long-temps Molière avoit attaqué ce mauvais genre dans la comédie des Précieuses : le ton de galanterie affecté lui déplaisoit : comment donc put-il se résoudre à puiser dans cette source ? Il est probable que le sujet avoit été choisi par d'autres que par lui, et qu'il fut obligé d'y travailler. Il arriva ce qu'on devoit prévoir dans une telle circonstance : la partie doucereuse et galante fut traitée foiblement; mais on s'aperçut que toutes les fois que l'auteur trouvoit le moyen de sortir de ce genre, et de reprendre le ton de la comédie, il recouvroit sa force, et laissoit reconnoître le grand maître.

Licarsis, vieux berger, vient d'apprendre une nouvelle importante; d'autres bergers le tourmentent pour la dire; il

---

[1] Épisode de Timarette et de Sésostris.

affecte cette importance que prennent les nouvellistes lors même qu'ils brûlent de raconter ce qu'ils savent :

> Parmi les curieux des affaires d'État,
> Une nouvelle à dire est d'un puissant éclat :
> Je me veux mettre un peu sur l'homme d'importance,
> Et jouir quelque temps de votre impatience.

Ce n'est point là le ton de la pastorale, c'est celui de la comédie. Le trait qu'on va citer est encore plus éloigné du genre doucereux. Myrtil, à peine sorti de l'enfance, aime déjà une bergère : la naïveté de son âge donne quelque originalité à une passion prématurée : mais cette combinaison, qui depuis a été souvent imitée, manque de vraisemblance, et blesse les lois du théâtre. Elle ne peut conduire qu'à des développements peu naturels, et à des détails indécents. Molière sentoit plus que personne ce défaut essentiel ; mais, comme il semble se jouer de son sujet, il ne craint pas de montrer tout le ridicule d'un enfant amoureux. Le vieux berger voit que Myrtil rejette les avances de deux nymphes, parce que son cœur est engagé à la bergère Mélicerte ; il se fâche, et le menace ainsi :

> Non, je veux qu'il se donne à l'une pour époux,
> Ou je vais lui donner le fouet devant vous.

Un amant à qui on peut donner le fouet n'est pas un personnage bien important ; et cette sévérité de Licarsis ne s'accorde guère avec les idées romanesques de mademoiselle de Scudéry.

Ces disparates, comme on voit, sont fort singulières ; mais il est utile de les remarquer, parce qu'elles servent à faire mieux connoître le génie de Molière, qui, dans les sujets les plus éloignés de son genre, perce toujours par quelque endroit

La première scène du second acte est vive et dramatique.

Mélicerte, instruite que deux nymphes aiment Myrtil, interroge Corinne qui lui a appris cette nouvelle, et ne lui laisse pas le temps de répondre. L'idée de cette scène est puisée dans la comédie de Rotrou, intitulée : LA SŒUR. Un amant en use de même avec son valet; et ne pouvant plus souffrir sa froideur, il ajoute :

> .... Si d'amour tu ressentois l'atteinte,
> Tu plaindrois moins ces mots qui te coûtent si cher,
> Et qu'avec tant de peine il te faut arracher.

Mélicerte, pressée par la même impatience, dit à Corinne :

> Ah! que les mots ont peine à sortir de ta bouche,
> Et que c'est foiblement que mon souci te touche!

Quelques années après, Molière employa mieux cette idée excellente, et s'en servit pour l'exposition des FOURBERIES DE SCAPIN,[1] où elle produit beaucoup d'effet. C'est ainsi que, dans ses moindres essais, il faisoit des études sur son art.

Long-temps après sa mort,[2] Guérin, fils du comédien de ce nom qui avoit épousé sa veuve, résolut de finir cette pièce : ayant fait les derniers actes en vers libres, il dénatura les deux premiers pour les assujettir à cette mesure. Malgré la protection de la princesse de Conti, cet essai ne réussit pas.

La PASTORALE COMIQUE, placée à la suite de cette pièce, et qui faisoit partie de la même fête, n'est susceptible d'aucune observation. Molière, avant de mourir, l'avoit brûlée : on n'en a conservé que les paroles chantées, qui ont été recueillies dans la partition de Lulli, auteur de la musique. Ces morceaux n'ont point de liaison, et ne peuvent indiquer ce qu'étoit cette pièce quand le dialogue existoit.

---

[1] Voyez les Réflexions sur cette pièce.
[2] En 1689.

PASTORALE
COMIQUE,

Représentée le 2 décembre 1666.

PERSONNAGES DE LA PASTORALE.

IRIS, bergère.
LYCAS, riche pasteur, amant d'Iris.
PHILÈNE, riche pasteur, amant d'Iris.
CORYDON, berger, confident de Lycas, amant d'Iris.
UN PATRE, ami de Philène.
UN BERGER.

PERSONNAGES DU BALLET.

MAGICIENS dansants.
MAGICIENS chantants.
DÉMONS dansants.
PAYSANS.
UNE ÉGYPTIENNE chantant et dansant.
ÉGYPTIENS dansants.

La scène est en Thessalie, dans un hameau de la vallée de Tempé.

PASTORALE COMIQUE.

SCÈNE I.

LYCAS, CORYDON.

SCÈNE II.

LYCAS, MAGICIENS *chantants et dansants*, DÉMONS.

PREMIÈRE ENTRÉE DU BALLET.

(Deux magiciens commencent, en dansant, un enchantement pour embellir Lycas : ils frappent la terre avec leurs baguettes, et en font sortir six démons, qui se joignent à eux. Trois magiciens sortent aussi de dessous terre.)

TROIS MAGICIENS CHANTANTS.

Déesse des appas,
Ne nous refuse pas
La grâce qu'implorent nos bouches.
Nous t'en prions par tes rubans,
Par tes boucles de diamants,
Ton rouge, ta poudre, tes mouches,
Ton masque, ta coiffe et tes gants.

UN MAGICIEN, *seul.*

O toi, qui peux rendre agréables
Les visages les plus mal faits,
Répands, Vénus, de tes attraits
Deux ou trois doses charitables
Sur ce museau tondu tout frais.

TROIS MAGICIENS CHANTANTS.

Déesse des appas,
Ne nous refuse pas
La grâce qu'implorent nos bouches.
Nous t'en prions par tes rubans,
Par tes boucles de diamants,
Ton rouge, ta poudre, tes mouches,
Ton masque, ta coiffe et tes gants.

DEUXIÈME ENTRÉE DU BALLET.

(Les six démons dansants habillent Lycas d'une manière ridicule et bizarre.)

LES TROIS MAGICIENS CHANTANTS.

Ah! qu'il est beau
Le jouvenceau!
Ah! qu'il est beau! ah! qu'il est beau!
Qu'il va faire mourir de belles!
Auprès de lui les plus cruelles
Ne pourront tenir dans leur peau.
Ah! qu'il est beau
Le jouvenceau!
Ah! qu'il est beau! ah! qu'il est beau!
Ho! ho! ho! ho! ho! ho! ho! ho!

TROISIÈME ENTRÉE DU BALLET.

(Les magiciens et les démons continuent leurs danses, tandis que les trois magiciens chantants continuent à se moquer de Lycas.)

LES TROIS MAGICIENS CHANTANTS.

Qu'il est joli!
Gentil, poli!
Qu'il est joli! qu'il est joli!
Est-il des yeux qu'il ne ravisse?
Il passe en beauté feu Narcisse,
Qui fut un blondin accompli.

SCÈNE II.

Qu'il est joli,
Gentil, poli !
Qu'il est joli ! qu'il est joli !
Hi, hi, hi, hi, hi, hi, hi, hi.

(Les trois magiciens chantants s'enfoncent dans la terre, et les magiciens dansants disparoissent.)

SCÈNE III.

LYCAS, PHILÈNE.

PHILÈNE, *sans voir Lycas, chante.*

Paissez, chères brebis, les herbettes naissantes ;
Ces prés et ces ruisseaux ont de quoi vous charmer :
Mais si vous désirez vivre toujours contentes,
Petites innocentes,
Gardez-vous bien d'aimer.

LYCAS, *sans voir Philène.*

(Ce pasteur, voulant faire des vers pour sa maîtresse, prononce le nom d'Iris assez haut pour que Philène l'entende.)

PHILÈNE, *à Lycas.*

Est-ce toi que j'entends, téméraire ? Est-ce toi
Qui nommes la beauté qui me tient sous sa loi ?

LYCAS.

Oui, c'est moi ; oui, c'est moi.

PHILÈNE.

Oses-tu bien, en aucune façon,
Proférer ce beau nom ?

LYCAS.

Hé ! pourquoi non ? hé ! pourquoi non ?

PHILÈNE.

Iris charme mon âme ;
Et qui pour elle aura
Le moindre brin de flamme,
Il s'en repentira.

LYCAS.

Je me moque de cela,
Je me moque de cela.

PHILÈNE.

Je t'étranglerai, mangerai,
Si tu nommes jamais ma belle.
Ce que je dis, je le ferai,
Je t'étranglerai, mangerai;
Il suffit que j'en ai juré.
Quand les dieux prendroient ta querelle,
Je t'étranglerai, mangerai,
Si tu nommes jamais ma belle.

LYCAS.

Bagatelle, bagatelle.

SCÈNE IV.

IRIS, LYCAS.

SCÈNE V

LYCAS, UN PATRE

(Le pâtre apporte à Lycas un cartel de la part de Philène.)

SCÈNE VI.

LYCAS, CORYDON.

SCÈNE VII.

PHILÈNE, LYCAS.

PHILÈNE *chante.*

Arrête, malheureux;
Tourne, tourne visage,
Et voyons qui des deux
Obtiendra l'avantage.

SCÈNE VII.

LYCAS.

(Lycas hésite à se battre.)

PHILÈNE.

C'est par trop discourir;
Allons, il faut mourir.

SCÈNE VIII.

PHILÈNE, LYCAS, PAYSANS.

(Les paysans viennent pour séparer Philène et Lycas.)

QUATRIÈME ENTRÉE DU BALLET.

(Les paysans prennent querelle en voulant séparer les deux pasteurs, et dansent en se battant.)

SCÈNE IX.

CORYDON, LYCAS, PHILÈNE, PAYSANS.

(Corydon, par ses discours, trouve moyen d'apaiser la querelle des paysans.)

CINQUIÈME ENTRÉE DU BALLET.

(Les paysans réconciliés dansent ensemble.)

SCÈNE X.

CORYDON, LYCAS, PHILÈNE.

SCÈNE XI.

IRIS, CORYDON.

SCÈNE XII.

PHILÈNE, LYCAS, IRIS, CORYDON.

(Lycas et Philène, amants de la bergère, la pressent de décider lequel des deux aura la préférence.)

PHILÈNE, à Iris.

N'ATTENDEZ pas qu'ici je me vante moi-même
Pour le choix que vous balancez;

Vous avez des yeux, je vous aime,
C'est vous en dire assez

(La bergère décide en faveur de Corydon.)

SCÈNE XIII.

PHILÈNE, LYCAS.

PHILÈNE *chante*.

Hélas! peut-on sentir de plus vive douleur?
Nous préférer un servile pasteur!
O ciel!

LYCAS *chante*.

O sort!

PHILÈNE.

Quelle rigueur!

LYCAS.

Quel coup!

PHILÈNE.

Quoi! tant de pleurs...

LYCAS.

Tant de persévérance...

PHILÈNE.

Tant de langueur...

LYCAS.

Tant de souffrance...

PHILÈNE.

Tant de vœux...

LYCAS.

Tant de soins...

PHILÈNE.

Tant d'ardeur...

LYCAS.

Tant d'amour...

SCÈNE XIII.

PHILÈNE.

Avec tant de mépris sont traités en ce jour!
Ah! cruelle!

LYCAS.

Cœur dur!

PHILÈNE.

Tigresse!

LYCAS.

Inexorable!

PHILÈNE.

Inhumaine!

LYCAS.

Insensible!

PHILÈNE.

Ingrate!

LYCAS.

Impitoyable!

PHILÈNE.

Tu veux donc nous faire mourir!
Il te faut contenter.

LYCAS.

Il te faut obéir.

PHILÈNE, *tirant son javelot.*

Mourons, Lycas.

LYCAS, *tirant son javelot.*

Mourons, Philène.

PHILÈNE.

Avec ce fer finissons notre peine.

LYCAS.

Pousse.

PASTORALE COMIQUE.

PHILÈNE.

Ferme.

LYCAS.

Courage.

PHILÈNE.

Allons, va le premier.

LYCAS.

Non, je veux marcher le dernier.

PHILÈNE.

Puisque même malheur aujourd'hui nous assemble,
Allons, partons ensemble.

SCÈNE XIV.

UN BERGER, LYCAS, PHILÈNE.

LE BERGER *chante.*

Ah! quelle folie
De quitter la vie
Pour une beauté
Dont on est rebuté!
On peut, pour un objet aimable,
Dont le cœur nous est favorable,
Vouloir perdre la clarté;
Mais quitter la vie
Pour une beauté
Dont on est rebuté,
Ah! quelle folie!

SCÈNE XV.

UNE ÉGYPTIENNE; ÉGYPTIENS *dansants*.

L'ÉGYPTIENNE.

D'un pauvre cœur
Soulagez le martyre;
D'un pauvre cœur
Soulagez la douleur.
J'ai beau vous dire
Ma vive ardeur,
Je vous vois rire
De ma langueur :
Ah! cruel, j'expire
Sous tant de rigueur!
D'un pauvre cœur
Soulagez le martyre;
D'un pauvre cœur
Soulagez la douleur.

SIXIÈME ENTRÉE DU BALLET.

(Douze Égyptiens, dont quatre jouent de la guitare, quatre des castagnettes, quatre des gnacares, dansent avec l'Égyptienne aux chansons qu'elle chante.)

L'ÉGYPTIENNE.

Croyez-moi, hâtons-nous, ma Sylvie,
Usons bien des moments précieux,
Contentons ici notre envie;
De nos ans le feu nous y convie :
Nous ne saurions, vous et moi, faire mieux.

Quand l'hiver a glacé nos guérets,
Le printemps vient reprendre sa place,
Et ramène à nos champs leurs attraits;
Mais, hélas! quand l'âge nous glace,
Nos beaux jours ne reviennent jamais.

Ne cherchons tous les jours qu'à nous plaire ;
Soyons-y l'un et l'autre empressés ;
Du plaisir faisons notre affaire :
Des chagrins songeons à nous défaire,
Il vient un temps où l'on en prend assez.

Quand l'hiver a glacé nos guérets,
Le printemps vient reprendre sa place,
Et ramène à nos champs leurs attraits ;
Mais, hélas! quand l'âge nous glace,
Nos beaux jours ne reviennent jamais.

FIN DE LA PASTORALE COMIQUE.

LE SICILIEN,

ou

L'AMOUR PEINTRE,

COMÉDIE-BALLET

EN UN ACTE ET EN PROSE,

Représentée à Saint-Germain-en-Laye, au mois de janvier 1667; et à Paris, sur le théâtre du Palais-Royal, le 10 juin de la même année.

PERSONNAGES DE LA COMÉDIE.

Don PÈDRE, gentilhomme sicilien.
ADRASTE, gentilhomme françois, amant d'Isidore.
ISIDORE, Grecque, esclave de don Pèdre.
ZAÏDE, jeune esclave.
UN SÉNATEUR.
HALI, Turc, esclave d'Adraste.
DEUX LAQUAIS.

PERSONNAGES DU BALLET.

MUSICIENS.
ESCLAVE chantant.
ESCLAVES dansants.
MAURES et MAURESQUES dansants.

La scène est à Messine, dans une place publique.

LE SICILIEN,

OU

L'AMOUR PEINTRE.

SCÈNE I.

HALI, MUSICIENS.

HALI, aux musiciens.

Chut. N'avancez pas davantage, et demeurez dans cet endroit jusqu'à ce que je vous appelle.

SCÈNE II.

HALI.

Il fait noir comme dans un four. Le ciel s'est habillé ce soir en scaramouche, et je ne vois pas une étoile qui montre le bout de son nez. Sotte condition que celle d'un esclave, de ne vivre jamais pour soi, et d'être toujours tout entier aux passions d'un maître, de n'être réglé que par ses humeurs, et de se voir réduit à faire ses propres affaires de tous les soucis qu'il peut prendre! Le mien me fait ici épouser ses inquiétudes; et, parce qu'il est amoureux, il faut que, nuit et jour, je n'aie aucun repos. Mais voici des flambeaux; et sans doute c'est lui

SCÈNE III.

ADRASTE; DEUX LAQUAIS, PORTANT CHACUN UN FLAMBEAU; HALI.

ADRASTE.

Est-ce toi, Hali?

HALI.

Et qui pourroit-ce être que moi, à ces heures de nuit? Hors vous et moi, monsieur, je ne crois pas que personne s'avise de courir maintenant les rues.

ADRASTE.

Aussi ne crois-je pas qu'on puisse voir personne qui sente dans son cœur la peine que je sens. Car enfin ce n'est rien d'avoir à combattre l'indifférence ou les rigueurs d'une beauté qu'on aime, on a toujours au moins le plaisir de la plainte et la liberté des soupirs : mais ne pouvoir trouver aucune occasion de parler à ce qu'on adore, ne pouvoir savoir d'une belle si l'amour qu'inspirent ses yeux est pour lui plaire ou lui déplaire, c'est la plus fâcheuse, à mon gré, de toutes les inquiétudes; et c'est où me réduit l'incommode jaloux qui veille avec tant de souci sur ma charmante Grecque, et ne fait pas un pas sans la traîner à ses côtés.

HALI.

Mais il est, en amour, plusieurs façons de se parler; et il me semble, à moi, que vos yeux et les siens, depuis près de deux mois, se sont dit bien des choses.

SCÈNE III.

ADRASTE.

Il est vrai qu'elle et moi souvent nous nous sommes parlé des yeux; mais comment reconnoître que chacun de notre côté nous ayons comme il faut expliqué ce langage? Et que sais-je, après tout, si elle entend bien tout ce que mes regards lui disent, et si les siens me disent ce que je crois parfois entendre?

HALI.

Il faut chercher quelque moyen de se parler d'autre manière.

ADRASTE.

As-tu là tes musiciens?

HALI.

Oui.

ADRASTE.

Fais-les approcher. (seul.) Je veux jusqu'au jour les faire ici chanter, et voir si leur musique n'obligera point cette belle à paroître à quelque fenêtre.

SCÈNE IV.

ADRASTE, HALI, MUSICIENS.

HALI.

Les voici. Que chanteront-ils?

ADRASTE.

Ce qu'ils jugeront de meilleur.

HALI.

Il faut qu'ils chantent un trio qu'ils me chantèrent l'autre jour.

ADRASTE.

Non. Ce n'est pas ce qu'il faut.

HALI.

Ah! monsieur, c'est du beau bécarre.

ADRASTE.

Que diantre veux-tu dire avec ton beau bécarre?

HALI.

Monsieur, je tiens pour le bécarre. Vous savez que je m'y connois. Le bécarre me charme; hors du bécarre point de salut en harmonie. Écoutez un peu ce trio.

ADRASTE.

Non, je veux quelque chose de tendre et de passionné, quelque chose qui m'entretienne dans une douce rêverie.

HALI.

Je vois bien que vous êtes pour le bémol. Mais il y a moyen de nous contenter l'un et l'autre : il faut qu'ils vous chantent une certaine scène d'une petite comédie que je leur ai vu essayer. Ce sont deux bergers amoureux, tout remplis de langueur, qui, sur bémol, viennent séparément faire leurs plaintes dans un bois, puis se découvrent l'un à l'autre la cruauté de leurs maîtresses; et là-dessus vient un berger joyeux avec un bécarre admirable, qui se moque de leur foiblesse.

ADRASTE.

J'y consens. Voyons ce que c'est.

HALI.

Voici tout juste un lieu propre à servir de scène; et voilà deux flambeaux pour éclairer la comédie.

SCÈNE IV.

ADRASTE.

Place-toi contre ce logis, afin qu'au moindre bruit que l'on fera dedans je fasse cacher les lumières.

FRAGMENT DE COMÉDIE,

chanté et accompagné par les musiciens qu'Hali a amenés.

SCÈNE PREMIÈRE.

PHILÈNE, TIRCIS.

PREMIER MUSICIEN, *représentant Philène.*

Si du triste récit de mon inquiétude
Je trouble le repos de votre solitude,
 Rochers, ne soyez point fâchés :
Quand vous saurez l'excès de mes peines secrètes,
  Tout rochers que vous êtes,
  Vous en serez touchés.

DEUXIÈME MUSICIEN, *représentant Tircis.*

Les oiseaux réjouis dès que le jour s'avance,
Recommencent leurs chants dans ces vastes forêts ;
 Et moi j'y recommence
Mes soupirs languissants et mes tristes regrets.
 Ah ! mon cher Philène...

PHILÈNE.

Ah ! mon cher Tircis...

TIRCIS.

Que je sens de peine !

PHILÈNE.

Que j'ai de soucis !

TIRCIS.

Toujours sourde à mes vœux est l'ingrate Climène.

PHILÈNE.

Chloris n'a point pour moi de regards adoucis.

LE SICILIEN.

TOUS DEUX ENSEMBLE.

O loi trop inhumaine !
Amour, si tu ne peux les contraindre d'aimer,
Pourquoi leur laisses-tu le pouvoir de charmer?

SCÈNE II.

PHILÈNE, TIRCIS, UN PATRE.

TROISIÈME MUSICIEN, *représentant un pâtre.*

Pauvres amants, quelle erreur
D'adorer des inhumaines !
Jamais les âmes bien saines
Ne se payent de rigueur ;
Et les faveurs sont des chaînes
Qui doivent lier un cœur.
On voit cent belles ici
Auprès de qui je m'empresse ;
A leur vouer ma tendresse
Je mets mon plus doux souci :
Mais lorsque l'on est tigresse,
Ma foi, je suis tigre aussi.

PHILÈNE ET TIRCIS ENSEMBLE.

Heureux, hélas ! qui peut aimer ainsi !

HALI.

Monsieur, je viens d'ouïr quelque bruit au dedans.

ADRASTE.

Qu'on se retire vite, et qu'on éteigne les flambeaux.

SCÈNE V.

D. PÈDRE, ADRASTE, HALI.

D. PÈDRE, *sortant de sa maison en bonnet de nuit et en robe de chambre, avec une épée sous son bras.*

Il y a quelque temps que j'entends chanter à ma porte; et sans doute cela ne se fait pas pour rien. Il faut que dans l'obscurité je tâche à découvrir quelles gens ce peuvent être.

ADRASTE.

Hali.

HALI.

Quoi?

ADRASTE.

N'entends-tu plus rien?

HALI.

Non.

(*Don Pèdre est derrière eux, qui les écoute.*)

ADRASTE.

Quoi! tous nos efforts ne pourront obtenir que je parle un moment à cette aimable Grecque! et ce jaloux maudit, ce traître de Sicilien, me fermera toujours tout accès auprès d'elle!

HALI.

Je voudrois de bon cœur que le diable l'eût emporté, pour la fatigue qu'il nous donne, le fâcheux, le bourreau qu'il est! Ah! si nous le tenions ici, que je prendrois de joie à venger sur son dos tous les pas inutiles que sa jalousie nous fait faire !

ADRASTE.

Si faut-il bien pourtant trouver quelque moyen, quelque invention, quelque ruse, pour attraper notre brutal. J'y suis trop engagé pour en avoir le démenti; et quand j'y devrois employer...

HALI.

Monsieur, je ne sais pas ce que cela veut dire, mais la porte est ouverte; et, si vous voulez, j'entrerai doucement pour découvrir d'où cela vient.

(Don Pèdre se retire sur sa porte.)

ADRASTE.

Oui, fais, mais sans faire de bruit. Je ne m'éloigne pas de toi. Plût au ciel que ce fût la charmante Isidore !

D. PÈDRE, *donnant un soufflet à Hali.*

Qui va là?

HALI, *rendant le soufflet à don Pèdre.*

Ami.

D. PÈDRE.

Holà! Francisque, Dominique, Simon, Martin, Pierre Thomas, George, Charles, Barthélemi : allons, promptement, mon épée, ma rondache, ma hallebarde, mes pistolets, mes mousquetons, mes fusils. Vite, dépêchez. Allons, tue, point de quartier.

SCÈNE VI.

ADRASTE, HALI.

ADRASTE.

Je n'entends remuer personne. Hali, Hali.

HALI, caché dans un coin.

Monsieur.

ADRASTE.

Où donc te caches-tu?

HALI.

Ces gens sont-ils sortis?

ADRASTE.

Non. Personne ne bouge.

HALI, sortant d'où il étoit caché.

S'ils viennent, ils seront frottés.

ADRASTE.

Quoi! tous nos soins seront donc inutiles! et toujours ce fâcheux jaloux se moquera de nos desseins!

HALI.

Non. Le courroux du point d'honneur me prend; il ne sera pas dit qu'on triomphe de mon adresse; ma qualité de fourbe s'indigne de tous ces obstacles, et je prétends faire éclater les talents que j'ai eus du ciel.

ADRASTE.

Je voudrois seulement que, par quelque moyen, par un billet, par quelque bouche, elle fût avertie des sentiments qu'on a pour elle, et savoir les siens là-dessus. Après, on peut trouver facilement les moyens...

HALI.

Laissez-moi faire seulement. J'en essaierai tant, de toutes les manières, que quelque chose enfin nous pourra réussir. Allons, le jour paroît; je vais chercher mes gens, et venir attendre en ce lieu que notre jaloux sorte.

SCÈNE VII.

D. PÈDRE, ISIDORE.

ISIDORE.

JE ne sais pas quel plaisir vous prenez à me réveiller si matin. Cela s'ajuste assez mal, ce me semble, au dessein que vous avez pris de me faire peindre aujourd'hui; et ce n'est guère pour avoir le teint frais et les yeux brillants que se lever ainsi dès la pointe du jour.

D. PÈDRE.

J'ai une affaire qui m'oblige à sortir à l'heure qu'il est.

ISIDORE.

Mais l'affaire que vous avez eût bien pu se passer, je crois, de ma présence; et vous pouviez, sans vous incommoder, me laisser goûter les douceurs du sommeil du matin.

D. PÈDRE.

Oui. Mais je suis bien aise de vous voir toujours avec moi. Il n'est pas mal de s'assurer un peu contre les soins des surveillants; et cette nuit encore on est venu chanter sous nos fenêtres.

SCÈNE VII.

ISIDORE.

Il est vrai : la musique en étoit admirable.

D. PÈDRE.

C'étoit pour vous que cela se faisoit?

ISIDORE.

Je le veux croire ainsi, puisque vous me le dites.

D. PÈDRE.

Vous savez qui étoit celui qui donnoit cette sérénade?

ISIDORE.

Non pas; mais, qui que ce puisse être, je lui suis obligée.

D. PÈDRE.

Obligée!

ISIDORE.

Sans doute, puisqu'il cherche à me divertir.

D. PÈDRE.

Vous trouvez donc bon qu'on vous aime?

ISIDORE.

Fort bon. Cela n'est jamais qu'obligeant.

D. PÈDRE.

Et vous voulez du bien à tous ceux qui prennent ce soin?

ISIDORE.

Assurément.

D. PÈDRE.

C'est dire fort net ses pensées.

ISIDORE.

A quoi bon de dissimuler? Quelque mine qu'on fasse,

on est toujours bien aise d'être aimée. Ces hommages à nos appas ne sont jamais pour nous déplaire. Quoi qu'on en puisse dire, la grande ambition des femmes est, croyez-moi, d'inspirer de l'amour. Tous les soins qu'elles prennent ne sont que pour cela, et l'on n'en voit point de si fière qui ne s'applaudisse en son cœur des conquêtes que font ses yeux.

D. PÈDRE.

Mais si vous prenez, vous, du plaisir à vous voir aimée, savez-vous bien, moi qui vous aime, que je n'y en prends nullement?

ISIDORE.

Je ne sais pas pourquoi cela; et si j'aimois quelqu'un, je n'aurois point de plus grand plaisir que de le voir aimé de tout le monde. Y a-t-il rien qui marque davantage la beauté du choix que l'on fait? et n'est-ce pas pour s'applaudir que ce que nous aimons soit trouvé fort aimable?

D. PÈDRE.

Chacun aime à sa guise, et ce n'est pas là ma méthode. Je serai fort ravi qu'on ne vous trouve point si belle, et vous m'obligerez de n'affecter point tant de le paroître à d'autres yeux.

ISIDORE.

Quoi! jaloux de ces choses-là?

D. PÈDRE.

Oui, jaloux de ces choses-là; mais jaloux comme un tigre, et, si vous voulez, comme un diable. Mon amour vous veut tout à moi. Sa délicatesse s'offense d'un souris, d'un regard qu'on vous peut arracher; et tous les soins qu'on me voit prendre ne sont que pour fermer tout accès aux galants, et m'assurer la possession d'un cœur dont je ne puis souffrir qu'on me vole la moindre chose.

ISIDORE.

Certes, voulez-vous que je dise? vous prenez un mauvais parti; et la possession d'un cœur est fort mal assurée lorsqu'on prétend le retenir par force. Pour moi, je vous l'avoue, si j'étois galant d'une femme qui fût au pouvoir de quelqu'un, je mettrois toute mon étude à rendre ce quelqu'un jaloux, et l'obligerois à veiller nuit et jour celle que je voudrois gagner. C'est un admirable moyen d'avancer ses affaires; et l'on ne tarde guère à profiter du chagrin et de la colère que donnent à l'esprit d'une femme la contrainte et la servitude.

D. PÈDRE.

Si bien donc que, si quelqu'un vous en contoit, il vous trouveroit disposée à recevoir ses vœux?

ISIDORE.

Je ne vous dis rien là-dessus. Mais les femmes enfin n'aiment pas qu'on les gêne; et c'est beaucoup risquer que de leur montrer des soupçons, et de les tenir renfermées.

D. PÈDRE.

Vous reconnoissez peu ce que vous me devez; et il me semble qu'une esclave qu'on a affranchie, et dont on veut faire sa femme...

ISIDORE.

Quelle obligation vous ai-je, si vous changez mon esclavage en un autre beaucoup plus rude, si vous ne me laissez jouir d'aucune liberté, et me fatiguez, comme on voit, d'une garde continuelle?

D. PÈDRE.

Mais tout cela ne part que d'un excès d'amour.

ISIDORE.

Si c'est votre façon d'aimer, je vous prie de me haïr.

D. PÈDRE.

Vous êtes aujourd'hui dans une humeur désobligeante; et je pardonne ces paroles au chagrin où vous pouvez être de vous être levée matin.

SCÈNE VIII.

D. PÈDRE, ISIDORE; HALI, HABILLÉ EN TURC, ET FAISANT PLUSIEURS RÉVÉRENCES A DON PÈDRE.

D. PÈDRE.

Trêve aux cérémonies : que voulez-vous?

HALI, se mettant entre don Pèdre et Isidore.
(Il se tourne vers Isidore à chaque parole qu'il dit à don Pèdre, et lui fait des signes pour lui faire connoître le dessein de son maître.)

Signor, (avec la permission de la signore) je vous dirai (avec la permission de la signore) que je viens vous trouver (avec la permission de la signore) pour vous prier (avec la permission de la signore) de vouloir bien (avec la permission de la signore)...

D. PÈDRE.

Avec la permission de la signore, passez un peu de ce côté.

(Don Pèdre se met entre Hali et Isidore.)

SCÈNE VIII.

HALI.

Signor, je suis un virtuose.

D. PÈDRE.

Je n'ai rien à donner.

HALI.

Ce n'est pas ce que je demande. Mais comme je me mêle un peu de musique et de danse, j'ai instruit quelques esclaves qui voudroient bien trouver un maître qui se plût à ces choses; et comme je sais que vous êtes une personne considérable, je voudrois vous prier de les voir et de les entendre, pour les acheter s'ils vous plaisent, ou pour leur enseigner quelqu'un de vos amis qui voulût s'en accommoder.

ISIDORE.

C'est une chose à voir, et cela nous divertira. Faites les-nous venir.

HALI.

Chala bala... Voici une chanson nouvelle qui est du temps. Écoutez bien. Chala bala.

SCÈNE IX.

D. PÈDRE, ISIDORE, HALI, ESCLAVES TURCS.

UN ESCLAVE, *chantant*, *à Isidore*.
D'un cœur ardent, en tous lieux,
Un amant suit une belle;
Mais d'un jaloux odieux
La vigilance éternelle

Fait qu'il ne peut que des yeux
S'entretenir avec elle.
Est-il peine plus cruelle
Pour un cœur bien amoureux ?
(*à don Pèdre.*)
Chiribirida ouch alla,
    Star bon Turca,
Non aver danara,
  Ti voler comprara :
    Mi servir à ti,
  Se pagar per mi ;
Far bona coucina,
Mi levar matina,
Far boller caldara.
Parlara, parlara :
Ti voler comprara.

PREMIÈRE ENTRÉE DE BALLET.

(*Danse des esclaves.*)

L'ESCLAVE, *à Isidore.*
C'est un supplice, à tous coups,
Sous qui cet amant expire ;
Mais si d'un œil un peu doux
La belle voit son martyre,
Et consent qu'aux yeux de tous
Pour ses attraits il soupire,
Il pourroit bientôt se rire
De tous les soins du jaloux.
(*à don Pèdre.*)
Chiribirida ouch allà,
    Star bon Turca,
Non aver danara,
  Ti voler comprara :

SCÈNE IX.

Mi servir à ti,
Se pagar per mi;
Far bona coucina,
Mi levar matina,
Far boller caldara.
Parlara, parlara :
Ti voler comprara.

DEUXIÈME ENTRÉE DE BALLET.

(Les esclaves recommencent leurs danses.)

D. PÈDRE *chante.*

Savez-vous, mes drôles,
Que cette chanson
Sent, pour vos épaules,
Les coups de bâton ?
Chiribirida ouch alla,
Mi ti non comprara,
Ma ti bastonara,
Si, si non andara;
Andara, andara,
O ti bastonara.

(à Isidore.)

Oh! oh! quels égrillards! Allons, rentrons ici : j'ai changé de pensée; et puis le temps se couvre un peu.

(à Hali qui paroît encore.)

Ah! fourbe, que je vous y trouve...

HALI.

Hé bien oui, mon maître l'adore. Il n'a point de plus grand désir que de lui montrer son amour; et, si elle y consent, il la prendra pour femme.

D. PÈDRE.

Oui, oui, je la lui garde.

HALI.

Nous l'aurons malgré vous.

D. PÈDRE.

Comment! coquin...

HALI.

Nous l'aurons, dis-je, en dépit de vos dents.

D. PÈDRE.

Si je prends...

HALI.

Vous avez beau faire la garde, j'en ai juré, elle sera à nous.

D. PÈDRE.

Laisse-moi faire, je t'attraperai sans courir.

HALI.

C'est nous qui vous attraperons. Elle sera notre femme; la chose est résolue.

(seul.)

Il faut que j'y périsse ou que j'en vienne à bout.

SCÈNE X.

ADRASTE, HALI, DEUX LAQUAIS.

ADRASTE.

Hé bien! Hali, nos affaires s'avancent-elles?

HALI.

Monsieur, j'ai déjà fait quelque petite tentative; mais je...

SCÈNE X.

ADRASTE.

Ne te mets point en peine, j'ai trouvé par hasard tout ce que je voulois; et je vais jouir du bonheur de voir chez elle cette belle. Je me suis rencontré chez le peintre Damon, qui m'a dit qu'aujourd'hui il venoit faire le portrait de cette adorable personne; et comme il est depuis long-temps de mes plus intimes amis, il a voulu servir mes feux, et m'envoie à sa place avec un petit mot de lettre pour me faire accepter. Tu sais que de tout temps je me suis plu à la peinture, et que parfois je manie le pinceau, contre la coutume de France, qui ne veut pas qu'un gentilhomme sache rien faire; ainsi j'aurai la liberté de voir cette belle à mon aise. Mais je ne doute pas que mon jaloux fâcheux ne soit toujours présent, et n'empêche tous les propos que nous pourrions avoir ensemble; et, pour te dire vrai, j'ai, par le moyen d'une jeune esclave, un stratagème prêt pour tirer cette belle Grecque des mains de son jaloux, si je puis obtenir d'elle qu'elle y consente.

HALI.

Laissez-moi faire, je veux vous faire un peu de jour à la pouvoir entretenir. Il ne sera pas dit que je ne serve de rien dans cette affaire-là. Quand y allez-vous?

ADRASTE.

Tout de ce pas, et j'ai déjà préparé toutes choses.

HALI.

Je vais de mon côté me préparer aussi.

ADRASTE, seul.

Je ne veux point perdre de temps. Holà! Il me tarde que je ne goûte le plaisir de la voir!

SCÈNE XI.
D. PÈDRE, ADRASTE, DEUX LAQUAIS.

D. PÈDRE.

Que cherchez-vous, cavalier, dans cette maison?

ADRASTE.

J'y cherche le seigneur don Pèdre.

D. PÈDRE.

Vous l'avez devant vous.

ADRASTE.

Il prendra, s'il lui plaît, la peine de lire cette lettre.

D. PÈDRE lit.

« Je vous envoie au lieu de moi, pour le portrait que
« vous savez, ce gentilhomme françois, qui, comme cu-
« rieux d'obliger les honnêtes gens, a bien voulu prendre
« ce soin, sur la proposition que je lui en ai faite. Il est,
« sans contredit, le premier homme du monde pour ces
« sortes d'ouvrages, et j'ai cru que je ne vous pouvois
« rendre un service plus agréable que de vous l'envoyer,
« dans le dessein que vous avez d'avoir un portrait achevé
« de la personne que vous aimez. Gardez-vous bien sur-
« tout de lui parler d'aucune récompense; car c'est un
« homme qui s'en offenseroit, et qui ne fait les choses que
« pour la gloire et la réputation. »

Seigneur François, c'est une grande grâce que vous me voulez faire, et je vous suis fort obligé.

ADRASTE.

Toute mon ambition est de rendre service aux gens de nom et de mérite.

D. PÈDRE.

Je vais faire venir la personne dont il s'agit.

SCÈNE XII.

ISIDORE, D. PÈDRE, ADRASTE, DEUX LAQUAIS.

D. PÈDRE, à Isidore.

Voici un gentilhomme que Damon nous envoie, qui se veut bien donner la peine de vous peindre.

(à Adraste, qui embrasse Isidore en la saluant.)
Holà! seigneur François, cette façon de saluer n'est point d'usage en ce pays.

ADRASTE.

C'est la manière de France.

D. PÈDRE.

La manière de France est bonne pour vos femmes; mais pour les nôtres elle est un peu trop familière.

ISIDORE.

Je reçois cet honneur avec beaucoup de joie. L'aventure me surprend fort; et, pour dire le vrai, je ne m'attendois pas d'avoir un peintre si illustre.

ADRASTE.

Il n'y a personne, sans doute, qui ne tînt à beaucoup de gloire de toucher à un tel ouvrage. Je n'ai pas grande habileté; mais le sujet ici ne fournit que trop de lui-même, et il y a moyen de faire quelque chose de beau sur un original fait comme celui-là.

ISIDORE.

L'original est peu de chose, mais l'adresse du peintre en saura couvrir les défauts.

ADRASTE.

Le peintre n'y en voit aucun; et tout ce qu'il souhaite est d'en pouvoir représenter les grâces aux yeux de tout le monde, aussi grandes qu'il les peut voir.

ISIDORE.

Si votre pinceau flatte autant que votre langue, vous allez me faire un portrait qui ne me ressemblera pas.

ADRASTE.

Le ciel, qui fit l'original, nous ôte le moyen d'en faire un portrait qui puisse flatter.

ISIDORE.

Le ciel, quoi que vous en disiez, ne...

D. PÈDRE.

Finissons cela, de grâce. Laissons les compliments, et songeons au portrait.

ADRASTE, aux laquais.

Allons, apportez tout.

(On apporte tout ce qu'il faut pour peindre Isidore.)

ISIDORE, à Adraste.

Où voulez-vous que je me place?

ADRASTE.

Ici. Voici le lieu le plus avantageux, et qui reçoit le

SCÈNE XII.

mieux les vues favorables de la lumière que nous cherchons.

ISIDORE, après s'être assise.

Suis-je bien ainsi?

ADRASTE.

Oui. Levez-vous un peu, s'il vous plaît. Un peu plus de ce côté-là. Le corps tourné ainsi. La tête un peu levée, afin que la beauté du cou paroisse. Ceci un peu plus découvert. (Il découvre un peu plus sa gorge.) Bon là. Un peu davantage : encore tant soit peu.

D. PÈDRE, à Isidore.

Il y a bien de la peine à vous mettre : ne sauriez-vous vous tenir comme il faut?

ISIDORE.

Ce sont ici des choses toutes neuves pour moi; et c'est à monsieur à me mettre de la façon qu'il veut.

ADRASTE, assis.

Voilà qui va le mieux du monde, et vous vous tenez à merveille. (la faisant tourner un peu devers lui.) Comme cela, s'il vous plaît. Le tout dépend des attitudes qu'on donne aux personnes qu'on peint.

D. PÈDRE.

Fort bien.

ADRASTE.

Un peu plus de ce côté. Vos yeux toujours tournés vers moi, je vous en prie; vos regards attachés aux miens

ISIDORE.

Je ne suis pas comme ces femmes qui veulent, en se

faisant peindre, des portraits qui ne sont point elles, et ne sont point satisfaites du peintre, s'il ne les fait toujours plus belles qu'elles ne sont. Il faudroit, pour les contenter, ne faire qu'un portrait pour toutes : car toutes demandent les mêmes choses ; un teint tout de lis et de roses, un nez bien fait, une petite bouche, et de grands yeux vifs, bien fendus, et surtout le visage pas plus gros que le poing, l'eussent-elles d'un pied de large. Pour moi, je vous demande un portrait qui soit moi, et qui n'oblige point à demander qui c'est.

ADRASTE.

Il seroit malaisé qu'on demandât cela du vôtre ; et vous avez des traits à qui fort peu d'autres ressemblent. Qu'ils ont de douceur et de charmes ! et qu'on court risque à les peindre !

D. PÈDRE.

Le nez me semble un peu trop gros.

ADRASTE.

J'ai lu, je ne sais où, qu'Apelle peignit autrefois une maîtresse d'Alexandre, d'une merveilleuse beauté, et qu'il en devint, la peignant, si éperdument amoureux, qu'il fut près d'en perdre la vie ; de sorte qu'Alexandre par générosité lui céda l'objet de ses vœux. (à don Pèdre.) Je pourrois faire ici ce qu'Apelle fit autrefois ; mais vous ne feriez pas peut-être ce que fit Alexandre.

(Don Pèdre fait la grimace.)

ISIDORE, à don Pèdre.

Tout cela sent la nation ; et toujours messieurs les

SCÈNE XII.

François ont un fonds de galanterie qui se répand partout.

ADRASTE.

On ne se trompe guère à ces sortes de choses, et vous avez l'esprit trop éclairé pour ne pas voir de quelle source partent les choses qu'on vous dit. Oui, quand Alexandre seroit ici, et que ce seroit votre amant, je ne pourrois m'empêcher de vous dire que je n'ai rien vu de si beau que ce que je vois maintenant, et que...

D. PÈDRE.

Seigneur François, vous ne devriez pas, ce me semble, tant parler; cela vous détourne de votre ouvrage.

ADRASTE.

Ah! point du tout. J'ai toujours coutume de parler quand je peins; et il est besoin dans ces choses d'un peu de conversation pour réveiller l'esprit et tenir les visages dans la gaîté nécessaire aux personnes que l'on veut peindre.

SCÈNE XIII.

HALI, vêtu en espagnol; D. PÈDRE, ADRASTE, ISIDORE.

D. PÈDRE.

Que veut dire cet homme-là? Et qui laisse monter les gens sans nous en avertir?

HALI, à don Pèdre.

J'entre ici librement; mais entre cavaliers telle liberté est permise. Seigneur, suis-je connu de vous?

D. PÈDRE.

Non, seigneur.

HALI.

Je suis don Gilles d'Avalos; et l'histoire d'Espagne vous doit avoir instruit de mon mérite.

D. PÈDRE.

Souhaitez-vous quelque chose de moi?

HALI.

Oui, un conseil sur un fait d'honneur. Je sais qu'en ces matières il est malaisé de trouver un cavalier plus consommé que vous. Mais je vous demande pour grâce que nous nous tirions à l'écart.

D. PÈDRE.

Nous voilà assez loin.

ADRASTE, à don Pèdre qui le surprend parlant bas à Isidore.

J'observois de près la couleur de ses yeux.

HALI, tirant don Pèdre pour l'éloigner d'Adraste et d'Isidore.

Seigneur, j'ai reçu un soufflet. Vous savez ce qu'est un soufflet, lorsqu'il se donne à main ouverte sur le beau milieu de la joue. J'ai ce soufflet fort sur le cœur; et je suis dans l'incertitude si, pour me venger de l'affront, je dois me battre avec mon homme, ou bien le faire assassiner.

D. PÈDRE.

Assassiner, c'est le plus sûr et le plus court chemin. Quel est votre ennemi?

HALI.

Parlons bas, s'il vous plaît.

(Hali tient don Pèdre, en lui parlant, de façon qu'il ne peut voir Adraste.)

SCÈNE XIII.

ADRASTE, aux genoux d'Isidore, pendant que don Pèdre et Hali parlent bas ensemble.

Oui, charmante Isidore, mes regards vous le disent depuis plus de deux mois, et vous les avez entendus : je vous aime plus que tout ce que l'on peut aimer; et je n'ai point d'autre pensée, d'autre but, d'autre passion, que d'être à vous toute ma vie.

ISIDORE.

Je ne sais si vous dites vrai, mais vous persuadez.

ADRASTE.

Mais vous persuadé-je jusqu'à vous inspirer quelque peu de bonté pour moi?

ISIDORE.

Je ne crains que d'en trop avoir.

ADRASTE.

En aurez-vous assez pour consentir, belle Isidore, au dessein que je vous ai dit?

ISIDORE.

Je ne puis encore vous le dire.

ADRASTE.

Qu'attendez-vous pour cela?

ISIDORE.

A me résoudre.

ADRASTE.

Ah! quand on aime bien, on se résout bientô .

ISIDORE.

Hé bien! allez; oui, j'y consens.

ADRASTE.

Mais consentez-vous, dites-moi, que ce soit dès ce moment même?

ISIDORE.

Lorsqu'on est une fois résolu sur la chose, s'arrête-t-on sur le temps?

D. PÈDRE, à Hali.

Voilà mon sentiment, et je vous baise les mains.

HALI.

Seigneur, quand vous aurez reçu quelque soufflet, je suis homme aussi de conseil; et je pourrai vous rendre la pareille.

D. PÈDRE.

Je vous laisse aller sans vous reconduire; mais entre cavaliers cette liberté est permise.

ADRASTE, à Isidore.

Non, il n'est rien qui puisse effacer de mon cœur les tendres témoignages...

(à don Pèdre apercevant Adraste qui parle de près à Isidore.)

Je regardois ce petit trou qu'elle a au côté du menton; et je croyois d'abord que ce fût une tache. Mais c'est assez pour aujourd'hui, nous finirons une autre fois. (à don Pèdre qui veut voir le portrait.) Non, ne regardez rien encore; faites serrer cela, je vous prie. (à Isidore.) Et vous, je vous conjure de ne vous relâcher point, et de garder un esprit gai, pour le dessein que j'ai d'achever notre ouvrage.

ISIDORE.

Je conserverai pour cela toute la gaîté qu'il faut.

SCÈNE XIV.
D. PÈDRE, ISIDORE.

ISIDORE.

Qu'en dites-vous? Ce gentilhomme me paroît le plus civil du monde; et l'on doit demeurer d'accord que les François ont quelque chose en eux de poli, de galant, que n'ont point les autres nations.

D. PÈDRE.

Oui ; mais ils ont cela de mauvais, qu'ils s'émancipent un peu trop, et s'attachent en étourdis à conter des fleurettes à toutes celles qu'ils rencontrent.

ISIDORE.

C'est qu'ils savent qu'on plaît aux dames par ces choses.

D. PÈDRE.

Oui : mais s'ils plaisent aux dames, ils déplaisent fort aux messieurs; et l'on n'est point bien aise de voir sous sa moustache cajoler hardiment sa femme ou sa maîtresse.

ISIDORE.

Ce qu'ils en font n'est que par jeu.

SCÈNE XV.
ZAÏDE, D. PÈDRE, ISIDORE.

ZAÏDE.

Ah! seigneur cavalier, sauvez-moi, s'il vous plaît, des mains d'un mari furieux dont je suis poursuivie. Sa jalousie est incroyable, et passe dans ses mouvements tout ce qu'on peut imaginer. Il va jusqu'à vouloir que je sois toujours voilée; et pour m'avoir trouvé le visage un peu découvert, il a mis l'épée à la main, et m'a réduite à me jeter chez vous pour vous demander votre appui contre son injustice. Mais je le vois paroître. De grâce, seigneur cavalier, sauvez-moi de sa fureur.

D. PÈDRE, à Zaïde, lui montrant Isidore.

Entrez là-dedans avec elle, et n'appréhendez rien.

SCÈNE XVI.

ADRASTE, D. PÈDRE.

D. PÈDRE.

Hé quoi! seigneur, c'est vous! Tant de jalousie pour un François! je pensois qu'il n'y eût que nous qui en fussions capables.

ADRASTE.

Les François excellent toujours dans toutes les choses qu'ils font; et quand nous nous mêlons d'être jaloux, nous le sommes vingt fois plus qu'un Sicilien. L'infâme croit avoir trouvé chez vous un assuré refuge; mais vous êtes trop raisonnable pour blâmer mon ressentiment. Laissez-moi, je vous prie, la traiter comme elle mérite.

D. PÈDRE.

Ah! de grâce, arrêtez. L'offense est trop petite pour un courroux si grand.

ADRASTE.

La grandeur d'une telle offense n'est pas dans l'importance des choses que l'on fait; elle est à transgresser les ordres qu'on nous donne : et, sur de pareilles matières, ce qui n'est qu'une bagatelle devient fort criminel lorsqu'il est défendu.

D. PÈDRE.

De la façon qu'elle a parlé, tout ce qu'elle en a fait a été sans dessein; et je vous prie enfin de vous remettre bien ensemble.

ADRASTE.

Hé quoi! vous prenez son parti, vous qui êtes si délicat sur ces sortes de choses!

D. PÈDRE.

Oui, je prends son parti; et, si vous voulez m'obliger, vous oublierez votre colère, et vous vous réconcilierez tous deux. C'est une grâce que je vous demande; et je la recevrai comme un essai de l'amitié que je veux qui soit entre nous.

ADRASTE

Il ne m'est pas permis, à ces conditions, de vous rien refuser. Je ferai ce que vous voudrez.

SCÈNE XVII.
ZAÏDE, D. PÈDRE, ADRASTE, DANS UN COIN DU THÉATRE.

D. PÈDRE, à Zaïde.

HOLA! venez. Vous n'avez qu'à me suivre, et j'ai fait votre paix. Vous ne pouviez jamais mieux tomber que chez moi.

ZAÏDE.

Je vous suis obligée plus qu'on ne sauroit croire. Mais je m'en vais prendre mon voile; je n'ai garde, sans lui, de paroître à ses yeux.

SCÈNE XVIII.

D. PÈDRE, ADRASTE.

D. PÈDRE.

LA voici qui s'en va venir; et son âme, je vous assure, a paru toute réjouie lorsque je lui ai dit que j'avois raccommodé tout.

SCÈNE XIX.

ISIDORE, SOUS LE VOILE DE ZAÏDE; ADRASTE, D. PÈDRE.

D. PÈDRE, à Adraste.

PUISQUE vous m'avez bien voulu abandonner votre ressentiment, trouvez bon qu'en ce lieu je vous fasse toucher dans la main l'un de l'autre, et que tous deux je vous conjure de vivre, pour l'amour de moi, dans une parfaite union.

ADRASTE.

Oui, je vous promets que, pour l'amour de vous, je m'en vais, avec elle, vivre le mieux du monde.

D. PÈDRE.

Vous m'obligez sensiblement, et j'en garderai la mémoire.

SCÈNE XIX.

ADRASTE.

Je vous donne ma parole, seigneur don Pèdre, qu'à votre considération je m'en vais la traiter du mieux qu'il me sera possible.

D. PÈDRE.

C'est trop de grâce que vous me faites. (seul.) Il est bon de pacifier et d'adoucir toujours les choses. Holà! Isidore,

SCÈNE XX.
ZAÏDE, D. PÈDRE.

D. PÈDRE.

Comment! que veut dire cela?

ZAÏDE, sans voile.

Ce que cela veut dire? Qu'un jaloux est un monstre haï de tout le monde, et qu'il n'y a personne qui ne soit ravi de lui nuire, n'y eût-il point d'autre intérêt; que toutes les serrures et les verroux du monde ne retiennent point les personnes, et que c'est le cœur qu'il faut arrêter par la douceur et par la complaisance; qu'Isidore est entre les mains du cavalier qu'elle aime, et que vous êtes pris pour dupe.

D. PÈDRE.

Don Pèdre souffrira cette injure mortelle! non, non, j'ai trop de cœur, et je vais demander l'appui de la justice pour pousser le perfide à bout. C'est ici le logis d'un sénateur. Holà!

SCÈNE XXI.

UN SÉNATEUR, D. PÈDRE.

LE SÉNATEUR.

Serviteur, seigneur don Pèdre. Que vous venez à propos!

D. PÈDRE.

Je viens me plaindre à vous d'un affront qu'on m'a fait.

LE SÉNATEUR.

J'ai fait une mascarade la plus belle du monde.

D. PÈDRE.

Un traître de François m'a joué une pièce...!

LE SÉNATEUR.

Vous n'avez, dans votre vie, jamais rien vu de si beau.

D. PÈDRE.

Il m'a enlevé une fille que j'avois affranchie.

LE SÉNATEUR.

Ce sont gens vêtus en Maures, qui dansent admirablement.

D. PÈDRE.

Vous voyez si c'est une injure qui se doive souffrir.

LE SÉNATEUR.

Des habits merveilleux, et qui sont faits exprès.

D. PÈDRE.

Je demande l'appui de la justice contre cette action.

SCÈNE XXI.

LE SÉNATEUR.

Je veux que vous voyiez cela. On la va répéter pour en donner le divertissement au peuple.

D. PÈDRE.

Comment! de quoi parlez-vous là?

LE SÉNATEUR.

Je parle de ma mascarade.

D. PÈDRE.

Je vous parle de mon affaire.

LE SÉNATEUR.

Je ne veux point aujourd'hui d'autres affaires que de plaisir. Allons, messieurs, venez. Voyons si cela ira bien.

D. PÈDRE.

La peste soit du fou, avec sa mascarade!

LE SÉNATEUR.

Diantre soit le fâcheux, avec son affaire!

SCÈNE XXII.

UN SÉNATEUR, TROUPE DE DANSEURS.

ENTRÉE DE BALLET.

(Plusieurs danseurs, vêtus en Maures, dansent devant le sénateur, et finissent la comédie.)

FIN DU SICILIEN.

RÉFLEXIONS
SUR
LE SICILIEN.

Il étoit réservé à Molière de créer tous les genres de comédie. Jusqu'alors on n'avoit cherché dans les petites pièces qu'à égayer les spectateurs, et l'on ne s'étoit pas montré difficile sur le choix des moyens. On ne croyoit pas que la grâce, la délicatesse et l'élégance des manières pussent entrer dans des comédies qu'on ne considéroit que comme des farces destinées à reposer l'attention long-temps occupée ou par une tragédie, ou par une comédie de caractère. LE SICILIEN prouva qu'on pouvoit réussir dans un genre absolument différent. C'est la première de nos petites pièces où l'on trouve cette galanterie légère, cette finesse de sentiment qui ne convenoient auparavant qu'aux comédies plus étendues. Ce modèle charmant a été plusieurs fois imité ; mais, en voulant fuir la farce, on est tombé dans l'excès opposé : la délicatesse est devenue de l'affectation, la grâce de *la manière*, et la finesse du faux bel esprit. De là toutes ces comédies de boudoir qui se sont succédées au théâtre françois malgré les réclamations des partisans de l'ancien genre.

Molière, en donnant à Isidore une coquetterie aimable, nous a laissé quelque idée du caractère de sa femme : jamais il ne réussit mieux que quand il parle d'elle. Presque tous les caractères d'amoureuses qui se trouvent dans ses pièces ont des rapports plus ou moins éloignés avec cette jeune femme, qu'il aimoit éperdument, et dont il avoit le malheur d'être jaloux. Celui d'Isidore présente plusieurs traits qui la font reconnoître. On a vu, dans la Vie de Molière, que son plus grand tort étoit d'être légère, et de se montrer flattée des hommages qu'on lui rendoit. Ce défaut est retracé dans la septième scène du Sicilien: « A quoi bon dissimuler, dit naïvement « Isidore? Quelque mine qu'on fasse, on est toujours bien aise « d'être aimée. Ces hommages à nos appas ne sont jamais pour « nous déplaire. Quoi qu'on en puisse dire, la grande ambi-« tion des femmes est, croyez-moi, d'inspirer de l'amour. « Tous les soins qu'elles prennent ne sont que pour cela; et « l'on n'en voit point de si fière qui ne s'applaudisse en son « cœur des conquêtes que font ses yeux. » Don Pèdre témoigne de la jalousie. « Je ne sais pas pourquoi cela, poursuit Isidore, « et si j'aimois quelqu'un, je n'aurois point de plus grand plai-« sir que de le voir aimé de tout le monde. Y a-t-il rien qui « marque davantage la beauté du choix qu'on a fait? Et n'est-« ce pas pour s'applaudir que ce que nous aimons soit trouvé « fort aimable ? » Quelques années après, Molière fit un portrait plus détaillé de sa femme dans le Bourgeois gentilhomme : nous reviendrons sur cette scène, l'une des plus agréables et des plus touchantes qu'il ait composées.

La scène du portrait mérite d'être remarquée : la galanterie d'Adraste, la manière aimable et naturelle dont Isidore y répond, la jalousie de don Pèdre, produisent un tableau charmant. Cette situation a été souvent imitée, mais n'a jamais été aussi bien rendue.

On trouve dans le Sicilien un trait de mœurs qui peut donner lieu à quelques observations. Adraste s'est introduit chez don Pèdre comme un peintre : « Je manie, dit-il, fort bien le « pinceau, contre la coutume de France, qui ne veut pas qu'un « gentilhomme sache rien faire. » Cela montre qu'à cette époque, la noblesse ne pouvoit, sans se dégrader, cultiver les arts agréables : c'étoit sans doute un excès de bienséance qui devoit déplaire à un esprit aussi juste que Molière. Mais dans le siècle suivant, n'est-on pas tombé dans l'excès opposé, qui est encore plus blâmable ? La manie des arts se répandit dans la noblesse et dans la magistrature : on se fit une gloire de les cultiver ; et cette occupation fit négliger les devoirs les plus essentiels : souvent tout étoit sacrifié à la folle vanité de passer pour un artiste. Si Molière eût vécu, quels traits n'eût-il pas lancés contre ces amateurs ridicules !

Il y a des rapports entre le dénoûment du SICILIEN et celui de L'ÉCOLE DES MARIS : dans celle-ci, Isabelle échappe à son tuteur en se faisant passer pour Léonor ; dans LE SICILIEN, Isidore fuit avec Adraste, et trompe don Pèdre, qui croit accorder sa protection à Zaïde. Cette dernière situation est peut-être plus forte que celle de L'ÉCOLE DES MARIS, parce que le jaloux unit lui-même les deux amants.

Louis XIV fit à cette époque reprendre LE BALLET DES MUSES dont il a déjà été parlé. [1] Molière, qui n'avoit aucun désir d'achever MÉLICERTE, y substitua LE SICILIEN, pièce bien supérieure. Peut-être faut-il attribuer à cette circonstance le nouveau ton qu'il se permit d'introduire dans les comédies en un acte. La fête étoit essentiellement galante : des farces auroient pu déplaire à cette espèce de spectateurs : il falloit donc leur donner une pièce qui joignît aux effets comiques la délicatesse des pastorales.

---

[1] Voyez Réflexions sur *Mélicerte*.

LE TARTUFFE,

COMÉDIE

EN CINQ ACTES ET EN VERS,

Représentée et défendue le 5 août 1667. Reprise à Paris, sur le théâtre du Palais-Royal, le 5 février 1669.

PRÉFACE.

Voici une comédie dont on a fait beaucoup de bruit, qui a été long-temps persécutée; et les gens qu'elle joue ont bien fait voir qu'ils étoient plus puissants en France que tous ceux que j'ai joués jusqu'ici. Les marquis, les précieuses, les cocus, et les médecins, ont souffert doucement qu'on les ait représentés; et ils ont fait semblant de se divertir, avec tout le monde, des peintures que l'on a faites d'eux. Mais les hypocrites n'ont point entendu raillerie; ils se sont effarouchés d'abord, et ont trouvé étrange que j'eusse la hardiesse de jouer leurs grimaces, et de vouloir décrier un métier dont tant d'honnêtes gens se mêlent. C'est un crime qu'ils ne sauroient me pardonner; et ils se sont tous armés contre ma comédie avec une fureur épouvantable. Ils n'ont eu garde de l'attaquer par le côté qui les a blessés, ils sont trop politiques pour cela, et savent trop bien vivre pour découvrir le fond de leur âme. Suivant leur louable coutume, ils ont couvert leurs intérêts de la cause de Dieu; et *le Tartuffe*, dans leur bouche, est une pièce qui offense la piété. Elle est, d'un bout à l'autre, pleine d'abominations, et l'on n'y trouve rien qui ne mérite le feu : toutes les syllabes en sont impies; les gestes même y sont criminels; et le moindre coup d'œil, le moindre branlement de tête, le moindre pas à droite ou à gauche, y cachent des mystères qu'ils trouvent moyen d'expliquer à mon désavantage. J'ai eu beau la soumettre aux lumières de mes amis et à la censure de tout le monde; les corrections que j'ai pu faire; le jugement du roi et de la reine, qui l'ont vue; l'approbation des grands princes et de messieurs les ministres, qui l'ont honorée publiquement de leur présence; le témoignage des gens de bien qui l'ont trouvée profitable; tout cela n'a de rien servi; ils n'en veulent point démordre; et tous les jours encore ils font crier en public de zélés indiscrets, qui me disent des injures pieusement, et me damnent par charité.

Je me soucierois fort peu de tout ce qu'ils peuvent dire, n'étoit l'artifice qu'ils ont de me faire des ennemis que je respecte, et de jeter dans leur parti de véritables gens de bien, dont ils préviennent la bonne foi, et qui, par la chaleur qu'ils ont pour les intérêts du ciel, sont faciles à recevoir les impressions qu'on veut leur donner. Voilà ce qui m'oblige à me défendre. C'est aux vrais dévots que je veux partout me justifier sur la conduite de ma comédie; et je les conjure, de tout mon cœur, de ne point condamner les choses avant que de les voir, de se défaire de toute prévention, et de ne point servir la passion de ceux dont les grimaces les déshonorent.

Si l'on prend la peine d'examiner de bonne foi ma comédie, on verra sans doute que mes intentions y sont partout innocentes, et qu'elle ne tend nullement à jouer les choses que l'on doit révérer; que je l'ai traitée avec toutes les précautions que demandoit la délicatesse de la

LE TARTUFFE.

PRÉFACE.

matière; et que j'ai mis tout l'art et tous les soins qu'il m'a été possible pour bien distinguer le personnage de l'hypocrite d'avec celui du vrai dévot. J'ai employé pour cela deux actes entiers à préparer la venue de mon scélérat. Il ne tient pas un seul moment l'auditeur en balance : on le connoît d'abord aux marques que je lui donne; et d'un bout à l'autre il ne dit pas un mot, il ne fait pas une action, qui ne peigne aux spectateurs le caractère d'un méchant homme, et ne fasse éclater celui du véritable homme de bien que je lui oppose.

Je sais bien que, pour réponse, ces messieurs tâchent d'insinuer que ce n'est point au théâtre à parler de ces matières : mais je leur demande, avec leur permission, sur quoi ils fondent cette belle maxime. C'est une proposition qu'ils ne font que supposer, et qu'ils ne prouvent en aucune façon : et, sans doute, il ne seroit pas difficile de leur faire voir que la comédie, chez les anciens, a pris son origine de la religion, et faisoit partie de leurs mystères; que les Espagnols nos voisins ne célèbrent guère de fête où la comédie ne soit mêlée, et que, même parmi nous, elle doit sa naissance aux soins d'une confrérie à qui appartient encore aujourd'hui l'hôtel de Bourgogne; que c'est un lieu qui fut donné pour y représenter les plus importants mystères de notre foi; qu'on en voit encore des comédies imprimées en lettres gothiques, sous le nom d'un docteur de Sorbonne; et, sans aller chercher si loin, que l'on a joué, de notre temps, des pièces saintes de M. Corneille, qui ont été l'admiration de toute la France.

Si l'emploi de la comédie est de corriger les vices des hommes, je ne vois pas par quelle raison il y en aura de privilégiés. Celui-ci est, dans l'État, d'une conséquence bien plus dangereuse que tous les autres, et nous avons vu que le théâtre a une grande vertu pour la correction. Les plus beaux traits d'une sérieuse morale sont moins puissants, le plus souvent, que ceux de la satire; et rien ne reprend mieux la plupart des hommes que la peinture de leurs défauts. C'est une grande atteinte aux vices que de les exposer à la risée de tout le monde. On souffre aisément des répréhensions, mais on ne souffre point la raillerie. On veut bien être méchant, mais on ne veut point être ridicule.

On me reproche d'avoir mis des termes de piété dans la bouche de mon imposteur. Hé! pouvois-je m'en empêcher pour bien représenter le caractère d'un hypocrite? Il suffit, ce me semble, que je fasse connoître les motifs criminels qui lui font dire les choses, et que j'en aie retranché les termes consacrés, dont on auroit eu peine à lui entendre faire un mauvais usage. — Mais il débite au quatrième acte une morale pernicieuse. — Mais cette morale est-elle quelque chose dont tout le monde n'eût les oreilles rebattues? dit-elle rien de nouveau dans ma comédie? et peut-on craindre que des choses si généralement détestées fassent quelque impression dans les esprits; que je les rende dangereuses en les faisant monter sur le théâtre; qu'elles reçoivent quelque autorité de la bouche d'un scélérat? Il n'y a nulle apparence à cela; et l'on doit

PRÉFACE.

approuver la comédie du *Tartuffe*, ou condamner généralement toutes les comédies.

C'est à quoi l'on s'attache furieusement depuis un temps; et jamais on ne s'étoit si fort déchaîné contre le théâtre. Je ne puis pas nier qu'il n'y ait eu des pères de l'Église qui ont condamné la comédie; mais on ne peut pas me nier aussi qu'il n'y en ait eu quelques-uns qui l'ont traitée un peu plus doucement. Ainsi l'autorité dont on prétend appuyer la censure est détruite par ce partage: et toute la conséquence qu'on peut tirer de cette diversité d'opinions en des esprits éclairés des mêmes lumières, c'est qu'ils ont pris la comédie différemment, et que les uns l'ont considérée dans sa pureté, lorsque les autres l'ont regardée dans sa corruption, et confondue avec tous ces vilains spectacles qu'on a eu raison de nommer des spectacles de turpitude.

En effet, puisqu'on doit discourir des choses et non pas des mots, et que la plupart des contrariétés viennent de ne se pas entendre, et d'envelopper dans un même mot des choses opposées, il ne faut qu'ôter le voile de l'équivoque, et regarder ce qu'est la comédie en soi, pour voir si elle est condamnable. On connoîtra sans doute que, n'étant autre chose qu'un poëme ingénieux, qui, par des leçons agréables, reprend les défauts des hommes, on ne sauroit la censurer sans injustice. Et, si nous voulons ouïr là-dessus le témoignage de l'antiquité, elle nous dira que ses plus célèbres philosophes ont donné des louanges à la comédie, eux qui faisoient profession d'une sagesse si austère, et qui crioient sans cesse après les vices de leur siècle. Elle nous fera voir qu'Aristote a consacré des veilles au théâtre, et s'est donné le soin de réduire en préceptes l'art de faire des comédies. Elle nous apprendra que de ses plus grands hommes, et des premiers en dignité, ont fait gloire d'en composer eux-mêmes; qu'il y en a eu d'autres qui n'ont pas dédaigné de réciter en public celles qu'ils avoient composées; que la Grèce a fait pour cet art éclater son estime, par les prix glorieux et par les superbes théâtres dont elle a voulu l'honorer; et que, dans Rome enfin, ce même art a reçu aussi des honneurs extraordinaires; je ne dis pas dans Rome débauchée, et sous la licence des empereurs, mais dans Rome disciplinée, sous la sagesse des consuls, et dans le temps de la vigueur de la vertu romaine.

J'avoue qu'il y a eu des temps où la comédie s'est corrompue. Et qu'est-ce que dans le monde on ne corrompt point tous les jours? il n'y a chose si innocente où les hommes ne puissent porter du crime, point d'art si salutaire dont ils ne soient capables de renverser les intentions, rien de si bon en soi qu'ils ne puissent tourner à de mauvais usages. La médecine est un art profitable, et chacun la révère comme une des plus excellentes choses que nous ayons; et cependant il y a eu des temps où elle s'est rendue odieuse, et souvent on en a fait un art d'empoisonner les hommes. La philosophie est un présent du ciel; elle nous a été donnée pour porter nos esprits à la connoissance d'un Dieu par la contemplation des merveilles de la nature : et pourtant on n'ignore pas que souvent on l'a détournée de son emploi, et qu'on l'a occupée publiquement à soutenir l'impiété. Les choses même les plus saintes ne sont point à couvert de la corruption des hommes; et nous voyons des scélérats qui, tous les jours, abusent de la piété, et la font servir méchamment aux crimes les plus grands. Mais on ne laisse pas pour cela de faire les distinctions qu'il est besoin de faire : on n'enveloppe point dans une fausse conséquence la bonté des choses que l'on corrompt avec la malice des corrupteurs : on sépare toujours le mauvais usage d'avec l'intention de l'art : et, comme on ne s'avise point de défendre la médecine pour avoir été bannie de Rome, ni la philosophie pour avoir été condamnée publiquement dans Athènes, on ne doit point aussi vouloir interdire la comédie pour avoir été censurée en de certains temps. Cette censure a eu ses raisons, qui ne subsistent point ici; elle s'est renfermée dans ce qu'elle a pu voir, et nous ne devons point la tirer des bornes qu'elle s'est données, l'étendre plus loin qu'il ne faut, et lui faire embrasser l'innocent avec le coupable. La comédie qu'elle a eu dessein d'attaquer n'est point du tout la comédie que nous voulons défendre : il se faut bien garder de confondre celle-là avec celle-ci. Ce sont deux personnes de qui les mœurs sont tout-à-fait opposées. Elles n'ont aucun rapport l'une avec l'autre que la ressemblance du nom; et ce seroit une injustice épouvantable que de vouloir condamner Olimpe qui est femme de bien, parce qu'il y a une Olimpe qui a été une débauchée.

PRÉFACE.

De semblables arrêts, sans doute, seroient un grand désordre dans le monde; il n'y auroit rien par-là qui ne fût condamné : et, puisque l'on ne garde point cette rigueur à tant de choses dont on abuse tous les jours, on doit bien faire la même grâce à la comédie, et approuver les pièces de théâtre où l'on verra régner l'instruction et l'honnêteté.

Je sais qu'il y a des esprits dont la délicatesse ne peut souffrir aucune comédie; qui disent que les plus honnêtes sont les plus dangereuses; que les passions que l'on y dépeint sont d'autant plus touchantes, qu'elles sont pleines de vertu, et que les âmes sont attendries par ces sortes de représentations. Je ne vois pas quel grand crime c'est que de s'attendrir à la vue d'une passion honnête : et c'est un haut étage de vertu que cette pleine insensibilité où ils veulent faire monter notre âme. Je doute qu'une si grande perfection soit dans les forces de la nature humaine; et je ne sais s'il n'est pas mieux de travailler à rectifier et adoucir les passions des hommes que de vouloir les retrancher entièrement. J'avoue qu'il y a des lieux qu'il vaut mieux fréquenter que le théâtre; et si l'on veut blâmer toutes les choses qui ne regardent pas directement Dieu et notre salut, il est certain que la comédie en doit être; et je ne trouve point mauvais qu'elle soit condamnée avec le reste : mais, supposé, comme il est vrai, que les exercices de la piété souffrent des intervalles, et que les hommes aient besoin de divertissement, je soutiens qu'on ne leur en peut trouver un qui soit plus innocent que la comédie. Je me suis étendu trop loin : finissons par le mot d'un grand prince sur la comedie du *Tartuffe.*

Huit jours après qu'elle eut été défendue, on représenta devant la cour une pièce intitulée *Scaramouche Ermite;* et le roi, en sortant, dit au grand prince que je veux dire : « Je voudrois bien savoir pourquoi les gens qui
« se scandalisent si fort de la comédie de Molière ne disent
« mot de celle de *Scaramouche.* » A quoi le prince répondit : « La raison de cela, c'est que la comédie de *Sca-*
« *ramouche* joue le ciel et la religion, dont ces messieurs-
« là ne se soucient point : mais celle de Molière les joue
« eux-mêmes; c'est ce qu'ils ne peuvent souffrir. »

PREMIER PLACET

PRÉSENTÉ AU ROI,

Sur la comédie du Tartuffe, *qui n'avoit pas encore été représentée en public.*

S<small>IRE</small>,

Le devoir de la comédie étant de corriger les hommes en les divertissant, j'ai cru que, dans l'emploi où je me trouve, je n'avois rien de mieux à faire que d'attaquer par des peintures ridicules les vices de mon siècle; et comme l'hypocrisie, sans doute, en est un des plus en usage, des plus incommodes et des plus dangereux, j'avois eu, Sire, la pensée que je ne rendrois pas un petit service à tous les honnêtes gens de votre royaume, si je faisois une comédie qui décriât les hypocrites, et mît en vue comme il faut toutes les grimaces étudiées de ces gens de bien à outrance, toutes les friponneries couvertes de ces faux monnoyeurs en dévotion, qui veulent attraper les hommes avec un zèle contrefait et une charité sophistiquée.

Je l'ai faite, Sire, cette comédie, avec tout le soin, comme je crois, et toutes les circonspections que pouvoit demander la délicatesse de la matière; et, pour mieux conserver l'estime et le respect qu'on doit aux vrais dévots, j'en ai distingué le plus que j'ai pu le caractère que j'avois à toucher. Je n'ai point laissé d'équivoque, j'ai ôté ce qui pouvoit confondre le bien avec le mal, et ne me suis servi dans cette peinture que des couleurs expresses et des traits essentiels qui font reconnoître d'abord un véritable et franc hypocrite.

Cependant toutes mes précautions ont été inutiles. On a profité, Sire, de la délicatesse de votre âme sur les matières de religion, et l'on a su vous prendre par l'endroit seul que vous êtes prenable, je veux dire par le respect des choses saintes. Les tartuffes, sous main, ont eu l'adresse de trouver grâce auprès de votre majesté; et les originaux enfin ont fait supprimer la copie, quelque innocente qu'elle fût, et quelque ressemblante qu'on la trouvât.

Bien que ce m'ait été un coup sensible que la suppression de cet ouvrage, mon malheur pourtant étoit adouci par la manière dont votre majesté s'étoit expliquée sur ce sujet; et j'ai cru, Sire, qu'elle m'ôtoit tout lieu de me plaindre, ayant eu la bonté de déclarer qu'elle ne trouvoit rien à dire dans cette comédie qu'elle me défendoit de produire en public.

Mais malgré cette glorieuse déclaration du plus grand

roi du monde et du plus éclairé, malgré l'approbation encore de M. le légat, et de la plus grande partie de nos prélats, qui tous, dans les lectures particulières que je leur ai faites de mon ouvrage, se sont trouvés d'accord avec les sentiments de votre majesté; malgré tout cela, dis-je, on voit un livre composé par le curé de... qui donne hautement un démenti à tous ces augustes témoignages. Votre majesté a beau dire, et M. le légat et MM. les prélats ont beau donner leur jugement, ma comédie, sans l'avoir vue, est diabolique, et diabolique mon cerveau; je suis un démon vêtu de chair et habillé en homme, un libertin, un impie digne d'un supplice exemplaire. Ce n'est pas assez que le feu expie en public mon offense, j'en serois quitte à trop bon marché : le zèle charitable de ce galant homme de bien n'a garde de demeurer là; il ne veut point que j'aie de miséricorde auprès de Dieu, il veut absolument que je sois damné, c'est une affaire résolue.

Ce livre, Sire, a été présenté à votre majesté : et, sans doute, elle juge bien elle-même combien il m'est fâcheux de me voir exposé tous les jours aux insultes de ces messieurs; quel tort me feront dans le monde de telles calomnies, s'il faut qu'elles soient tolérées; et quel intérêt j'ai enfin à me purger de son imposture, et à faire voir au public que ma comédie n'est rien moins que ce qu'on veut qu'elle soit. Je ne dirai point, Sire, ce que j'aurois à demander pour ma réputation, et pour justifier à tout le monde l'innocence de mon ouvrage : les rois éclairés, comme vous, n'ont pas besoin qu'on leur marque ce qu'on souhaite; ils voient, comme Dieu, ce qu'il nous faut, et savent mieux que nous ce qu'ils nous doivent accorder. Il me suffit de mettre mes intérêts entre les mains de votre majesté; et j'attends d'elle, avec respect, tout ce qu'il lui plaira d'ordonner là-dessus.

SECOND PLACET

Présenté au roi, dans son camp devant la ville de Lille en Flandre, par les sieurs La Thorillière et La Grange, comédiens de sa majesté, et compagnons du sieur Molière, sur la défense qui fut faite le 6 août 1667 de représenter le Tartuffe jusqu'à nouvel ordre de sa majesté.

Sire,

C'est une chose bien téméraire à moi que de venir importuner un grand monarque au milieu de ses glorieuses conquêtes: mais, dans l'état où je me vois, où trouver, Sire, une protection qu'au lieu où je la viens chercher? Et qui puis-je solliciter contre l'autorité de la puissance qui m'accable, que la source de la puissance et de l'autorité, que le juste dispensateur des ordres absolus, que le souverain juge et le maître de toutes choses?

Ma comédie, Sire, n'a pu jouir ici des bontés de votre majesté. En vain je l'ai produite sous le titre de *l'Imposteur*, et déguisé le personnage sous l'ajustement d'un homme du monde; j'ai eu beau lui donner un petit chapeau, de grands cheveux, un grand collet, une épée, et des dentelles sur tout l'habit, mettre en plusieurs endroits des adoucissements, et retrancher avec soin tout ce que j'ai jugé capable de fournir l'ombre d'un prétexte aux célèbres originaux du portrait que je voulois faire : tout cela n'a de rien servi. La cabale s'est réveillée aux simples conjectures qu'ils ont pu avoir de la chose. Ils ont trouvé moyen de surprendre des esprits qui, dans toute autre matière, font une haute profession de ne se point laisser surprendre. Ma comédie n'a pas plus tôt paru, qu'elle s'est vue foudroyée par le coup d'un pouvoir qui doit imposer du respect ; et tout ce que j'ai pu faire en cette rencontre pour me sauver moi-même de l'éclat de cette tempête, c'est de dire que votre majesté avoit eu la bonté de m'en permettre la représentation, et que je n'avois pas cru qu'il fût besoin de demander cette permission à d'autres, puisqu'il n'y avoit qu'elle seule qui me l'eût défendue.

Je ne doute point, Sire, que les gens que je peins dans ma comédie ne remuent bien des ressorts auprès de votre majesté, et ne jettent dans leur parti, comme ils l'ont déjà fait, de véritables gens de bien, qui sont d'autant plus prompts à se laisser tromper, qu'ils jugent d'autrui par eux-mêmes. Ils ont l'art de donner de belles couleurs à toutes leurs intentions. Quelque mine qu'ils fassent, ce n'est point du tout l'intérêt de Dieu qui les peut émouvoir, ils l'ont assez montré dans les comédies qu'ils ont souffert qu'on ait jouées tant de fois en public sans en dire le moindre mot. Celles-là n'attaquoient que la piété et la religion, dont ils se soucient fort peu : mais celle-ci les attaque et les joue eux-mêmes; et c'est ce qu'ils ne peuvent souffrir. Ils ne sauroient me pardonner de dévoiler leurs impostures aux yeux de tout le monde; et, sans doute, on ne manquera pas de dire à votre majesté que chacun s'est scandalisé de ma comédie. Mais la vérité pure, Sire, c'est que tout Paris ne s'est scandalisé que de la défense qu'on en a faite; que les plus scrupuleux en ont trouvé la représentation profitable; et qu'on s'est étonné que des personnes d'une probité si connue aient eu une si grande déférence pour des gens qui devroient être l'horreur de tout le monde, et sont si opposés à la véritable piété dont elles font profession.

J'attends, avec respect, l'arrêt que votre majesté daignera prononcer sur cette matière : mais il est très-assuré, Sire, qu'il ne faut plus que je songe à faire des comédies, si les tartuffes ont l'avantage; qu'ils prendront droit par-là de me persécuter plus que jamais, et voudront trouver à redire aux choses les plus innocentes qui pourront sortir de ma plume.

Daignent vos bontés, Sire, me donner une protection contre leur rage envenimée; et puissé-je, au retour d'une campagne si glorieuse, délasser votre majesté des fatigues de ses conquêtes, lui donner d'innocents plaisirs après de si nobles travaux, et faire rire le monarque qui fait trembler toute l'Europe !

TROISIÈME PLACET,

Présenté au roi le 5 février 1669.

SIRE,

UN fort honnête médecin, dont j'ai l'honneur d'être le malade, me promet et veut s'obliger par-devant notaires de me faire vivre encore trente années, si je puis lui obtenir une grâce de votre majesté. Je lui ai dit, sur sa promesse, que je ne lui demandois pas tant, et que je serois satisfait de lui pourvu qu'il s'obligeât de ne me point tuer. Cette grâce, Sire, est un canonicat de votre chapelle royale de Vincennes, vacant par la mort de...

Oserois-je demander encore cette grâce à votre majesté le propre jour de la grande résurrection de *Tartuffe*, ressuscité par vos bontés? Je suis par cette première faveur réconcilié avec les dévots; et je le serois par cette seconde avec les médecins. C'est pour moi, sans doute, trop de grâces à la fois; mais peut-être n'en est-ce pas trop pour votre majesté : et j'attends avec un peu d'espérance respectueuse la réponse de mon placet.

PERSONNAGES.

Madame PERNELLE, mère d'Orgon.
ORGON, mari d'Elmire.
ELMIRE, femme d'Orgon.
DAMIS, fils d'Orgon.
MARIANE, fille d'Orgon.
VALÈRE, amant de Mariane.
CLÉANTE, beau-frère d'Orgon.
TARTUFFE, faux dévot.
DORINE, suivante de Mariane.
Monsieur LOYAL, sergent.
UN EXEMPT.
FLIPOTE, servante de madame Pernelle.

La scène est à Paris, dans la maison d'Orgon.

LE TARTUFFE.

ACTE PREMIER.

SCÈNE I.

MADAME PERNELLE, ELMIRE, MARIANE, CLÉANTE, DAMIS, DORINE, FLIPOTE.

MADAME PERNELLE.

Allons, Flipote, allons; que d'eux je me délivre.

ELMIRE.

Vous marchez d'un tel pas, qu'on a peine à vous suivre.

MADAME PERNELLE.

Laissez, ma bru, laissez; ne venez pas plus loin;
Ce sont toutes façons dont je n'ai pas besoin.

ELMIRE.

De ce que l'on vous doit envers vous l'on s'acquitte.
Mais, ma mère, d'où vient que vous sortez si vite?

MADAME PERNELLE.

C'est que je ne puis voir tout ce ménage-ci,
Et que de me complaire on ne prend nul souci.
Oui, je sors de chez vous fort mal édifiée;
Dans toutes mes leçons j'y suis contrariée;
On n'y respecte rien, chacun y parle haut,
Et c'est tout justement la cour du roi Pétaud.

DORINE.

Si...

MADAME PERNELLE.

Vous êtes, ma mie, une fille suivante,
Un peu trop forte en gueule, et fort impertinente;
Vous vous mêlez sur tout de dire votre avis.

DAMIS.

Mais...

MADAME PERNELLE.

Vous êtes un sot, en trois lettres, mon fils;
C'est moi qui vous le dis, qui suis votre grand'mère;
Et j'ai prédit cent fois à mon fils, votre père,
Que vous preniez tout l'air d'un méchant garnement,
Et ne lui donneriez jamais que du tourment.

MARIANE.

Je crois...

MADAME PERNELLE.

Mon Dieu! sa sœur, vous faites la discrète,
Et vous n'y touchez pas, tant vous semblez doucette!
Mais il n'est, comme on dit, pire eau que l'eau qui dort;
Et vous menez, sous cape, un train que je hais fort.

ELMIRE.

Mais, ma mère...

MADAME PERNELLE.

Ma bru, qu'il ne vous en déplaise,
Votre conduite, en tout, est tout-à-fait mauvaise;
Vous devriez leur mettre un bon exemple aux yeux;
Et leur défunte mère en usoit beaucoup mieux.

ACTE I, SCÈNE I.

Vous êtes dépensière; et cet état me blesse,
Que vous alliez vêtue ainsi qu'une princesse.
Quiconque à son mari veut plaire seulement,
Ma bru, n'a pas besoin de tant d'ajustement.

CLÉANTE.

Mais, madame, après tout...

MADAME PERNELLE.

Pour vous, monsieur son frère,
Je vous estime fort, vous aime, et vous révère;
Mais enfin, si j'étois de mon fils, son époux,
Je vous prirois bien fort de n'entrer point chez nous.
Sans cesse vous prêchez des maximes de vivre
Qui par d'honnêtes gens ne se doivent point suivre.
Je vous parle un peu franc; mais c'est là mon humeur,
Et je ne mâche point ce que j'ai sur le cœur.

DAMIS.

Votre monsieur Tartuffe est bien heureux, sans doute...

MADAME PERNELLE.

C'est un homme de bien, qu'il faut que l'on écoute;
Et je ne puis souffrir, sans me mettre en courroux,
De le voir quereller par un fou comme vous.

DAMIS.

Quoi! je souffrirai, moi, qu'un cagot de critique
Vienne usurper céans un pouvoir tyrannique;
Et que nous ne puissions à rien nous divertir,
Si ce beau monsieur-là n'y daigne consentir?

DORINE.

S'il le faut écouter et croire à ses maximes,

On ne peut faire rien qu'on ne fasse des crimes ;
Car il contrôle tout, ce critique zélé.

MADAME PERNELLE.

Et tout ce qu'il contrôle est fort bien contrôlé.
C'est au chemin du ciel qu'il prétend vous conduire :
Et mon fils à l'aimer vous devroit tous induire.

DAMIS.

Non, voyez-vous, ma mère, il n'est père, ni rien,
Qui me puisse obliger à lui vouloir du bien :
Je trahirois mon cœur de parler d'autre sorte.
Sur ses façons de faire à tous coups je m'emporte :
J'en prévois une suite, et qu'avec ce pied-plat
Il faudra que j'en vienne à quelque grand éclat.

DORINE.

Certes, c'est une chose aussi qui scandalise,
De voir qu'un inconnu céans s'impatronise ;
Qu'un gueux, qui, quand il vint, n'avoit pas de souliers,
Et dont l'habit entier valoit bien six deniers,
En vienne jusque-là que de se méconnoître,
De contrarier tout, et de faire le maître.

MADAME PERNELLE.

Hé ! merci de ma vie ! il en iroit bien mieux,
Si tout se gouvernoit par ses ordres pieux.

DORINE.

Il passe pour un saint dans votre fantaisie :
Tout son fait, croyez-moi, n'est rien qu'hypocrisie.

MADAME PERNELLE.

Voyez la langue !

ACTE I, SCÈNE I

DORINE.

A lui, non plus qu'à son Laurent,
Je ne me fîrois, moi, que sur un bon garant.

MADAME PERNELLE.

J'ignore ce qu'au fond le serviteur peut être;
Mais pour homme de bien je garantis le maître.
Vous ne lui voulez mal et ne le rebutez
Qu'à cause qu'il vous dit à tous vos vérités.
C'est contre le péché que son cœur se courrouce,
Et l'intérêt du ciel est tout ce qui le pousse.

DORINE.

Oui; mais pourquoi, surtout depuis un certain temps,
Ne sauroit-il souffrir qu'aucun hante céans?
En quoi blesse le ciel une visite honnête,
Pour en faire un vacarme à nous rompre la tête?
Veut-on que là-dessus je m'explique entre nous?...
    (montrant Elmire.)
Je crois que de madame il est, ma foi, jaloux.

MADAME PERNELLE.

Taisez-vous, et songez aux choses que vous dites.
Ce n'est pas lui tout seul qui blâme ces visites :
Tout ce tracas qui suit les gens que vous hantez,
Ces carrosses sans cesse à la porte plantés,
Et de tant de laquais le bruyant assemblage,
Font un éclat fâcheux dans tout le voisinage.
Je veux croire qu'au fond il ne se passe rien :
Mais enfin, on en parle, et cela n'est pas bien.

CLÉANTE.

Hé! voulez-vous, madame, empêcher qu'on ne cause?
Ce seroit dans la vie une fâcheuse chose,
Si, pour les sots discours où l'on peut être mis,
Il falloit renoncer à ses meilleurs amis.
Et quand même on pourroit se résoudre à le faire,
Croiriez-vous obliger tout le monde à se taire?
Contre la médisance il n'est point de rempart.
A tous les sots caquets n'ayons donc nul égard;
Efforçons-nous de vivre avec toute innocence,
Et laissons aux causeurs une pleine licence.

DORINE.

Daphné, notre voisine, et son petit époux,
Ne seroient-ils point ceux qui parlent mal de nous?
Ceux de qui la conduite offre le plus à rire
Sont toujours sur autrui les premiers à médire :
Ils ne manquent jamais de saisir promptement
L'apparente lueur du moindre attachement,
D'en semer la nouvelle avec beaucoup de joie,
Et d'y donner le tour qu'ils veulent qu'on y croie :
Des actions d'autrui, teintes de leurs couleurs,
Ils pensent dans le monde autoriser les leurs,
Et, sous le faux espoir de quelque ressemblance,
Aux intrigues qu'ils ont donner de l'innocence,
Ou faire ailleurs tomber quelques traits partagés
De ce blâme public dont ils sont trop chargés.

MADAME PERNELLE.

Tous ces raisonnements ne font rien à l'affaire.

ACTE 1, SCÈNE I.

On sait qu'Orante mène une vie exemplaire;
Tous ses soins vont au ciel : et j'ai su par des gens
Qu'elle condamne fort le train qui vient céans.

DORINE.

L'exemple est admirable, et cette dame est bonne!
Il est vrai qu'elle vit en austère personne;
Mais l'âge dans son âme a mis ce zèle ardent,
Et l'on sait qu'elle est prude à son corps défendant.
Tant qu'elle a pu des cœurs attirer les hommages,
Elle a fort bien joui de tous ses avantages :
Mais voyant de ses yeux tous les brillants baisser,
Au monde qui la quitte elle veut renoncer,
Et du voile pompeux d'une haute sagesse
De ses attraits usés déguiser la foiblesse.
Ce sont là les retours des coquettes du temps :
Il leur est dur de voir déserter les galants.
Dans un tel abandon, leur sombre inquiétude
Ne voit d'autre recours que le métier de prude;
Et la sévérité de ces femmes de bien
Censure toute chose, et ne pardonne à rien;
Hautement d'un chacun elles blâment la vie,
Non point par charité, mais par un trait d'envie,
Qui ne sauroit souffrir qu'un autre ait les plaisirs
Dont le penchant de l'âge a sevré leurs désirs.

MADAME PERNELLE, à Elmire.

Voilà les contes bleus qu'il vous faut pour vous plaire,
Ma bru. L'on est chez vous contrainte de se taire :

Car madame, à jaser, tient le dé tout le jour.
Mais enfin je prétends discourir à mon tour :
Je vous dis que mon fils n'a rien fait de plus sage
Qu'en recueillant chez soi ce dévot personnage ;
Que le ciel au besoin l'a céans envoyé
Pour redresser à tous votre esprit fourvoyé ;
Que, pour votre salut, vous le devez entendre ;
Et qu'il ne reprend rien qui ne soit à reprendre.
Ces visites, ces bals, ces conversations,
Sont du malin esprit toutes inventions.
Là, jamais on n'entend de pieuses paroles ;
Ce sont propos oisifs, chansons et fariboles :
Bien souvent le prochain en a sa bonne part,
Et l'on y sait médire et du tiers et du quart.
Enfin les gens sensés ont leurs têtes troublées
De la confusion de telles assemblées :
Mille caquets divers s'y font en moins de rien ;
Et, comme l'autre jour un docteur dit fort bien,
C'est véritablement la tour de Babylone,
Car chacun y babille, et tout du long de l'aune :
Et pour conter l'histoire où ce point l'engagea...
(montrant Cléante.)
Voilà-t-il pas monsieur qui ricane déjà !
Allez chercher vos fous qui vous donnent à rire,
(à Elmire.)
Et sans... Adieu, ma bru ; je ne veux plus rien dire.
Sachez que pour céans j'en rabats de moitié,
Et qu'il fera beau temps quand j'y mettrai le pié.

ACTE I, SCÈNE I.

(donnant un soufflet à Flipote.)

Allons, vous, vous rêvez, et bayez aux corneilles.
Jour de Dieu! je saurai vous frotter les oreilles.
Marchons, gaupe, marchons.

SCÈNE II.

CLÉANTE, DORINE.

CLÉANTE.

Je n'y veux point aller,
De peur qu'elle ne vînt encor me quereller;
Que cette bonne femme...

DORINE.

Ah! certes, c'est dommage
Qu'elle ne vous ouït tenir un tel langage:
Elle vous diroit bien qu'elle vous trouve bon,
Et qu'elle n'est point d'âge à lui donner ce nom.

CLÉANTE.

Comme elle s'est pour rien contre nous échauffée!
Et que de son Tartuffe elle paroît coiffée!

DORINE.

Oh! vraiment, tout cela n'est rien au prix du fils:
Et, si vous l'aviez vu, vous diriez, C'est bien pis!
Nos troubles l'avoient mis sur le pied d'homme sage,
Et, pour servir son prince, il montra du courage:
Mais il est devenu comme un homme hébété,
Depuis que de Tartuffe on le voit entêté;
Il l'appelle son frère, et l'aime dans son âme
Cent fois plus qu'il ne fait mère, fils, fille, et femme.

C'est de tous ses secrets l'unique confident,
Et de ses actions le directeur prudent;
Il le choie, il l'embrasse; et pour une maîtresse
On ne sauroit, je pense, avoir plus de tendresse :
A table, au plus haut bout il veut qu'il soit assis;
Avec joie il l'y voit manger autant que six;
Les bons morceaux de tout, il faut qu'on les lui cède;
Et, s'il vient à roter, il lui dit, Dieu vous aide.
Enfin il en est fou; c'est son tout, son héros;
Il l'admire à tous coups, le cite à tous propos;
Ses moindres actions lui semblent des miracles,
Et tous les mots qu'il dit sont pour lui des oracles.
Lui, qui connoît sa dupe, et qui veut en jouir,
Par cent dehors fardés a l'art de l'éblouir;
Son cagotisme en tire, à toute heure, des sommes,
Et prend droit de gloser sur tous tant que nous sommes.
Il n'est pas jusqu'au fat qui lui sert de garçon
Qui ne se mêle aussi de nous faire leçon;
Il vient nous sermonner avec des yeux farouches,
Et jeter nos rubans, notre rouge et nos mouches.
Le traître, l'autre jour, nous rompit de ses mains
Un mouchoir qu'il trouva dans une Fleur des saints,
Disant que nous mêlions, par un crime effroyable,
Avec la sainteté les parures du diable.

SCÈNE III.

ELMIRE, MARIANE, DAMIS, CLÉANTE, DORINE.

ELMIRE, à Cléante.

Vous êtes bien heureux de n'être point venu
Au discours qu'à la porte elle nous a tenu.
Mais j'ai vu mon mari ; comme il ne m'a point vue,
Je veux aller là-haut attendre sa venue.

CLÉANTE.

Moi, je l'attends ici pour moins d'amusement ;[1]
Et je vais lui donner le bonjour seulement.

SCÈNE IV.

CLÉANTE, DAMIS, DORINE.

DAMIS.

De l'hymen de ma sœur touchez-lui quelque chose.
J'ai soupçon que Tartuffe à son effet s'oppose,
Qu'il oblige mon père à des détours si grands ;
Et vous n'ignorez pas quel intérêt j'y prends.
Si même ardeur enflamme et ma sœur et Valère,
La sœur de cet ami, vous le savez, m'est chère ;
Et s'il falloit...

DORINE.

Il entre.

---

[1] *Pour moins d'amusement*, pour, *perdre moins de temps*.

SCÈNE V.
ORGON, CLÉANTE, DORINE.

ORGON.

Ah! mon frère, bonjour.

CLÉANTE.

Je sortois, et j'ai joie à vous voir de retour.
La campagne à présent n'est pas beaucoup fleurie.

ORGON.

(à Cléante.)

Dorine... Mon beau-frère, attendez, je vous prie.
Vous voulez bien souffrir, pour m'ôter de souci,
Que je m'informe un peu des nouvelles d'ici.

(à Dorine.)

Tout s'est-il, ces deux jours, passé de bonne sorte?
Qu'est-ce qu'on fait céans? comme est-ce qu'on s'y porte?

DORINE.

Madame eut avant-hier la fièvre jusqu'au soir,
Avec un mal de tête étrange à concevoir.

ORGON.

Et Tartuffe?

DORINE.

Tartuffe! il se porte à merveille,
Gros et gras, le teint frais, et la bouche vermeille.

ORGON.

Le pauvre homme!

DORINE.

Le soir, elle eut un grand dégoût,

ACTE I, SCÈNE V.

Et ne put, au souper, toucher à rien du tout,
Tant sa douleur de tête étoit encor cruelle!

ORGON.

Et Tartuffe?

DORINE.

Il soupa, lui tout seul, devant elle;
Et fort dévotement il mangea deux perdrix,
Avec une moitié de gigot en hachis.

ORGON.

Le pauvre homme!

DORINE.

La nuit se passa tout entière
Sans qu'elle pût fermer un moment la paupière;
Des chaleurs l'empêchoient de pouvoir sommeiller,
Et, jusqu'au jour, près d'elle il nous fallut veiller.

ORGON.

Et Tartuffe?

DORINE.

Pressé d'un sommeil agréable,
Il passa dans sa chambre au sortir de la table;
Et dans son lit bien chaud il se mit tout soudain,
Où sans trouble il dormit jusques au lendemain.

ORGON.

Le pauvre homme!

DORINE.

A la fin, par nos raisons gagnée,
Elle se résolut à souffrir la saignée;
Et le soulagement suivit tout aussitôt.

ORGON.

Et Tartuffe?

DORINE.

Il reprit courage comme il faut;
Et, contre tous les maux fortifiant son âme,
Pour réparer le sang qu'avoit perdu madame,
But, à son déjeuné, quatre grands coups de vin.

ORGON.

Le pauvre homme!

DORINE.

Tous deux se portent bien enfin;
Et je vais à madame annoncer, par avance,
La part que vous prenez à sa convalescence.

SCÈNE VI.
ORGON, CLÉANTE.

CLÉANTE.

A votre nez, mon frère, elle se rit de vous :
Et, sans avoir dessein de vous mettre en courroux,
Je vous dirai tout franc que c'est avec justice.
A-t-on jamais parlé d'un semblable caprice?
Et se peut-il qu'un homme ait un charme aujourd'hui
A vous faire oublier toutes choses pour lui;
Qu'après avoir chez vous réparé sa misère,
Vous en veniez au point...

ORGON.

Halte-là, mon beau-frère;
Vous ne connoissez pas celui dont vous parlez.

CLÉANTE.

Je ne le connois pas, puisque vous le voulez;
Mais enfin, pour savoir quel homme ce peut être...

ORGON.

Mon frère, vous seriez charmé de le connoître,
Et vos ravissements ne prendroient point de fin.
C'est un homme... qui... ah!... un homme... un homme enfin
Qui suit bien ses leçons, goûte une paix profonde,
Et comme du fumier regarde tout le monde.
Oui, je deviens tout autre avec son entretien;
Il m'enseigne à n'avoir affection pour rien,
De toutes amitiés il détache mon âme;
Et je verrois mourir frère, enfants, mère, et femme,
Que je m'en soucîrois autant que de cela.

CLÉANTE.

Les sentimens humains, mon frère, que voilà!

ORGON.

Ah! si vous aviez vu comme j'en fis rencontre,
Vous auriez pris pour lui l'amitié que je montre.
Chaque jour à l'église il venoit, d'un air doux,
Tout vis-à-vis de moi se mettre à deux genoux.
Il attiroit les yeux de l'assemblée entière
Par l'ardeur dont au ciel il poussoit sa prière;
Il faisoit des soupirs, de grands élancements,
Et baisoit humblement la terre à tous moments :
Et, lorsque je sortois, il me devançoit vite
Pour m'aller, à la porte, offrir de l'eau bénite.

Instruit par son garçon, qui dans tout l'imitoit,
Et de son indigence, et de ce qu'il étoit,
Je lui faisois des dons : mais, avec modestie,
Il me vouloit toujours en rendre une partie.
C'est trop, me disoit-il, c'est trop de la moitié;
Je ne mérite pas de vous faire pitié.
Et quand je refusois de le vouloir reprendre,
Aux pauvres, à mes yeux, il alloit le répandre.
Enfin le ciel chez moi me le fit retirer,
Et depuis ce temps-là tout semble y prospérer.
Je vois qu'il reprend tout, et qu'à ma femme même
Il prend, pour mon bonheur, un intérêt extrême;
Il m'avertit des gens qui lui font les yeux doux,
Et plus que moi six fois il s'en montre jaloux.
Mais vous ne croiriez point jusqu'où monte son zèle :
Il s'impute à péché la moindre bagatelle;
Un rien presque suffit pour le scandaliser;
Jusque-là qu'il se vint l'autre jour accuser
D'avoir pris une puce en faisant sa prière,
Et de l'avoir tuée avec trop de colère.

CLÉANTE.

Parbleu! vous êtes fou, mon frère, que je croi.
Avec de tels discours vous moquez-vous de moi?
Et que prétendez-vous? Que tout ce badinage...

ORGON.

Mon frère, ce discours sent le libertinage :
Vous en êtes un peu dans votre âme entiché;

Et, comme je vous l'ai plus de dix fois prêché,
Vous vous attirerez quelque méchante affaire.
CLÉANTE.
Voilà de vos pareils le discours ordinaire :
Ils veulent que chacun soit aveugle comme eux.
C'est être libertin que d'avoir de bons yeux ;
Et qui n'adore pas de vaines simagrées
N'a ni respect ni foi pour les choses sacrées.
Allez, tous vos discours ne me font point de peur ;
Je sais comme je parle, et le ciel voit mon cœur.
De tous vos façonniers on n'est point les esclaves.
Il est de faux dévots ainsi que de faux braves :
Et comme on ne voit pas qu'où l'honneur les conduit
Les vrais braves soient ceux qui font beaucoup de bruit,
Les bons et vrais dévots, qu'on doit suivre à la trace,
Ne sont pas ceux aussi qui font tant de grimace.
Hé quoi ! vous ne ferez nulle distinction
Entre l'hypocrisie et la dévotion ?
Vous les voulez traiter d'un semblable langage,
Et rendre même honneur au masque qu'au visage.
Égaler l'artifice à la sincérité,
Confondre l'apparence avec la vérité,
Estimer le fantôme autant que la personne,
Et la fausse monnoie à l'égal de la bonne ?
Les hommes la plupart sont étrangement faits ;
Dans la juste nature on ne les voit jamais :
La raison a pour eux des bornes trop petites,
En chaque caractère ils passent ses limites ;

Et la plus noble chose, ils la gâtent souvent
Pour la vouloir outrer et pousser trop avant.
Que cela vous soit dit en passant, mon beau-frère.

ORGON.

Oui, vous êtes sans doute un docteur qu'on révère;
Tout le savoir du monde est chez vous retiré;
Vous êtes le seul sage et le seul éclairé;
Un oracle, un Caton dans le siècle où nous sommes,
Et près de vous ce sont des sots que tous les hommes.

CLÉANTE.

Je ne suis point, mon frère, un docteur révéré;
Et le savoir chez moi n'est pas tout retiré.
Mais, en un mot, je sais, pour toute ma science,
Du faux avec le vrai faire la différence.
Et comme je ne vois nul genre de héros
Qui soit plus à priser que les parfaits dévots,
Aucune chose au monde et plus noble et plus belle
Que la sainte ferveur d'un véritable zèle :
Aussi ne vois-je rien qui soit plus odieux
Que le dehors plâtré d'un zèle spécieux,
Que ces francs charlatans, que ces dévots de place
De qui la sacrilége et trompeuse grimace
Abuse impunément, et se joue, à leur gré,
De ce qu'ont les mortels de plus saint et sacré;
Ces gens qui, par une âme à l'intérêt soumise,
Font de dévotion métier et marchandise,
Et veulent acheter crédit et dignités
A prix de faux clins d'yeux et d'élans affectés;

Ces gens, dis-je, qu'on voit d'une ardeur non commune
Par le chemin du ciel courir à leur fortune;
Qui, brûlants et priants, demandent chaque jour,
Et prêchent la retraite au milieu de la cour;
Qui savent ajuster leur zèle avec leurs vices,
Sont prompts, vindicatifs, sans foi, pleins d'artifices,
Et pour perdre quelqu'un couvrent insolemment
De l'intérêt du ciel leur fier ressentiment,
D'autant plus dangereux dans leur âpre colère,
Qu'ils prennent contre nous des armes qu'on révère,
Et que leur passion, dont on leur sait bon gré,
Veut nous assassiner avec un fer sacré :
De ce faux caractère on en voit trop paroître.
Mais les dévots de cœur sont aisés à connoître.
Notre siècle, mon frère, en expose à nos yeux
Qui peuvent nous servir d'exemples glorieux.
Regardez Ariston, regardez Périandre,
Oronte, Alcidamas, Polydore, Clitandre;
Ce titre par aucun ne leur est débattu, [1]
Ce ne sont point du tout fanfarons de vertu:
On ne voit point en eux ce faste insupportable,
Et leur dévotion est humaine, est traitable :
Ils ne censurent point toutes nos actions,
Ils trouvent trop d'orgueil dans ces corrections,
Et, laissant la fierté des paroles aux autres,
C'est par leurs actions qu'ils reprennent les nôtres.

---

[1] *Débattu*, pour, *contesté*.

L'apparence du mal a chez eux peu d'appui,
Et leur âme est portée à juger bien d'autrui.
Point de cabale en eux, point d'intrigues à suivre;
On les voit, pour tous soins, se mêler de bien vivre.
Jamais contre un pécheur ils n'ont d'acharnement,
Ils attachent leur haine au péché seulement,
Et ne veulent point prendre avec un zèle extrême
Les intérêts du ciel plus qu'il ne veut lui-même.
Voilà mes gens, voilà comme il en faut user,
Voilà l'exemple enfin qu'il se faut proposer.
Votre homme, à dire vrai, n'est pas de ce modèle:
C'est de fort bonne foi que vous vantez son zèle;
Mais par un faux éclat je vous crois ébloui.

ORGON.

Monsieur mon cher beau-frère, avez-vous tout dit?

CLÉANTE.

Oui.

ORGON, s'en allant.

Je suis votre valet.

CLÉANTE.

De grâce, un mot, mon frèı
Laissons là ce discours. Vous savez que Valère,
Pour être votre gendre, a parole de vous.

ORGON.

Oui.

CLÉANTE.

Vous aviez pris jour pour un lien si doux.

ACTE I, SCÈNE VI.

ORGON.

Il est vrai.

CLÉANTE.

Pourquoi donc en différer la fête?

ORGON.

Je ne sais.

CLÉANTE.

Auriez-vous autre pensée en tête?

ORGON.

Peut-être.

CLÉANTE.

Vous voulez manquer à votre foi?

ORGON.

Je ne dis pas cela.

CLÉANTE.

Nul obstacle, je croi,
Ne vous peut empêcher d'accomplir vos promesses.

ORGON.

Selon.

CLÉANTE.

Pour dire un mot faut-il tant de finesses?
Valère, sur ce point, me fait vous visiter

ORGON.

Le ciel en soit loué!

CLÉANTE.

Mais que lui reporter?

ORGON.

Tout ce qu'il vous plaira.

CLÉANTE.

Mais il est nécessaire
De savoir vos desseins. Quels sont-ils donc?

ORGON.

De faire
Ce que le ciel voudra.

CLÉANTE.

Mais parlons tout de bon.
Valère a votre foi; la tiendrez-vous, ou non?

ORGON.

Adieu.

CLÉANTE, seul.

Pour son amour je crains une disgrâce,
Et je dois l'avertir de tout ce qui se passe.

FIN DU PREMIER ACTE.

ACTE SECOND.

SCÈNE I.
ORGON, MARIANE.

ORGON.

Mariane?

MARIANE.

Mon père?

ORGON.

Approchez, j'ai de quoi
Vous parler en secret.

MARIANE, à Orgon qui regarde dans un cabinet.

Que cherchez-vous?

ORGON.

Je voi
Si quelqu'un n'est point là qui pourroit nous entendre,
Car ce petit endroit est propre pour surprendre.
Or sus, nous voilà bien. J'ai, Mariane, en vous
Reconnu de tout temps un esprit assez doux,
Et de tout temps aussi vous m'avez été chère.

MARIANE.

Je suis fort redevable à cet amour de père.

ORGON.

C'est fort bien dit, ma fille; et pour le mériter,
Vous devez n'avoir soin que de me contenter.

MARIANE.

C'est où je mets aussi ma gloire la plus haute.

ORGON.

Fort bien. Que dites-vous de Tartuffe notre hôte?

MARIANE.

Qui? moi?

ORGON.

Vous. Voyez bien comme vous répondrez.

MARIANE.

Hélas! j'en dirai, moi, tout ce que vous voudrez.

SCÈNE II.

ORGON, MARIANE; DORINE, ENTRANT DOUCEMENT, ET SE TENANT DERRIÈRE ORGON SANS ÊTRE VUE.

ORGON.

C'est parler sagement... Dites-moi donc, ma fille,
Qu'en toute sa personne un haut mérite brille,
Qu'il touche votre cœur, et qu'il vous seroit doux
De le voir, par mon choix, devenir votre époux.
Hé!

MARIANE.

Hé!

ORGON.

Qu'est-ce?

MARIANE.
Plaît-il?
ORGON.
Quoi?
MARIANE.
Me suis-je méprise?
ORGON.
Comment?

MARIANE.
Qui voulez-vous, mon père, que je dise
Qui me touche le cœur, et qu'il me seroit doux
De voir, par votre choix, devenir mon époux?
ORGON.
Tartuffe.

MARIANE.
Il n'en est rien, mon père, je vous jure.
Pourquoi me faire dire une telle imposture?
ORGON.
Mais je veux que cela soit une vérité;
Et c'est assez pour vous que je l'aie arrêté.
MARIANE.
Quoi! voulez-vous, mon père...
ORGON.
Oui, je prétends, ma fille,
Unir, par votre hymen, Tartuffe à ma famille.
Il sera votre époux, j'ai résolu cela.
(apercevant Dorine.)
Et comme sur vos vœux je... Que faites-vous là?

La curiosité qui vous presse est bien forte,
Ma mie, à nous venir écouter de la sorte.

DORINE.

Vraiment, je ne sais pas si c'est un bruit qui part
De quelque conjecture, ou d'un coup de hasard;
Mais de ce mariage on m'a dit la nouvelle,
Et j'ai traité cela de pure bagatelle.

ORGON.

Quoi donc! la chose est-elle incroyable?

DORINE.

A tel point,
Que vous même, monsieur, je ne vous en crois point.

ORGON.

Je sais bien le moyen de vous le faire croire.

DORINE.

Oui! oui! vous nous contez une plaisante histoire!

ORGON.

Je conte justement ce qu'on verra dans peu.

DORINE.

Chansons!

ORGON.

Ce que je dis, ma fille, n'est point jeu.

DORINE.

Allez, ne croyez point à monsieur votre père;
Il raille.

ORGON.

Je vous dis...

DORINE.

Non, vous avez beau faire,
Ou ne vous croira point.

ORGON.

A la fin mon courroux...

DORINE.

Hé bien! on vous croit donc; et c'est tant pis pour vous.
Quoi! se peut-il, monsieur, qu'avec l'air d'homme sage,
Et cette large barbe au milieu du visage,
Vous soyez assez fou pour vouloir...

ORGON.

Écoutez :
Vous avez pris céans certaines privautés
Qui ne me plaisent point; je vous le dis, ma mie.

DORINE.

Parlons sans nous fâcher, monsieur, je vous supplie.
Vous moquez-vous des gens d'avoir fait ce complot?
Votre fille n'est point l'affaire d'un bigot :
Il a d'autres emplois auxquels il faut qu'il pense.
Et puis, que vous apporte une telle alliance?
A quel sujet aller, avec tout votre bien,
Choisir un gendre gueux...?

ORGON.

Taisez-vous. S'il n'a rien,
Sachez que c'est par-là qu'il faut qu'on le révère.
Sa misère est sans doute une honnête misère;
Au-dessus des grandeurs elle doit l'élever,
Puisque enfin de son bien il s'est laissé priver

Par son trop peu de soins des choses temporelles,
Et sa puissante attache aux choses éternelles.
Mais mon secours pourra lui donner les moyens
De sortir d'embarras, et rentrer dans ses biens :
Ce sont fiefs qu'à bon titre au pays on renomme;
Et, tel que l'on le voit, il est bien gentilhomme.

DORINE.

Oui, c'est lui qui le dit; et cette vanité,
Monsieur, ne sied pas bien avec la piété.
Qui d'une sainte vie embrasse l'innocence,
Ne doit point tant prôner son nom et sa naissance :
Et l'humble procédé de la dévotion
Souffre mal les éclats de cette ambition.
A quoi bon cet orgueil?... Mais ce discours vous blesse;
Parlons de sa personne, et laissons sa noblesse.
Ferez-vous possesseur, sans quelque peu d'ennui,
D'une fille comme elle un homme comme lui?
Et ne devez-vous pas songer aux bienséances,
Et de cette union prévoir les conséquences?
Sachez que d'une fille on risque la vertu,
Lorsque dans son hymen son goût est combattu;
Que le dessein d'y vivre en honnête personne
Dépend des qualités du mari qu'on lui donne;
Et que ceux dont partout on montre au doigt le front
Font leurs femmes souvent ce qu'on voit qu'elles sont.
Il est bien difficile enfin d'être fidèle
A de certains maris faits d'un certain modèle;
Et qui donne à sa fille un homme qu'elle hait

Est responsable au ciel des fautes qu'elle fait.
Songez à quels périls votre dessein vous livre.
ORGON.
Je vous dis qu'il me faut apprendre d'elle à vivre !
DORINE.
Vous n'en feriez que mieux de suivre mes leçons.
ORGON.
Ne nous amusons point, ma fille, à ces chansons;
Je sais ce qu'il vous faut, et je suis votre père.
J'avois donné pour vous ma parole à Valère :
Mais outre qu'à jouer on dit qu'il est enclin,
Je le soupçonne encor d'être un peu libertin;
Je ne remarque point qu'il hante les églises.
DORINE.
Voulez-vous qu'il y coure à vos heures précises,
Comme ceux qui n'y vont que pour être aperçus?
ORGON.
Je ne demande pas votre avis là-dessus.
Enfin avec le ciel l'autre est le mieux du monde,
Et c'est une richesse à nulle autre seconde.
Cet hymen de tous biens comblera vos désirs,
Il sera tout confit en douceurs et plaisirs.
Ensemble vous vivrez, dans vos ardeurs fidèles,
Comme deux vrais enfants, comme deux tourterelles :
A nul fâcheux débat jamais vous n'en viendrez;
Et vous ferez de lui tout ce que vous voudrez.
DORINE.
Elle! elle n'en fera qu'un sot, je vous assure.

ORGON.

Ouais! quels discours!

DORINE.

Je dis qu'il en a l'encolure,
Et que son ascendant, monsieur, l'emportera
Sur toute la vertu que votre fille aura.

ORGON.

Cessez de m'interrompre, et songez à vous taire,
Sans mettre votre nez où vous n'avez que faire.

DORINE.

Je n'en parle, monsieur, que pour votre intérêt.

ORGON.

C'est prendre trop de soin; taisez-vous, s'il vous plaît.

DORINE.

Si l'on ne vous aimoit...

ORGON.

Je ne veux pas qu'on m'aime.

DORINE.

Et je veux vous aimer, monsieur, malgré vous-même.

ORGON.

Ah!

DORINE.

Votre honneur m'est cher, et je ne puis souffrir
Qu'aux brocards d'un chacun vous alliez vous offrir.

ORGON.

Vous ne vous tairez point!

ACTE II, SCÈNE II.

DORINE.

C'est une conscience
Que de vous laisser faire une telle alliance.

ORGON.

Te tairas-tu, serpent, dont les traits effrontés...

DORINE.

Ah! vous êtes dévot, et vous vous emportez!

ORGON.

Oui, ma bile s'échauffe à toutes ces fadaises,
Et tout résolument je veux que tu te taises.

DORINE.

Soit. Mais, ne disant mot, je n'en pense pas moins.

ORGON.

Pense, si tu le veux; mais applique tes soins
(à sa fille.)
A ne m'en point parler, ou... Suffit... Comme sage,
J'ai pesé mûrement toutes choses.

DORINE, à part.

J'enrage
De ne pouvoir parler.

ORGON.

Sans être damoiseau,
Tartuffe est fait de sorte...

DORINE, à part.

Oui, c'est un beau museau.

ORGON.

Que quand tu n'aurois même aucune sympathie
Pour tous les autres dons...

DORINE, à part.

La voilà bien lotie!

(Orgon se tourne du côté de Dorine, et, les bras croisés, l'écoute, et la regarde en face.)

Si j'étois en sa place, un homme assurément
Ne m'épouseroit pas de force impunément;
Et je lui ferois voir, bientôt après la fête,
Qu'une femme a toujours une vengeance prête.

ORGON, à Dorine.

Donc de ce que je dis on ne fera nul cas?

DORINE.

De quoi vous plaignez-vous? Je ne vous parle pas.

ORGON.

Qu'est-ce que tu fais donc?

DORINE.

Je me parle à moi-même.

ORGON, à part.

Fort bien. Pour châtier son insolence extrême,
Il faut que je lui donne un revers de ma main.

(Il se met en posture de donner un soufflet à Dorine; et, à chaque mot qu'il dit à sa fille, il se tourne pour regarder Dorine, qui se tient droite sans parler.)

Ma fille, vous devez approuver mon desscin...
Croire que le mari... que j'ai su vous élire...

(à Dorine.)

Que ne te parles-tu?

DORINE.

Je n'ai rien à me dire.

ORGON.

Encore un petit mot.

DORINE.

Il ne me plaît pas, moi.

ORGON.

Certes, je t'y guettois.

DORINE.

Quelque sotte, ma foi!...

ORGON.

Enfin, ma fille, il faut payer d'obéissance,
Et montrer pour mon choix entière déférence.

DORINE, en s'enfuyant.

Je me moquerois fort de prendre un tel époux.

ORGON, après avoir manqué de donner un soufflet à Dorine.

Vous avez là, ma fille, une peste avec vous,
Avec qui, sans péché, je ne saurois plus vivre.
Je me sens hors d'état maintenant de poursuivre;
Ses discours insolents m'ont mis l'esprit en feu,
Et je vais prendre l'air pour me rasseoir un peu.

SCÈNE III.

MARIANE, DORINE.

DORINE.

Avez-vous donc perdu, dites-moi, la parole?
Et faut-il qu'en ceci je fasse votre rôle?
Souffrir qu'on vous propose un projet insensé,
Sans que du moindre mot vous l'ayez repoussé!

MARIANE.

Contre un père absolu que veux-tu que je fasse?

DORINE.

Ce qu'il faut pour parer une telle menace.

MARIANE.

Quoi?

DORINE.

Lui dire qu'un cœur n'aime point par autrui;
Que vous vous mariez pour vous, non pas pour lui;
Qu'étant celle pour qui se fait toute l'affaire,
C'est à vous, non à lui, que le mari doit plaire;
Et que si son Tartuffe est pour lui si charmant,
Il le peut épouser sans nul empêchement.

MARIANE.

Un père, je l'avoue, a sur nous tant d'empire,
Que je n'ai jamais eu la force de rien dire.

DORINE.

Mais raisonnons. Valère a fait pour vous des pas:
L'aimez-vous, je vous prie, ou ne l'aimez-vous pas?

MARIANE.

Ah! qu'envers mon amour ton injustice est grande,
Dorine! me dois-tu faire cette demande?
T'ai-je pas là-dessus ouvert cent fois mon cœur?
Et sais-tu pas pour lui jusqu'où va mon ardeur?

DORINE.

Que sais-je si le cœur a parlé par la bouche,
Et si c'est tout de bon que cet amant vous touche?

ACTE II, SCÈNE III.

MARIANE.

Tu me fais un grand tort, Dorine, d'en douter;
Et mes vrais sentiments ont su trop éclater.

DORINE.

Enfin, vous l'aimez donc?

MARIANE.

Oui, d'une ardeur extrême.

DORINE.

Et selon l'apparence il vous aime de même?

MARIANE.

Je le crois.

DORINE.

Et tous deux brûlez également
De vous voir mariés ensemble?

MARIANE.

Assurément.

DORINE.

Sur cette autre union quelle est donc votre attente?

MARIANE.

De me donner la mort, si l'on me violente.

DORINE.

Fort bien. C'est un recours où je ne songeois pas.
Vous n'avez qu'à mourir pour sortir d'embarras.
Le remède sans doute est merveilleux. J'enrage
Lorsque j'entends tenir ces sortes de langage.

MARIANE.

Mon Dieu! de quelle humeur, Dorine, tu te rends!
Tu ne compatis point aux déplaisirs des gens

DORINE.

Je ne compatis point à qui dit des sornettes,
Et dans l'occasion mollit comme vous faites.

MARIANE.

Mais que veux-tu? si j'ai de la timidité...

DORINE.

Mais l'amour dans un cœur veut de la fermeté.

MARIANE.

Mais n'en gardé-je point pour les feux de Valère?
Et n'est-ce pas à lui de m'obtenir d'un père?

DORINE.

Mais quoi! si votre père est un bourru fieffé,
Qui s'est de son Tartuffe entièrement coiffé,
Et manque à l'union qu'il avoit arrêtée,
La faute à votre amant doit-elle être imputée?

MARIANE.

Mais, par un haut refus et d'éclatants mépris
Ferai-je, dans mon choix, voir un cœur trop épris?
Sortirai-je pour lui, quelque éclat dont il brille,
De la pudeur du sexe, et du devoir de fille?
Et veux-tu que mes feux par le monde étalés...

DORINE.

Non, non, je ne veux rien. Je vois que vous voulez
Être à monsieur Tartuffe; et j'aurois, quand j'y pense,
Tort de vous détourner d'une telle alliance.
Quelle raison aurois-je à combattre vos vœux?
Le parti de soi-même est fort avantageux.
Monsieur Tartuffe! ho! ho! n'est-ce rien qu'on propose?

ACTE II, SCÈNE III.

Certes, monsieur Tartuffe, à bien prendre la chose,
N'est pas un homme, non, qui se mouche du pied;
Et ce n'est pas peu d'heur que d'être sa moitié.
Tout le monde déjà de gloire le couronne;
Il est noble chez lui, bien fait de sa personne;
Il a l'oreille rouge et le teint bien fleuri :
Vous vivrez trop contente avec un tel mari.

MARIANE.

Mon Dieu !...

DORINE.

Quelle allégresse aurez-vous dans votre âme,
Quand d'un époux si beau vous vous verrez la femme !

MARIANE.

Ah ! cesse, je te prie, un semblable discours;
Et contre cet hymen ouvre-moi du secours.
C'en est fait, je me rends, et suis prête à tout faire.

DORINE.

Non, il faut qu'une fille obéisse à son père,
Voulût-il lui donner un singe pour époux.
Votre sort est fort beau : de quoi vous plaignez-vous ?
Vous irez par le coche en sa petite ville,
Qu'en oncles et cousins vous trouverez fertile,
Et vous vous plairez fort à les entretenir.
D'abord chez le beau monde on vous fera venir.
Vous irez visiter, pour votre bienvenue,
Madame la baillive et madame l'élue,
Qui d'un siége pliant vous feront honorer.
Là, dans le carnaval, vous pourrez espérer

Le bal et la grand'bande, à savoir, deux musettes,
Et parfois Fagotin et les marionnettes;
Si pourtant votre époux...

MARIANE.

Ah! tu me fais mourir.
De tes conseils plutôt songe à me secourir.

DORINE.

Je suis votre servante.

MARIANE.

Hé! Dorine, de grâce...

DORINE.

Il faut pour vous punir que cette affaire passe.

MARIANE.

Ma pauvre fille!

DORINE.

Non.

MARIANE.

Si mes vœux déclarés...

DORINE.

Point. Tartuffe est votre homme, et vous en tâterez.

MARIANE.

Tu sais qu'à toi toujours je me suis confiée :
Fais-moi...

DORINE.

Non, vous serez, ma foi, tartufiée.

MARIANE.

Hé bien! puisque mon sort ne sauroit t'émouvoir,
Laisse-moi désormais toute à mon désespoir :

C'est de lui que mon cœur empruntera de l'aide;
Et je sais de mes maux l'infaillible remède.
(Mariane veut s'en aller.)

DORINE.

Hé! là, là, revenez. Je quitte mon courroux.
Il faut nonobstant tout avoir pitié de vous.

MARIANE.

Vois-tu, si l'on m'expose à ce cruel martyre,
Je te le dis, Dorine, il faudra que j'expire.

DORINE.

Ne vous tourmentez point. On peut adroitement
Empêcher... Mais voici Valère, votre amant.

SCÈNE IV.

VALÈRE, MARIANE, DORINE.

VALÈRE.

On vient de débiter, madame, une nouvelle
Que je ne savois pas, et qui sans doute est belle.

MARIANE.

Quoi?

VALÈRE.

 Que vous épousez Tartuffe.

MARIANE.

        Il est certain
Que mon père s'est mis en tête ce dessein.

VALÈRE.

Votre père, madame!...

MARIANE.

A changé de visée :[1]
La chose vient par lui de m'être proposée.

VALÈRE.

Quoi ! sérieusement ?

MARIANE.

Oui, sérieusement.
Il s'est pour cet hymen déclaré hautement.

VALÈRE.

Et quel est le dessein où votre âme s'arrête,
Madame ?

MARIANE.

Je ne sais.

VALÈRE.

La réponse est honnête.

Vous ne savez ?

MARIANE.

Non.

VALÈRE.

Non ?

MARIANE.

Que me conseillez-vous ?

VALÈRE.

Je vous conseille, moi, de prendre cet époux.

MARIANE.

Vous me le conseillez ?

---

[1] *A changé de visée*, pour, a changé de projet.

ACTE II, SCÈNE IV.

VALÈRE.

Oui.

MARIANE.

Tout de bon ?

VALÈRE.

Sans doute.
Le choix est glorieux, et vaut bien qu'on l'écoute.

MARIANE.

Hé bien ! c'est un conseil, monsieur, que je reçois.

VALÈRE.

Vous n'aurez pas grand'peine à le suivre, je crois.

MARIANE.

Pas plus qu'à le donner en a souffert votre âme.

VALÈRE.

Moi, je vous l'ai donné pour vous plaire, madame.

MARIANE.

Et moi, je le suivrai pour vous faire plaisir.

DORINE, se retirant dans le fond du théâtre.

Voyons ce qui pourra de ceci réussir.

VALÈRE.

C'est donc ainsi qu'on aime ? et c'étoit tromperie
Quand vous...

MARIANE.

Ne parlons point de cela, je vous prie.
Vous m'avez dit tout franc que je dois accepter
Celui que pour époux on me veut présenter :
Et je déclare moi, que je prétends le faire,
Puisque vous m'en donnez le conseil salutaire.

VALÈRE.

Ne vous excusez point sur mes intentions.
Vous aviez pris déjà vos résolutions;
Et vous vous saisissez d'un prétexte frivole
Pour vous autoriser à manquer de parole.

MARIANE.

Il est vrai, c'est bien dit.

VALÈRE.

Sans doute; et votre cœur
N'a jamais eu pour moi de véritable ardeur.

MARIANE.

Hélas! permis à vous d'avoir cette pensée.

VALÈRE.

Oui, oui, permis à moi : mais mon âme offensée
Vous préviendra peut-être en un pareil dessein;
Et je sais où porter et mes vœux et ma main.

MARIANE.

Ah! je n'en doute point; et les ardeurs qu'excite
Le mérite...

VALÈRE.

Mon Dieu! laissons là le mérite;
J'en ai fort peu, sans doute, et vous en faites foi.
Mais j'espère aux bontés qu'une autre aura pour moi;
Et j'en sais de qui l'âme, à ma retraite ouverte,
Consentira sans honte à réparer ma perte.

MARIANE.

La perte n'est pas grande; et de ce changement
ous vous consolerez assez facilement.

VALÈRE.

J'y ferai mon possible; et vous le pouvez croire.
Un cœur qui nous oublie engage notre gloire;
Il faut à l'oublier mettre aussi tous nos soins :
Si l'on n'en vient à bout, on le doit feindre au moins;
Et cette lâcheté jamais ne se pardonne,
De montrer de l'amour pour qui nous abandonne.

MARIANE.

Ce sentiment, sans doute, est noble et relevé.

VALÈRE.

Fort bien; et d'un chacun il doit être approuvé.
Hé quoi! vous voudriez qu'à jamais dans mon âme
Je gardasse pour vous les ardeurs de ma flamme,
Et vous visse, à mes yeux, passer en d'autres bras,
Sans mettre ailleurs un cœur dont vous ne voulez pas?

MARIANE.

Au contraire; pour moi, c'est ce que je souhaite;
Et je voudrois déjà que la chose fût faite.

VALÈRE.

Vous le voudriez?

MARIANE.

Oui.

VALÈRE.

C'est assez m'insulter,
Madame; et, de ce pas, je vais vous contenter.
(Il fait un pas pour s'en aller.)

MARIANE.

Fort bien.

VALÈRE, revenant.

Souvenez-vous au moins que c'est vous-même
Qui contraignez mon cœur à cet effort extrême.

MARIANE.

Oui.

VALÈRE, revenant encore.

Et que le dessein que mon âme conçoit
N'est rien qu'à votre exemple.

MARIANE.

A mon exemple, soit.

VALÈRE, en sortant.

Suffit : vous allez être à point nommé servie.

MARIANE.

Tant mieux.

VALÈRE, revenant encore.

Vous me voyez, c'est pour toute ma vie.

MARIANE.

A la bonne heure.

VALÈRE, se retournant lorsqu'il est prêt à sortir.

Hé?

MARIANE.

Quoi?

VALÈRE.

Ne m'appelez-vous pas?

MARIANE.

Moi! Vous rêvez.

ACTE II, SCÈNE IV.

VALÈRE.

Hé bien! je poursuis donc mes pas.
Adieu, madame.

(Il s'en va lentement.)

MARIANE.

Adieu, monsieur.

DORINE, à Mariane.

Pour moi, je pense
Que vous perdez l'esprit par cette extravagance;
Et je vous ai laissés tout du long quereller,
Pour voir où tout cela pourroit enfin aller.
Holà, seigneur Valère.

(Elle arrête Valère par le bras.)

VALÈRE, feignant de résister.

Hé! que veux-tu, Dorine?

DORINE.

Venez ici.

VALÈRE.

Non, non, le dépit me domine.
Ne me détourne point de ce qu'elle a voulu.

DORINE.

Arrêtez.

VALÈRE.

Non, vois-tu, c'est un point résolu.

DORINE.

Ah!

MARIANE, à part.

Il souffre à me voir, ma présence le chasse;
Et je ferai bien mieux de lui quitter la place.

DORINE, quittant Valère, et courant après Mariane.

A l'autre! Où courez-vous?

MARIANE.

Laisse.

DORINE.

Il faut revenir.

MARIANE.

Non, non, Dorine; en vain tu me veux retenir.

VALÈRE, à part.

Je vois bien que ma vue est pour elle un supplice;
Et, sans doute, il vaut mieux que je l'en affranchisse.

DORINE, quittant Mariane, et courant après Valère.

Encor! Diantre soit fait de vous! Si... Je le veux.
Cessez ce badinage; et venez çà tous deux.

(Elle prend Valère et Mariane par la main, et les ramène.)

VALÈRE, à Dorine.

Mais quel est ton dessein?

MARIANE, à Dorine.

Qu'est-ce que tu veux faire?

DORINE.

Vous bien remettre ensemble, et vous tirer d'affaire.

(à Valère.)

Êtes-vous fou d'avoir un pareil démêlé?

VALÈRE.

N'as-tu pas entendu comme elle m'a parlé?

DORINE, à Mariane.

Êtes-vous folle, vous, de vous être emportée ?

MARIANE.

N'as-tu pas vu la chose, et comme il m'a traitée ?

DORINE.

(à Valère.)

Sottise des deux parts. Elle n'a d'autre soin
Que de se conserver à vous, j'en suis témoin.
(à Mariane.)
Il n'aime que vous seule, et n'a point d'autre envie
Que d'être votre époux, j'en réponds sur ma vie.

MARIANE, à Valère.

Pourquoi donc me donner un semblable conseil ?

VALÈRE, à Mariane.

Pourquoi m'en demander sur un sujet pareil ?

DORINE.

Vous êtes fous tous deux. Çà, la main l'un et l'autre.
(à Valère.)
Allons, vous.

VALÈRE, en donnant sa main à Dorine.

A quoi bon ma main ?

DORINE, à Mariane.

Ah çà ! la vôtre.

MARIANE, en donnant aussi sa main.

De quoi sert tout cela ?

DORINE.

Mon Dieu! vite, avancez.
Vous vous aimez tous deux plus que vous ne pensez.
(Valère et Mariane se tiennent quelque temps par la main sans se regarder.)

VALÈRE, se tournant vers Mariane.

Mais ne faites donc point les choses avec peine;
Et regardez un peu les gens sans nulle haine.
(Mariane se tourne du côté de Valère en lui souriant.)

DORINE.

A vous dire le vrai, les amants sont bien fous!

VALÈRE, à Mariane.

Oh çà! n'ai-je pas lieu de me plaindre de vous?
Et, pour n'en point mentir, n'êtes-vous pas méchante
De vous plaire à me dire une chose affligeante?

MARIANE.

Mais vous, n'êtes-vous pas l'homme le plus ingrat...?

DORINE.

Pour une autre saison laissons tout ce débat;
Et songeons à parer ce fâcheux mariage.

MARIANE.

Dis-nous donc quels ressorts il faut mettre en usage.

DORINE.

Nous en ferons agir de toutes les façons.
(à Mariane.) (à Valère.)
Votre père se moque; et ce sont des chansons.
(à Mariane.)
Mais, pour vous, il vaut mieux qu'à son extravagance

ACTE II, SCÈNE IV.

D'un doux consentement vous prêtiez l'apparence,
Afin qu'en cas d'alarme il vous soit plus aisé
De tirer en longueur cet hymen proposé.
En attrapant du temps, à tout on remédie.
Tantôt vous payerez de quelque maladie,
Qui viendra tout à coup, et voudra des délais;
Tantôt vous payerez de présages mauvais;
Vous aurez fait d'un mort la rencontre fâcheuse,
Cassé quelque miroir, ou songé d'eau bourbeuse :
Enfin, le bon de tout, c'est qu'à d'autres qu'à lui
On ne vous peut lier, que vous ne disiez oui.
Mais pour mieux réussir, il est bon, ce me semble,
Qu'on ne vous trouve point tous deux parlant ensemble.
(à Valère.)
Sortez; et, sans tarder, employez vos amis
Pour vous faire tenir ce qu'on vous a promis.
(à Mariane.)
Nous allons réveiller les efforts de son frère;
Et dans notre parti jeter la belle-mère.
Adieu.

VALÈRE, à Mariane.

Quelques efforts que nous préparions tous,
Ma plus grande espérance, à vrai dire, est en vous.

MARIANE, à Valère.

Je ne vous réponds pas des volontés d'un père;
Mais je ne serai point à d'autre qu'à Valère.

VALÈRE.

Que vous me comblez d'aise! Et quoi que puisse oser...

DORINE.

Ah! jamais les amants ne sont las de jaser.
Sortez, vous dis-je.

VALÈRE, revenant sur ses pas.

Enfin...

DORINE.

Quel caquet est le vôtre!
Tirez de cette part; et vous, tirez de l'autre.
(Dorine les pousse chacun par l'épaule, et les oblige de se séparer.)

FIN DU SECOND ACTE.

ACTE TROISIÈME.

SCÈNE I.

DAMIS, DORINE.

DAMIS.

Que la foudre, sur l'heure, achève mes destins,
Qu'on me traite partout du plus grand des faquins,
S'il est aucun respect, ni pouvoir, qui m'arrête,
Et si je ne fais pas quelque coup de ma tête!

DORINE.

De grâce, modérez un tel emportement :
Votre père n'a fait qu'en parler simplement.
On n'exécute pas tout ce qui se propose;
Et le chemin est long du projet à la chose.

DAMIS.

Il faut que de ce fat j'arrête les complots,
Et qu'à l'oreille un peu je lui dise deux mots.

DORINE.

Ah! tout doux! envers lui, comme envers votre père,
Laissez agir les soins de votre belle-mère.
Sur l'esprit de Tartuffe elle a quelque crédit;
Il se rend complaisant à tout ce qu'elle dit,

Et pourroit bien avoir douceur de cœur pour elle.
Plût à Dieu qu'il fût vrai ! la chose seroit belle.
Enfin votre intérêt l'oblige à le mander :
Sur l'hymen qui vous trouble elle veut le sonder,
Savoir ses sentiments, et lui faire connoître
Quels fâcheux démêlés il pourra faire naître
S'il faut qu'à ce dessein il prête quelque espoir.
Son valet dit qu'il prie; et je n'ai pu le voir :
Mais ce valet m'a dit qu'il s'en alloit descendre.
Sortez donc ; je vous prie, et me laissez l'attendre.

DAMIS.

Je puis être présent à tout cet entretien.

DORINE.

Point. Il faut qu'ils soient seuls.

DAMIS.

Je ne lui dirai rien.

DORINE.

Vous vous moquez : on sait vos transports ordinaires ;
Et c'est le vrai moyen de gâter les affaires.
Sortez.

DAMIS.

Non ; je veux voir, sans me mettre en courroux.

DORINE.

Que vous êtes fâcheux ! Il vient. Retirez-vous.
(Damis va se cacher dans un cabinet qui est au fond du théâtre.)

SCÈNE II.
TARTUFFE, DORINE.

TARTUFFE, *parlant haut à son valet, qui est dans la maison, dès qu'il aperçoit Dorine.*
Laurent, serrez ma haire avec ma discipline,
Et priez que toujours le ciel vous illumine.
Si l'on vient pour me voir, je vais aux prisonniers
Des aumônes que j'ai partager les deniers.

DORINE, *à part.*
Que d'affectation et de forfanterie!

TARTUFFE.
Que voulez-vous?

DORINE.
Vous dire...

TARTUFFE, *tirant un mouchoir de sa poche.*
Ah! mon Dieu! je vous prie,
Avant que de parler, prenez-moi ce mouchoir.

DORINE.
Comment!

TARTUFFE.
Couvrez ce sein que je ne saurois voir.
Par de pareils objets les âmes sont blessées,
Et cela fait venir de coupables pensées.

DORINE.
Vous êtes donc bien tendre à la tentation;
Et la chair sur vos sens fait grande impression!
Certes, je ne sais pas quelle chaleur vous monte:

Mais à convoiter, moi, je ne suis pas si prompte;
Et je vous verrois nu, du haut jusques en bas,
Que toute votre peau ne me tenteroit pas.

TARTUFFE.

Mettez dans vos discours un peu de modestie,
Ou je vais sur-le-champ vous quitter la partie.

DORINE.

Non, non, c'est moi qui vais vous laisser en repos,
Et je n'ai seulement qu'à vous dire deux mots.
Madame va venir dans cette salle basse,
Et d'un mot d'entretien vous demande la grâce.

TARTUFFE.

Hélas! très-volontiers.

DORINE, à part.

Comme il se radoucit!
Ma foi, je suis toujours pour ce que j'en ai dit.

TARTUFFE.

Viendra-t-elle bientôt?

DORINE.

Je l'entends, ce me semble.
Oui, c'est elle en personne, et je vous laisse ensemble.

SCÈNE III.
ELMIRE, TARTUFFE.

TARTUFFE.

Que le ciel à jamais, par sa toute-bonté,
Et de l'âme et du corps vous donne la santé,
Et bénisse vos jours autant que le désire
Le plus humble de ceux que son amour inspire!

ELMIRE.

Je suis fort obligée à ce souhait pieux.
Mais prenons une chaise, afin d'être un peu mieux.

TARTUFFE, assis.

Comment de votre mal vous sentez-vous remise?

ELMIRE, assise.

Fort bien; et cette fièvre a bientôt quitté prise.

TARTUFFE.

Mes prières n'ont pas le mérite qu'il faut
Pour avoir attiré cette grâce d'en-haut;
Mais je n'ai fait au ciel nulle dévote instance
Qui n'ait eu pour objet votre convalescence.

ELMIRE.

Votre zèle pour moi s'est trop inquiété.

TARTUFFE.

On ne peut trop chérir votre chère santé;
Et, pour la rétablir, j'aurois donné la mienne.

ELMIRE.

C'est pousser bien avant la charité chrétienne;
Et je vous dois beaucoup pour toutes ces bontés.

TARTUFFE.

Je fais bien moins pour vous que vous ne méritez.

ELMIRE.

J'ai voulu vous parler en secret d'une affaire,
Et suis bien aise ici qu'aucun ne nous éclaire.[1]

TARTUFFE.

J'en suis ravi de même; et sans doute il m'est doux,
Madame, de me voir seul à seul avec vous :
C'est une occasion qu'au ciel j'ai demandée,
Sans que, jusqu'à cette heure, il me l'ait accordée.

ELMIRE.

Pour moi, ce que je veux, c'est un mot d'entretien,
Où tout votre cœur s'ouvre, et ne me cache rien.
(Damis, sans se montrer, entr'ouvre la porte du cabinet dans lequel il s'étoit retiré pour entendre la conversation.)

TARTUFFE.

Et je ne veux aussi, pour grâce singulière,
Que montrer à vos yeux mon âme tout entière,
Et vous faire serment que les bruits que j'ai faits
Des visites qu'ici reçoivent vos attraits
Ne sont pas envers vous l'effet d'aucune haine,
Mais plutôt d'un transport de zèle qui m'entraîne,
Et d'un pur mouvement...

ELMIRE.

     Je le prends bien ainsi,
Et crois que mon salut vous donne ce souci.

---

[1] *Éclaire*, pour *découvre*.

TARTUFFE, prenant la main d'Elmire, et lui serrant les doigts.

Oui, madame, sans doute; et ma ferveur est telle...

ELMIRE.

Ouf! vous me serrez trop.

TARTUFFE.

C'est par excès de zèle.
De vous faire aucun mal je n'eus jamais dessein,
Et j'aurois bien plutôt...

(Il met la main sur les genoux d'Elmire.)

ELMIRE.

Que fait là votre main?

TARTUFFE.

Je tâte votre habit : l'étoffe en est moelleuse.

ELMIRE.

Ah! de grâce, laissez, je suis fort chatouilleuse.

(Elmire recule son fauteuil, et Tartuffe se rapproche d'elle.)

TARTUFFE, maniant le fichu d'Elmire.

Mon Dieu! que de ce point l'ouvrage est merveilleux!
On travaille aujourd'hui d'un air miraculeux :
Jamais, en toute chose, on n'a vu si bien faire.

ELMIRE.

Il est vrai, mais parlons un peu de notre affaire.
On tient que mon mari veut dégager sa foi,
Et vous donner sa fille, est-il vrai? dites-moi.

TARTUFFE.

Il m'en a dit deux mots; mais, madame, à vrai dire,
Ce n'est pas le bonheur après quoi je soupire;

Et je vois autre part les merveilleux attraits
De la félicité qui fait tous mes souhaits.
####### ELMIRE.
C'est que vous n'aimez rien des choses de la terre.
####### TARTUFFE.
Mon sein n'enferme point un cœur qui soit de pierre.
####### ELMIRE.
Pour moi, je crois qu'au ciel tendent tous vos soupirs,
Et que rien ici-bas n'arrête vos désirs.
####### TARTUFFE.
L'amour qui nous attache aux beautés éternelles
N'étouffe pas en nous l'amour des temporelles :
Nos sens facilement peuvent être charmés
Des ouvrages parfaits que le ciel a formés.
Ses attraits réfléchis brillent dans vos pareilles :
Mais il étale en vous ses plus rares merveilles ;
Il a sur votre face épanché des beautés
Dont les yeux sont surpris, et les cœurs transportés ;
Et je n'ai pu vous voir, parfaite créature,
Sans admirer en vous l'auteur de la nature,
Et d'un ardent amour sentir mon cœur atteint,
Au plus beau des portraits où lui-même s'est peint.
D'abord j'appréhendai que cette ardeur secrète
Ne fût du noir esprit une surprise adroite ;
Et même à fuir vos yeux mon cœur se résolut,
Vous croyant un obstacle à faire mon salut.
Mais enfin je connus, ô beauté tout aimable,
Que cette passion peut n'être point coupable,

Que je puis l'ajuster avecque la pudeur;
Et c'est ce qui m'y fait abandonner mon cœur.
Ce m'est, je le confesse, une audace bien grande
Que d'oser de ce cœur vous adresser l'offrande;
Mais j'attends en mes vœux tout de votre bonté,
Et rien des vains efforts de mon infirmité.
En vous est mon espoir, mon bien, ma quiétude;
De vous dépend ma peine ou ma béatitude;
Et je vais être enfin, par votre seul arrêt,
Heureux, si vous voulez, malheureux, s'il vous plaît.

ELMIRE.

La déclaration est tout-à-fait galante;
Mais elle est, à vrai dire, un peu bien surprenante.
Vous deviez, ce me semble, armer mieux votre sein,
Et raisonner un peu sur un pareil dessein.
Un dévot comme vous, et que partout on nomme...

TARTUFFE.

Ah! pour être dévot, je n'en suis pas moins homme:
Et lorsqu'on vient à voir vos célestes appas,
Un cœur se laisse prendre, et ne raisonne pas.
Je sais qu'un tel discours de moi paroît étrange:
Mais, madame, après tout, je ne suis pas un ange;
Et, si vous condamnez l'aveu que je vous fais,
Vous devez vous en prendre à vos charmants attraits.
Dès que j'en vis briller la splendeur plus qu'humaine,
De mon intérieur vous fûtes souveraine;
De vos regards divins l'ineffable douceur
Força la résistance où s'obstinoit mon cœur;

Elle surmonta tout, jeûnes, prières, larmes,
Et tourna tous mes vœux du côté de vos charmes.
Mes yeux et mes soupirs vous l'ont dit mille fois;
Et, pour mieux m'expliquer, j'emploie ici la voix.
Que si vous contemplez, d'une âme un peu bénigne,
Les tribulations de votre esclave indigne;
S'il faut que vos bontés veuillent me consoler,
Et jusqu'à mon néant daignent se ravaler,
J'aurai toujours pour vous, ô suave merveille,
Une dévotion à nulle autre pareille.
Votre honneur avec moi ne court point de hasard,
Et n'a nulle disgrâce à craindre de ma part.
Tous ces galants de cour, dont les femmes sont folles,
Sont bruyants dans leurs faits et vains dans leurs paroles;
De leurs progrès sans cesse on les voit se targuer;
Ils n'ont point de faveur qu'ils n'aillent divulguer;
Et leur langue indiscrète, en qui l'on se confie,
Déshonore l'autel où leur cœur sacrifie.
Mais les gens comme nous brûlent d'un feu discret,
Avec qui pour toujours on est sûr du secret.
Le soin que nous prenons de notre renommée
Répond de toute chose à la personne aimée;
Et c'est en nous qu'on trouve, acceptant notre cœur,
De l'amour sans scandale, et du plaisir sans peur.

ELMIRE.

Je vous écoute dire; et votre rhétorique
En termes assez forts à mon âme s'explique.
N'appréhendez-vous point que je ne sois d'humeur

ACTE III, SCÈNE III.

A dire à mon mari cette galante ardeur,
Et que le prompt avis d'un amour de la sorte
Ne pût bien altérer l'amitié qu'il vous porte?

TARTUFFE.

Je sais que vous avez trop de bénignité,
Et que vous ferez grâce à ma témérité;
Que vous m'excuserez, sur l'humaine foiblesse,
Des violents transports d'un amour qui vous blesse,
Et considérerez, en regardant votre air,
Que l'on n'est pas aveugle, et qu'un homme est de chair.

ELMIRE.

D'autres prendroient cela d'autre façon peut-être;
Mais ma discrétion se veut faire paroître.
Je ne redirai point l'affaire à mon époux;
Mais je veux, en revanche, une chose de vous:
C'est de presser tout franc, et sans nulle chicane,
L'union de Valère avecque Mariane,
De renoncer vous-même à l'injuste pouvoir
Qui veut du bien d'un autre enrichir votre espoir;
Et...

SCÈNE IV.

ELMIRE, DAMIS, TARTUFFE.

DAMIS, *sortant du cabinet où il s'étoit retiré.*

Non, madame, non; ceci doit se répandre.
J'étois en cet endroit, d'où j'ai pu tout entendre;
Et la bonté du ciel m'y semble avoir conduit
Pour confondre l'orgueil d'un traître qui me nuit,

Pour m'ouvrir une voie à prendre la vengeance
De son hypocrisie et de son insolence,
A détromper mon père, et lui mettre en plein jour
L'âme d'un scélérat qui vous parle d'amour.

ELMIRE.

Non, Damis; il suffit qu'il se rende plus sage,
Et tâche à mériter la grâce où je m'engage.
Puisque je l'ai promis, ne m'en dédisez pas.
Ce n'est point mon humeur de faire des éclats;
Une femme se rit de sottises pareilles,
Et jamais d'un mari n'en trouble les oreilles.

DAMIS.

Vous avez vos raisons pour en user ainsi;
Et pour faire autrement j'ai les miennes aussi.
Le vouloir épargner est une raillerie;
Et l'insolent orgueil de sa cagoterie
N'a triomphé que trop de mon juste courroux,
Et que trop excité de désordres chez nous.
Le fourbe trop long-temps a gouverné mon père,
Et desservi mes feux avec ceux de Valère.
Il faut que du perfide il soit désabusé;
Et le ciel pour cela m'offre un moyen aisé.
De cette occasion je lui suis redevable,
Et, pour la négliger, elle est trop favorable :
Ce seroit mériter qu'il me la vînt ravir,
Que de l'avoir en main et ne m'en pas servir.

ELMIRE.

Damis...

DAMIS.

Non, s'il vous plaît, il faut que je me croie.
Mon âme est maintenant au comble de sa joie;
Et vos discours en vain prétendent m'obliger
A quitter le plaisir de me pouvoir venger.
Sans aller plus avant, je vais vider l'affaire;
Et voici justement de quoi me satisfaire.

SCÈNE V.

ORGON, ELMIRE, DAMIS, TARTUFFE.

DAMIS.

Nous allons régaler, mon père, votre abord
D'un incident tout frais qui vous surprendra fort.
Vous êtes bien payé de toutes vos caresses,
Et monsieur d'un beau prix reconnoît vos tendresses.
Son grand zèle pour vous vient de se déclarer :
Il ne va pas à moins qu'à vous déshonorer;
Et je l'ai surpris là qui faisoit à madame
L'injurieux aveu d'une coupable flamme.
Elle est d'une humeur douce, et son cœur trop discret
Vouloit à toute force en garder le secret;
Mais je ne puis flatter une telle impudence,
Et crois que vous la taire est vous faire une offense.

ELMIRE.

Oui, je tiens que jamais de tous ces vains propos
On ne doit d'un mari traverser le repos;
Que ce n'est point de là que l'honneur peut dépendre;

Et qu'il suffit pour nous de savoir nous défendre.
Ce sont mes sentiments; et vous n'auriez rien dit,
Damis, si j'avois eu sur vous quelque crédit.

SCÈNE VI.

ORGON, DAMIS, TARTUFFE.

ORGON.

CE que je viens d'entendre, ô ciel! est-il croyable?

TARTUFFE.

Oui, mon frère, je suis un méchant, un coupable,
Un malheureux pécheur, tout plein d'iniquité,
Le plus grand scélérat qui jamais ait été.
Chaque instant de ma vie est chargé de souillures;
Elle n'est qu'un amas de crimes et d'ordures;
Et je vois que le ciel, pour ma punition,
Me veut mortifier en cette occasion.
De quelque grand forfait qu'on me puisse réprendre,
Je n'ai garde d'avoir l'orgueil de m'en défendre.
Croyez ce qu'on vous dit, armez votre courroux,
Et comme un criminel chassez-moi de chez vous;
Je ne saurois avoir tant de honte en partage,
Que je n'en aie encor mérité davantage.

ORGON, à son fils.

Ah! traître, oses-tu bien, par cette fausseté,
Vouloir de sa vertu ternir la pureté!

ACTE III, SCÈNE VI.

DAMIS.

Quoi! la feinte douceur de cette âme hypocrite
Vous fera démentir...

ORGON.

Tais-toi, peste maudite!

TARTUFFE.

Ah! laissez-le parler; vous l'accusez à tort,
Et vous ferez bien mieux de croire à son rapport.
Pourquoi sur un tel fait m'être aussi favorable?
Savez-vous, après tout, de quoi je suis capable?
Vous fiez-vous, mon frère, à mon extérieur?
Et, pour tout ce qu'on voit, me croyez-vous meilleur?
Non, non : vous vous laissez tromper à l'apparence;
Et je ne suis rien moins, hélas! que ce qu'on pense.
Tout le monde me prend pour un homme de bien;
Mais la vérité pure est que je ne vaux rien.

(s'adressant à Damis.)

Oui, mon cher fils, parlez; traitez-moi de perfide,
D'infâme, de perdu, de voleur, d'homicide;
Accablez-moi de noms encor plus détestés :
Je n'y contredis point, je les ai mérités;
Et j'en veux à genoux souffrir l'ignominie,
Comme une honte due aux crimes de ma vie.

ORGON.

(à Tartuffe.)   (à son fils.)

Mon frère, c'en est trop. Ton cœur ne se rend point,
Traître?

DAMIS.

Quoi! ses discours vous séduiront au point...

ORGON.

(relevant Tartuffe.)

Tais-toi, pendard! Mon frère, hé! levez-vous, de grâce!

(à son fils.)

Infâme!

DAMIS.

Il peut....

ORGON.

Tais-toi.

DAMIS.

J'enrage. Quoi! je passe...

ORGON.

Si tu dis un seul mot, je te romprai les bras.

TARTUFFE.

Mon frère, au nom de Dieu, ne vous emportez pas!
J'aimerois mieux souffrir la peine la plus dure,
Qu'il eût reçu pour moi la moindre égratignure.

ORGON, à son fils.

Ingrat!

TARTUFFE.

Laissez-le en paix. S'il faut à deux genoux
Vous demander sa grâce...

ORGON, se jetant aussi à genoux, et embrassant Tartuffe.

Hélas! vous moquez-vous?

(à son fils.)

Coquin, vois sa bonté!

ACTE III, SCÈNE VI.

DAMIS.

Donc...

ORGON.

Paix.

DAMIS.

Quoi! je....

ORGON.

Paix, dis-je :
Je sais bien quel motif à l'attaquer t'oblige.
Vous le haïssez tous; et je vois aujourd'hui
Femme, enfants et valets déchaînés contre lui.
On met impudemment toute chose en usage
Pour ôter de chez moi ce dévot personnage :
Mais plus on fait d'efforts afin de l'en bannir,
Plus j'en veux employer à l'y mieux retenir;
Et je vais me hâter de lui donner ma fille,
Pour confondre l'orgueil de toute ma famille.

DAMIS.

A recevoir sa main on pense l'obliger?

ORGON.

Oui, traître, et dès ce soir, pour vous faire enrager.
Ah! je vous brave tous, et vous ferai connoître
Qu'il faut qu'on m'obéisse, et que je suis le maître.
Allons, qu'on se rétracte; et qu'à l'instant, fripon,
On se jette à ses pieds pour demander pardon.

DAMIS.

Qui? moi! de ce coquin, qui par ses impostures...

ORGON.

Ah! tu résistes, gueux, et lui dis des injures!
(à Tartuffe.)
Un bâton! un bâton! Ne me retenez pas.
(à son fils.)
Sus; que de ma maison on sorte de ce pas,
Et que d'y revenir on n'ait jamais l'audace.

DAMIS.

Oui, je sortirai; mais....

ORGON.

Vite, quittons la place.
Je te prive, pendard, de ma succession,
Et te donne, de plus, ma malédiction.

SCÈNE VII.

ORGON, TARTUFFE.

ORGON.

OFFENSER de la sorte une sainte personne!

TARTUFFE.

O ciel! pardonne-lui la douleur qu'il me donne.
(à Orgon.)
Si vous pouviez savoir avec quel déplaisir
Je vois qu'envers mon frère on tâche à me noircir...

ORGON.

Hélas!

TARTUFFE.

Le seul penser de cette ingratitude
Fait souffrir à mon âme un supplice si rude...

ACTE III, SCÈNE VII

L'horreur que j'en conçois... J'ai le cœur si serré,
Que je ne puis parler, et crois que j'en mourrai.

ORGON, courant tout en larmes à la porte par où il a chassé son fils.

Coquin, je me repens que ma main t'ait fait grâce,
Et ne t'ait pas d'abord assommé sur la place.

(à Tartuffe.)

Remettez-vous, mon frère, et ne vous fâchez pas.

TARTUFFE.

Rompons, rompons le cours de ces fâcheux débats.
Je regarde céans quels grands troubles j'apporte,
Et crois qu'il est besoin, mon frère, que j'en sorte.

ORGON.

Comment ! vous moquez-vous ?

TARTUFFE.

On m'y hait, et je voi
Qu'on cherche à vous donner des soupçons de ma foi.

ORGON.

Qu'importe ? Voyez-vous que mon cœur les écoute ?

TARTUFFE.

On ne manquera pas de poursuivre, sans doute ;
Et ces mêmes rapports qu'ici vous rejetez
Peut-être une autre fois seront-ils écoutés.

ORGON.

Non, mon frère, jamais.

TARTUFFE.

Ah ! mon frère, une femme
Aisément d'un mari peut bien surprendre l'âme.

ORGON.

Non, non.

TARTUFFE.

Laissez-moi vite, en m'éloignant d'ici,
Leur ôter tout sujet de m'attaquer ainsi.

ORGON.

Non, vous demeurerez ; il y va de ma vie.

TARTUFFE.

Hé bien ! il faudra donc que je me mortifie.
Pourtant, si vous vouliez...

ORGON.

Ah !

TARTUFFE.

Soit : n'en parlons plus.
Mais je sais comme il faut en user là-dessus.
L'honneur est délicat, et l'amitié m'engage
A prévenir les bruits et les sujets d'ombrage.
Je fuirai votre épouse, et vous ne me verrez...

ORGON.

Non, en dépit de tous vous la fréquenterez.
Faire enrager le monde est ma plus grande joie ;
Et je veux qu'à toute heure avec elle on vous voie.
Ce n'est pas tout encor : pour les mieux braver tous,
Je ne veux point avoir d'autre héritier que vous ;
Et je vais, de ce pas, en fort bonne manière,
Vous faire de mon bien donation entière.
Un bon et franc ami, que pour gendre je prends,

ACTE III, SCÈNE VII.

M'est bien plus cher que fils, que femme, et que parents.
N'accepterez-vous pas ce que je vous propose ?

TARTUFFE.

La volonté du ciel soit faite en toute chose !

ORGON.

Le pauvre homme ! Allons vite en dresser un écrit :
Et que puisse l'envie en crever de dépit !

FIN DU TROISIÈME ACTE.

ACTE QUATRIÈME.

SCÈNE I.

CLÉANTE, TARTUFFE.

CLÉANTE.

Oui, tout le monde en parle, et vous m'en pouvez croire.
L'éclat que fait ce bruit n'est point à votre gloire;
Et je vous ai trouvé, monsieur, fort à propos
Pour vous en dire net ma pensée en deux mots.
Je n'examine point à fond ce qu'on expose;
Je passe là-dessus, et prends au pis la chose.
Supposons que Damis n'en ait pas bien usé,
Et que ce soit à tort qu'on vous ait accusé;
N'est-il pas d'un chrétien de pardonner l'offense,
Et d'éteindre en son cœur tout désir de vengeance?
Et devez-vous souffrir, pour votre démêlé,
Que du logis d'un père un fils soit exilé?
Je vous le dis encore, et parle avec franchise,
Il n'est petit ni grand qui ne s'en scandalise;
Et, si vous m'en croyez, vous pacifirez tout,
Et ne pousserez point les affaires à bout.
Sacrifiez à Dieu toute votre colère,
Et remettez le fils en grâce avec le père.

ACTE IV, SCÈNE I.

TARTUFFE.

Hélas! je le voudrois, quant à moi, de bon cœur;
Je ne garde pour lui, monsieur, aucune aigreur;
Je lui pardonne tout; de rien je ne le blâme,
Et voudrois le servir du meilleur de mon âme :
Mais l'intérêt du ciel n'y sauroit consentir;
Et s'il rentre céans, c'est à moi d'en sortir.
Après son action, qui n'eut jamais d'égale,
Le commerce entre nous porteroit du scandale :
Dieu sait ce que d'abord tout le monde en croiroit!
A pure politique on me l'imputeroit :
Et l'on diroit partout que, me sentant coupable,
Je feins pour qui m'accuse un zèle charitable;
Que mon cœur l'appréhende, et veut le ménager
Pour le pouvoir, sous main, au silence engager.

CLÉANTE.

Vous nous payez ici d'excuses colorées;
Et toutes vos raisons, monsieur, sont trop tirées.
Des intérêts du ciel pourquoi vous chargez-vous?
Pour punir le coupable a-t-il besoin de nous?
Laissez-lui, laissez-lui le soin de ses vengeances :
Ne songez qu'au pardon qu'il prescrit des offenses!
Et ne regardez point aux jugements humains,
Quand vous suivez du ciel les ordres souverains.
Quoi! le foible intérêt de ce qu'on pourra croire
D'une bonne action empêchera la gloire!
Non, non; faisons toujours ce que le ciel prescrit,
Et d'aucun autre soin ne nous brouillons l'esprit.

TARTUFFE.

Je vous ai déjà dit que mon cœur lui pardonne;
Et c'est faire, monsieur, ce que le ciel ordonne :
Mais, après le scandale et l'affront d'aujourd'hui,
Le ciel n'ordonne pas que je vive avec lui.

CLÉANTE.

Et vous ordonne-t-il, monsieur, d'ouvrir l'oreille
A ce qu'un pur caprice à son père conseille,
Et d'accepter le don qui vous est fait d'un bien
Où le droit vous oblige à ne prétendre rien?

TARTUFFE.

Ceux qui me connoîtront n'auront pas la pensée
Que ce soit un effet d'une âme intéressée.
Tous les biens de ce monde ont pour moi peu d'appas;
De leur éclat trompeur je ne m'éblouis pas :
Et si je me résous à recevoir du père
Cette donation qu'il a voulu me faire,
Ce n'est, à dire vrai, que parce que je crains
Que tout ce bien ne tombe en de méchantes mains;
Qu'il ne trouve des gens qui, l'ayant en partage,
En fassent dans le monde un criminel usage,
Et ne s'en servent pas, ainsi que j'ai dessein,
Pour la gloire du ciel et le bien du prochain.

CLÉANTE.

Hé! monsieur, n'ayez point ces délicates craintes,
Qui d'un juste héritier peuvent causer les plaintes.
Souffrez, sans vous vouloir embarrasser de rien,
Qu'il soit, à ses périls, possesseur de son bien;

Et songez qu'il vaut mieux encor qu'il en mésuse,
Que si de l'en frustrer il faut qu'on vous accuse.
J'admire seulement que, sans confusion,
Vous en ayez souffert la proposition.
Car enfin le vrai zèle a-t-il quelque maxime
Qui montre à dépouiller l'héritier légitime?
Et, s'il faut que le ciel dans votre cœur ait mis
Un invincible obstacle à vivre avec Damis,
Ne vaudroit-il pas mieux qu'en personne discrète
Vous fassiez de céans une honnête retraite,
Que de souffrir ainsi, contre toute raison,
Qu'on en chasse pour vous le fils de la maison?
Croyez-moi, c'est donner de votre prud'homie,
Monsieur...

TARTUFFE.

Il est, monsieur, trois heures et demie :
Certain devoir pieux me demande là-haut,
Et vous m'excuserez de vous quitter sitôt.

CLÉANTE, seul.

Ah!

SCÈNE II.

ELMIRE, MARIANE, CLÉANTE, DORINE.

DORINE, à Cléante.

De grâce avec nous employez-vous pour elle,
Monsieur : son âme souffre une douleur mortelle;
Et l'accord que son père a conclu pour ce soir
La fait à tous moments entrer en désespoir.

Il va venir. Joignons nos efforts, je vous prie,
Et tâchons d'ébranler, de force ou d'industrie,
Ce malheureux dessein qui nous a tous troublés.

SCÈNE III.

ORGON, ELMIRE, MARIANE, CLÉANTE, DORINE.

ORGON.

Ah! je me réjouis de vous voir assemblés.
(A Mariane.)
Je porte en ce contrat de quoi vous faire rire,
Et vous savez déjà ce que cela veut dire.

MARIANE, aux genoux d'Orgon.

Mon père, au nom du ciel qui connoît ma douleur,
Et par tout ce qui peut émouvoir votre cœur,
Relâchez-vous un peu des droits de la naissance,
Et dispensez mes vœux de cette obéissance.
Ne me réduisez point, par cette dure loi,
Jusqu'à me plaindre au ciel de ce que je vous doi:
Et cette vie, hélas! que vous m'avez donnée,
Ne me la rendez pas, mon père, infortunée.
Si, contre un doux espoir que j'avois pu former,
Vous me défendez d'être à ce que j'ose aimer;
Au moins, par vos bontés qu'à vos genoux j'implore,
Sauvez-moi du tourment d'être à ce que j'abhorre;
Et ne me portez point à quelque désespoir,
En vous servant sur moi de tout votre pouvoir.

ORGON, *se sentant attendrir.*

Allons, ferme, mon cœur! point de foiblesse humaine!

MARIANE.

Vos tendresses pour lui ne me font point de peine;
Faites-les éclater, donnez-lui votre bien,
Et, si ce n'est assez, joignez-y tout le mien;
J'y consens de bon cœur, et je vous l'abandonne:
Mais, au moins, n'allez pas jusques à ma personne;
Et souffrez qu'un couvent dans les austérités
Use les tristes jours que le ciel m'a comptés.

ORGON.

Ah! voilà justement de mes religieuses,
Lorsqu'un père combat leurs flammes amoureuses!
Debout. Plus votre cœur répugne à l'accepter,
Plus ce sera pour vous matière à mériter.
Mortifiez vos sens avec ce mariage,
Et ne me rompez pas la tête davantage.

DORINE.

Mais quoi!...

ORGON.

Taisez-vous, vous. Parlez à votre écot.[1]
Je vous défends, tout net, d'oser dire un seul mot.

CLÉANTE.

Si par quelque conseil vous souffrez qu'on réponde...

---

[1] *Parlez à votre écot,* expression proverbiale qui veut dire : *Parlez à ceux qui sont de votre écot, de votre compagnie.*

ORGON.

Mon frère, vos conseils sont les meilleurs du monde;
Ils sont bien raisonnés, et j'en fais un grand cas :
Mais vous trouverez bon que je n'en use pas.

ELMIRE, à Orgon.

A voir ce que je vois, je ne sais plus que dire;
Et votre aveuglement fait que je vous admire.
C'est être bien coiffé, bien prévenu de lui,
Que de nous démentir sur le fait d'aujourd'hui!

ORGON.

Je suis votre valet, et crois les apparences.
Pour mon fripon de fils je sais vos complaisances;
Et vous avez eu peur de le désavouer
Du trait qu'à ce pauvre homme il a voulu jouer.
Vous étiez trop tranquille, enfin, pour être crue;
Et vous auriez paru d'autre manière émue.

ELMIRE.

Est-ce qu'au simple aveu d'un amoureux transport
Il faut que notre honneur se gendarme si fort?
Et ne peut-on répondre à tout ce qui le touche,
Que le feu dans les yeux, et l'injure à la bouche?
Pour moi, de tels propos je me ris simplement;
Et l'éclat, là-dessus, ne me plaît nullement.
J'aime qu'avec douceur nous nous montrions sages :
Et ne suis point du tout pour ces prudes sauvages
Dont l'honneur est armé de griffes et de dents,
Et veut, au moindre mot, dévisager les gens.
Me préserve le ciel d'une telle sagesse!

Je veux une vertu qui ne soit point diablesse,
Et crois que d'un refus la discrète froideur
N'en est pas moins puissante à rebuter un cœur.

ORGON.

Enfin, je sais l'affaire, et ne prends point le change.

ELMIRE.

J'admire, encore un coup, cette foiblesse étrange :
Mais que me répondroit votre incrédulité
Si je vous faisois voir qu'on vous dit vérité?

ORGON.

Voir!

ELMIRE.

Oui.

ORGON.

Chansons.

ELMIRE.

Mais quoi! si je trouvois manière
De vous le faire voir avec pleine lumière...?

ORGON.

Contes en l'air.

ELMIRE.

Quel homme! au moins, répondez-moi.
Je ne vous parle pas de nous ajouter foi;
Mais supposons ici que, d'un lieu qu'on peut prendre,
On vous fît clairement tout voir et tout entendre,
Que diriez-vous alors de votre homme de bien?

ORGON.

En ce cas, je dirois que... Je ne dirois rien,
Car cela ne se peut.

ELMIRE.

L'erreur trop long-temps dure,
Et c'est trop condamner ma bouche d'imposture.
Il faut que, par plaisir, et sans aller plus loin,
De tout ce qu'on vous dit je vous fasse témoin.

ORGON.

Soit. Je vous prends au mot. Nous verrons votre adresse,
Et comment vous pourrez remplir cette promesse.

ELMIRE, à Dorine.

Faites-le moi venir.

DORINE, à Elmire.

Son esprit est rusé,
Et peut-être à surprendre il sera malaisé.

ELMIRE, à Dorine.

Non; on est aisément dupé par ce qu'on aime,
Et l'amour-propre engage à se tromper soi-même.
(à Cléante et à Mariane.)
Faites-le-moi descendre. Et vous, retirez-vous.

SCÈNE IV.

ELMIRE, ORGON.

ELMIRE.

Approchons cette table, et vous mettez dessous.

ORGON.

Comment!

ELMIRE.

Vous bien cacher est un point nécessaire.

ACTE IV, SCÈNE IV.

ORGON.

Pourquoi sous cette table ?

ELMIRE.

Ah ! mon Dieu ! laissez faire ;
J'ai mon dessein en tête, et vous en jugerez.
Mettez-vous là, vous dis-je ; et quand vous y serez,
Gardez qu'on ne vous voie et qu'on ne vous entende.

ORGON.

Je confesse qu'ici ma complaisance est grande :
Mais de votre entreprise il vous faut voir sortir.

ELMIRE.

Vous n'aurez, que je crois, rien à me repartir.
(à Orgon, qui est sous la table.)
Au moins, je vais toucher une étrange matière ;
Ne vous scandalisez en aucune manière.
Quoi que je puisse dire, il doit m'être permis ;
Et c'est pour vous convaincre, ainsi que j'ai promis.
Je vais par des douceurs, puisque j'y suis réduite,
Faire poser le masque à cette âme hypocrite,
Flatter de son amour les désirs effrontés,
Et donner un champ libre à ses témérités.
Comme c'est pour vous seul, et pour mieux le confondre,
Que mon âme à ses vœux va feindre de répondre,
J'aurai lieu de cesser dès que vous vous rendrez,
Et les choses n'iront que jusqu'où vous voudrez.
C'est à vous d'arrêter son ardeur insensée,
Quand vous croirez l'affaire assez avant poussée,
D'épargner votre femme, et de ne m'exposer

Qu'à ce qu'il vous faudra pour vous désabuser.
Ce sont vos intérêts, vous en serez le maître,
Et... L'on vient. Tenez-vous, et gardez de paroître.

SCÈNE V.

TARTUFFE, ELMIRE; ORGON, SOUS LA TABLE.

TARTUFFE.

On m'a dit qu'en ce lieu vous me vouliez parler.

ELMIRE.

Oui. L'on a des secrets à vous y révéler.
Mais tirez cette porte avant qu'on vous les dise,
Et regardez partout, de crainte de surprise.
(Tartuffe va fermer la porte, et revient.)
Une affaire pareille à celle de tantôt
N'est pas assurément ici ce qu'il nous faut :
Jamais il ne s'est vu de surprise de même.
Damis m'a fait pour vous une frayeur extrême;
Et vous avez bien vu que j'ai fait mes efforts
Pour rompre son dessein et calmer ses transports.
Mon trouble, il est bien vrai, m'a si fort possédée,
Que de le démentir je n'ai point eu l'idée;
Mais par-là, grâce au ciel, tout a bien mieux été,
Et les choses en sont en plus de sûreté.
L'estime où l'on vous tient a dissipé l'orage,
Et mon mari de vous ne peut prendre d'ombrage.
Pour mieux braver l'éclat des mauvais jugements,
Il veut que nous soyons ensemble à tous moments;
Et c'est par où je puis, sans peur d'être blâmée,

Me trouver ici seule avec vous enfermée,
Et ce qui m'autorise à vous ouvrir un cœur
Un peu trop prompt peut-être à souffrir votre ardeur.
TARTUFFE.
Ce langage à comprendre est assez difficile,
Madame ; et vous parliez tantôt d'un autre style.
ELMIRE.
Ah! si d'un tel refus vous êtes en courroux,
Que le cœur d'une femme est mal connu de vous!
Et que vous savez peu ce qu'il veut faire entendre,
Lorsque si foiblement on le voit se défendre!
Toujours notre pudeur combat, dans ces moments,
Ce qu'on peut nous donner de tendres sentiments.
Quelque raison qu'on trouve à l'amour qui nous domte,
On trouve à l'avouer toujours un peu de honte.
On s'en défend d'abord : mais de l'air qu'on s'y prend
On fait connoître assez que notre cœur se rend;
Qu'à nos vœux, par honneur, notre bouche s'oppose,
Et que de tels refus promettent toute chose.
C'est vous faire, sans doute, un assez libre aveu,
Et sur notre pudeur me ménager bien peu.
Mais, puisque la parole enfin en est lâchée,
A retenir Damis me serois-je attachée,
Aurois-je, je vous prie, avec tant de douceur
Ecouté tout au long l'offre de votre cœur,
Aurois-je pris la chose ainsi qu'on m'a vu faire,
Si l'offre de ce cœur n'eût eu de quoi me plaire?
Et lorsque j'ai voulu moi-même vous forcer

A refuser l'hymen qu'on venoit d'annoncer,
Qu'est-ce que cette instance a dû vous faire entendre,
Que l'intérêt qu'en vous on s'avise de prendre,
Et l'ennui qu'on auroit que ce nœud qu'on résout
Vînt partager du moins un cœur que l'on veut tout?

TARTUFFE.

C'est, sans doute, madame, une douceur extrême
Que d'entendre ces mots d'une bouche qu'on aime;
Leur miel dans tous mes sens fait couler à longs traits
Une suavité qu'on ne goûta jamais.
Le bonheur de vous plaire est ma suprême étude,
Et mon cœur de vos vœux fait sa béatitude;
Mais ce cœur vous demande ici la liberté
D'oser douter un peu de sa félicité.
Je puis croire ces mots un artifice honnête
Pour m'obliger à rompre un hymen qui s'apprête;
Et, s'il faut librement m'expliquer avec vous,
Je ne me firai point à des propos si doux,
Qu'un peu de vos faveurs, après quoi je soupire,
Ne vienne m'assurer tout ce qu'ils m'ont pu dire,
Et planter dans mon âme une constante foi
Des charmantes bontés que vous avez pour moi.

ELMIRE, *après avoir toussé pour avertir son mari.*

Quoi! vous voulez aller avec cette vitesse,
Et d'un cœur tout d'abord épuiser la tendresse?
On se tue à vous faire un aveu des plus doux;
Cependant ce n'est pas encore assez pour vous?

ACTE IV, SCÈNE V.

Et l'on ne peut aller jusqu'à vous satisfaire,
Qu'aux dernières faveurs on ne pousse l'affaire!

TARTUFFE.

Moins on mérite un bien, moins on l'ose espérer.
Nos vœux sur des discours ont peine à s'assurer.
On soupçonne aisément un sort tout plein de gloire,
Et l'on veut en jouir avant que de le croire.
Pour moi, qui crois si peu mériter vos bontés,
Je doute du bonheur de mes témérités;
Et je ne croirai rien, que vous n'ayez, madame,
Par des réalités, su convaincre ma flamme.

ELMIRE.

Mon Dieu! que votre amour en vrai tyran agit!
Et qu'en un trouble étrange il me jette l'esprit!
Que sur les cœurs il prend un furieux empire!
Et qu'avec violence il veut ce qu'il désire!
Quoi! de votre poursuite on ne peut se parer,
Et vous ne donnez pas le temps de respirer?
Sied-il bien de tenir une rigueur si grande,
De vouloir sans quartier les choses qu'on demande,
Et d'abuser ainsi, par vos efforts pressants,
Du foible que pour vous vous voyez qu'ont les gens?

TARTUFFE.

Mais si d'un œil bénin vous voyez mes hommages,
Pourquoi m'en refuser d'assurés témoignages?

ELMIRE.

Mais comment consentir à ce que vous voulez,
Sans offenser le ciel, dont toujours vous parlez?

TARTUFFE.

Si ce n'est que le ciel qu'à mes vœux on oppose,
Lever un tel obstacle est à moi peu de chose;
Et cela ne doit point retenir votre cœur.

ELMIRE.

Mais des arrêts du ciel on nous fait tant de peur!

TARTUFFE.

Je puis vous dissiper ces craintes ridicules,
Madame; et je sais l'art de lever les scrupules.
Le ciel défend, de vrai, certains contentements;
Mais on trouve avec lui des accommodements.
Selon divers besoins, il est une science
D'étendre les liens de notre conscience,
Et de rectifier le mal de l'action
Avec la pureté de notre intention.
De ces secrets, madame, on saura vous instruire;
Vous n'avez seulement qu'à vous laisser conduire.
Contentez mon désir, et n'ayez point d'effroi;
Je vous réponds de tout, et prends le mal sur moi.

(Elmire tousse plus fort.)

Vous toussez fort, madame.

ELMIRE.

Oui, je suis au supplice.

TARTUFFE.

Vous plaît-il un morceau de ce jus de réglisse?

ELMIRE.

C'est un rhume obstiné, sans doute; et je vois bien
Que tous les jus du monde ici ne feront rien.

ACTE IV, SCÈNE V.

TARTUFFE.

Cela, certe, est fâcheux.

ELMIRE.

Oui, plus qu'on ne peut dire.

TARTUFFE.

Enfin, votre scrupule est facile à détruire.
Vous êtes assurée ici d'un plein secret,
Et le mal n'est jamais que dans l'éclat qu'on fait.
Le scandale du monde est ce qui fait l'offense,
Et ce n'est pas pécher que pécher en silence.

ELMIRE, après avoir encore toussé et frappé sur la table.

Enfin je vois qu'il faut se résoudre à céder;
Qu'il faut que je consente à vous tout accorder;
Et qu'à moins de cela je ne dois point prétendre
Qu'on puisse être content, et qu'on veuille se rendre.
Sans doute il est fâcheux d'en venir jusque-là,
Et c'est bien malgré moi que je franchis cela;
Mais, puisque l'on s'obstine à m'y vouloir réduire,
Puisqu'on ne veut point croire à tout ce qu'on peut dire,
Et qu'on veut des témoins qui soient plus convaincants,
Il faut bien s'y résoudre, et contenter les gens.
Si ce contentement porte en soi quelque offense,
Tant pis pour qui me force à cette violence;
La faute assurément n'en doit point être à moi.

TARTUFFE.

Oui, madame, on s'en charge; et la chose de soi...

ELMIRE.

Ouvrez un peu la porte, et voyez, je vous prie,
Si mon mari n'est point dans cette galerie.

TARTUFFE.

Qu'est-il besoin pour lui du soin que vous prenez?
C'est un homme, entre nous, à mener par le nez.
De tous nos entretiens il est pour faire gloire,
Et je l'ai mis au point de voir tout sans rien croire.

ELMIRE.

Il n'importe. Sortez, je vous prie, un moment;
Et partout là-dehors voyez exactement.

SCÈNE VI.

ORGON, ELMIRE.

ORGON, sortant de dessous la table.

Voilà, je vous l'avoue, un abominable homme!
Je n'en puis revenir, et tout ceci m'assomme.

ELMIRE.

Quoi! vous sortez sitôt! Vous vous moquez des gens.
Rentrez sous le tapis, il n'est pas encor temps;
Attendez jusqu'au bout pour voir les choses sûres,
Et ne vous fiez point aux simples conjectures.

ORGON.

Non, rien de plus méchant n'est sorti de l'enfer.

ELMIRE.

Mon Dieu! l'on ne doit point croire trop de léger.

Laissez-vous bien convaincre avant que de vous rendre;
Et ne vous hâtez pas, de peur de vous méprendre.
(Elmire fait mettre Orgon derrière elle.)

SCÈNE VII.

TARTUFFE, ELMIRE, ORGON.

TARTUFFE, sans voir Orgon.

Tout conspire, madame, à mon contentement.
J'ai visité de l'œil tout cet appartement;
Personne ne s'y trouve; et mon âme ravie...
(Dans le temps que Tartuffe s'avance, les bras ouverts, pour embrasser Elmire, elle se retire, et Tartuffe aperçoit Orgon.)

ORGON, arrêtant Tartuffe.

Tout doux! vous suivez trop votre amoureuse envie,
Et vous ne devez pas vous tant passionner.
Ah! ah! l'homme de bien, vous m'en vouliez donner!
Comme aux tentations s'abandonne votre âme!
Vous épousiez ma fille, et convoitiez ma femme!
J'ai douté fort long-temps que ce fût tout de bon,
Et je croyois toujours qu'on changeroit de ton :
Mais c'est assez avant pousser le témoignage;
Je m'y tiens, et n'en veux, pour moi, pas davantage.

ELMIRE, à Tartuffe.

C'est contre mon humeur que j'ai fait tout ceci;
Mais on m'a mise au point de vous traiter ainsi.

TARTUFFE, à Orgon.

Quoi! vous croyez...

ORGON.

Allons, point de bruit, je vous prie,
Dénichons de céans, et sans cérémonie.

TARTUFFE.

Mon dessein...

ORGON.

Ces discours ne sont plus de saison.
Il faut, tout sur-le-champ, sortir de la maison.

TARTUFFE.

C'est à vous d'en sortir, vous qui parlez en maître :
La maison m'appartient, je le ferai connoître,
Et vous montrerai bien qu'en vain on a recours,
Pour me chercher querelle, à ces lâches détours;
Qu'on n'est pas où l'on pense en me faisant injure;
Que j'ai de quoi confondre et punir l'imposture,
Venger le ciel qu'on blesse, et faire repentir
Ceux qui parlent ici de me faire sortir.

SCÈNE VIII.

ELMIRE, ORGON.

ELMIRE.

Quel est donc ce langage? et qu'est-ce qu'il veut dire?

ORGON.

Ma foi, je suis confus, et n'ai pas lieu de rire.

ELMIRE.

Comment?

ORGON.

Je vois ma faute, aux choses qu'il me dit;
Et la donation m'embarrasse l'esprit.

ELMIRE.

La donation!

ORGON.

Oui. C'est une affaire faite.
Mais j'ai quelque autre chose encor qui m'inquiète.

ELMIRE.

Et quoi?

ORGON.

Vous saurez tout. Mais voyons au plus tôt
Si certaine cassette est encore là-haut.

FIN DU QUATRIÈME ACTE.

ACTE CINQUIÈME.

SCÈNE I.

ORGON, CLÉANTE.

CLÉANTE.

Où voulez-vous courir?

ORGON.

Las! que sais-je?

CLÉANTE.

Il me semble
Que l'on doit commencer par consulter ensemble
Les choses qu'on peut faire en cet événement.

ORGON.

Cette cassette-là me trouble entièrement.
Plus que le reste encore, elle me désespère.

CLÉANTE.

Cette cassette est donc un important mystère?

ORGON.

C'est un dépôt qu'Argas, cet ami que je plains,
Lui-même en grand secret m'a mis entre les mains.
Pour cela dans sa fuite il me voulut élire;
Et ce sont des papiers, à ce qu'il m'a pu dire,
Où sa vie et ses biens se trouvent attachés.

ACTE V, SCÈNE I.

CLÉANTE.

Pourquoi donc les avoir en d'autres mains lâchés?

ORGON.

Ce fut par un motif de cas de conscience.
J'allai droit à mon traître en faire confidence;
Et son raisonnement me vint persuader
De lui donner plutôt la cassette à garder,
Afin que pour nier, en cas de quelque enquête,
J'eusse d'un faux-fuyant la faveur toute prête,
Par où ma conscience eût pleine sûreté
A faire des serments contre la vérité.

CLÉANTE.

Vous voilà mal, au moins si j'en crois l'apparence;
Et la donation, et cette confidence,
Sont, à vous en parler selon mon sentiment,
Des démarches par vous faites légèrement.
On peut vous mener loin avec de pareils gages :
Et cet homme sur vous ayant ces avantages,
Le pousser est encor grande imprudence à vous;
Et vous deviez chercher quelque biais plus doux.

ORGON.

Quoi! sur un beau semblant de ferveur si touchante
Cacher un cœur si double, une âme si méchante!
Et moi, qui l'ai reçu gueusant et n'ayant rien...
C'en est fait, je renonce à tous les gens de bien;
J'en aurai désormais une horreur effroyable,
Et m'en vais devenir pour eux pire qu'un diable.

CLÉANTE.

Hé bien! ne voilà pas de vos emportements!
Vous ne gardez en rien les doux tempéraments.
Dans la droite raison jamais n'entre la vôtre;
Et toujours d'un excès vous vous jetez dans l'autre.
Vous voyez votre erreur, et vous avez connu
Que par un zèle feint vous étiez prévenu;
Mais pour vous corriger quelle raison demande
Que vous alliez passer dans une erreur plus grande,
Et qu'avecque le cœur d'un perfide vaurien
Vous confondiez les cœurs de tous les gens de bien?
Quoi! parce qu'un fripon vous dupe avec audace
Sous le pompeux éclat d'une austère grimace,
Vous voulez que partout on soit fait comme lui,
Et qu'aucun vrai dévot ne se trouve aujourd'hui?
Laissez aux libertins ces sottes conséquences :
Démêlez la vertu d'avec ses apparences,
Ne hasardez jamais votre estime trop tôt,
Et soyez pour cela dans le milieu qu'il faut.
Gardez-vous, s'il se peut, d'honorer l'imposture :
Mais au vrai zèle aussi n'allez pas faire injure;
Et s'il vous faut tomber dans une extrémité,
Péchez plutôt encor de cet autre côté.

SCÈNE II.

ORGON, CLÉANTE, DAMIS.

DAMIS.

Quoi ! mon père, est-il vrai qu'un coquin vous menace ;
Qu'il n'est point de bienfait qu'en son âme il n'efface ;
Et que son lâche orgueil, trop digne de courroux,
Se fait de vos bontés des armes contre vous ?

ORGON.

Oui, mon fils ; et j'en sens des douleurs non-pareilles.

DAMIS.

Laissez-moi, je lui veux couper les deux oreilles.
Contre son insolence on ne doit point gauchir : [1]
C'est à moi tout d'un coup de vous en affranchir ;
Et pour sortir d'affaire il faut que je l'assomme.

CLÉANTE.

Voilà tout justement parler en vrai jeune homme.
Modérez, sil vous plaît, ces transports éclatants.
Nous vivons sous un règne et sommes dans un temps
Où par la violence on fait mal ses affaires.

---

[1] *Gauchir,* pour, *prendre à gauche;* au figuré, *biaiser.*

SCÈNE III.

MADAME PERNELLE, ORGON, ELMIRE, CLÉANTE, MARIANE, DAMIS, DORINE.

MADAME PERNELLE.

Qu'est-ce? j'apprends ici de terribles mystères!

ORGON.

Ce sont des nouveautés dont mes yeux sont témoins,
Et vous voyez le prix dont sont payés mes soins.
Je recueille avec zèle un homme en sa misère,
Je le loge, et le tiens comme mon propre frère;
De bienfaits chaque jour il est par moi chargé;
Je lui donne ma fille et tout le bien que j'ai :
Et, dans le même temps, le perfide, l'infâme,
Tente le noir dessein de suborner ma femme;
Et, non content encor de ses lâches essais,
Il m'ose menacer de mes propres bienfaits,
Et veut, à ma ruine, user des avantages
Dont le viennent d'armer mes bontés trop peu sages,
Me chasser de mes biens où je l'ai transféré,
Et me réduire au point d'où je l'ai retiré!

DORINE.

Le pauvre homme!

MADAME PERNELLE.

Mon fils, je ne puis du tout croire
Qu'il ait voulu commettre une action si noire.

ACTE V, SCÈNE III.

ORGON.

Comment!

MADAME PERNELLE.

Les gens de bien sont enviés toujours.

ORGON.

Que voulez-vous donc dire avec votre discours,
Ma mère?

MADAME PERNELLE.

Que chez vous on vit d'étrange sorte,
Et qu'on ne sait que trop la haine qu'on lui porte.

ORGON.

Qu'a cette haine à faire avec ce qu'on vous dit?

MADAME PERNELLE.

Je vous l'ai dit cent fois quand vous étiez petit :
La vertu dans le monde est toujours poursuivie;
Les envieux mourront, mais non jamais l'envie.

ORGON.

Mais que fait ce discours aux choses d'aujourd'hui?

MADAME PERNELLE.

On vous aura forgé cent sots contes de lui.

ORGON.

Je vous ai dit déjà que j'ai vu tout moi-même.

MADAME PERNELLE.

Des esprits médisants la malice est extrême.

ORGON.

Vous me feriez damner, ma mère. Je vous di
Que j'ai vu de mes yeux un crime si hardi.

MADAME PERNELLE.

Les langues ont toujours du venin à répandre ;
Et rien n'est ici-bas qui s'en puisse défendre.

ORGON.

C'est tenir un propos de sens bien dépourvu.
Je l'ai vu, dis-je, vu, de mes propres yeux vu,
Ce qu'on appelle vu. Faut-il vous le rebattre
Aux oreilles cent fois, et crier comme quatre ?

MADAME PERNELLE.

Mon Dieu ! le plus souvent l'apparence déçoit :
Il ne faut pas toujours juger sur ce qu'on voit.

ORGON.

J'enrage !

MADAME PERNELLE.

Aux faux soupçons la nature est sujette,
Et c'est souvent à mal que le bien s'interprète.

ORGON.

Je dois interpréter à charitable soin
Le désir d'embrasser ma femme !

MADAME PERNELLE.

Il est besoin,
Pour accuser les gens, d'avoir de justes causes ;
Et vous deviez attendre à vous voir sûr des chose

ORGON.

Hé ! diantre ! le moyen de m'en assurer mieux ?
Je devois donc, ma mère, attendre qu'à mes yeux
Il eût... Vous me feriez dire quelque sottise.

ACTE V, SCÈNE III.

MADAME PERNELLE.

Enfin d'un trop pur zèle on voit son âme éprise ;
Et je ne puis du tout me mettre dans l'esprit
Qu'il ait voulu tenter les choses que l'on dit.

ORGON.

Allez, je ne sais pas, si vous n'étiez ma mère,
Ce que je vous dirois, tant je suis en colère.

DORINE, à Orgon.

Juste retour, monsieur, des choses d'ici-bas :
Vous ne vouliez point croire, et l'on ne vous croit pas.

CLÉANTE.

Nous perdons des moments en bagatelles pures,
Qu'il faudroit employer à prendre des mesures.
Aux menaces du fourbe on doit ne dormir point.

DAMIS.

Quoi ! son effronterie iroit jusqu'à ce point ?

ELMIRE.

Pour moi, je ne crois pas cette instance possible,
Et son ingratitude est ici trop visible.

CLÉANTE, à Orgon.

Ne vous y fiez pas ; il aura des ressorts
Pour donner contre vous raison à ses efforts ;
Et sur moins que cela le poids d'une cabale
Embarrasse les gens dans un fâcheux dédale.
Je vous le dis encore : armé de ce qu'il a,
Vous ne deviez jamais le pousser jusque-là.

ORGON.

Il est vrai; mais qu'y faire? A l'orgueil de ce traître,
De mes ressentiments je n'ai pas été maître.

CLÉANTE.

Je voudrois de bon cœur qu'on pût entre vous deux
De quelque ombre de paix raccommoder les nœuds.

ELMIRE.

Si j'avois su qu'en main il a de telles armes,
Je n'aurois pas donné matière à tant d'alarmes;
Et mes...

ORGON, à Dorine, voyant entrer M. Loyal.

Que veut cet homme? Allez tôt le savoir.
Je suis bien en état que l'on me vienne voir!

SCÈNE IV.

ORGON, MADAME PERNELLE, ELMIRE, MARIANE, CLÉANTE, DAMIS, DORINE, M. LOYAL.

M. LOYAL, à Dorine, dans le fond du théâtre.

Bonjour, ma chère sœur; faites, je vous supplie,
Que je parle à monsieur.

DORINE.

Il est en compagnie;
Et je doute qu'il puisse à présent voir quelqu'un.

M. LOYAL.

Je ne suis pas pour être en ces lieux importun.

ACTE V, SCÈNE IV.

Mon abord n'aura rien, je crois, qui lui déplaise;
Et je viens pour un fait dont il sera bien aise.

DORINE.

Votre nom?

M. LOYAL.

Dites-lui seulement que je vien
De la part de monsieur Tartuffe, pour son bien.

DORINE, à Orgon.

C'est un homme qui vient, avec douce manière,
De la part de monsieur Tartuffe, pour affaire
Dont vous serez, dit-il, bien aise.

CLÉANTE, à Orgon.

Il vous faut voir
Ce que c'est que cet homme, et ce qu'il peut vouloir.

ORGON, à Cléante.

Pour nous raccommoder il vient ici peut-être :
Quels sentiments aurai-je à lui faire paroître?

CLÉANTE.

Votre ressentiment ne doit point éclater;
Et s'il parle d'accord, il le faut écouter.

M. LOYAL, à Orgon.

Salut, monsieur. Le ciel perde qui vous veut nuire,
Et vous soit favorable autant que je désire!

ORGON, bas, à Cléante.

Ce doux début s'accorde avec mon jugement,
Et présage déjà quelque accommodement.

M. LOYAL.

Toute votre maison m'a toujours été chère,
Et j'étois serviteur de monsieur votre père.

ORGON.

Monsieur, j'ai grande honte et demande pardon
D'être sans vous connoître ou savoir votre nom.

M. LOYAL.

Je m'appelle Loyal, natif de Normandie,
Et suis huissier à verge, en dépit de l'envie.
J'ai, depuis quarante ans, grâce au ciel, le bonheur
D'en exercer la charge avec beaucoup d'honneur,
Et je vous viens, monsieur, avec votre licence,
Signifier l'exploit de certaine ordonnance...

ORGON.

Quoi! vous êtes ici...

M. LOYAL.

Monsieur, sans passion.
Ce n'est rien seulement qu'une sommation,
Un ordre de vider d'ici, vous et les vôtres,
Mettre vos meubles hors, et faire place à d'autres,
Sans délai ni remise, ainsi que besoin est.

ORGON.

Moi! sortir de céans?

M. LOYAL.

Oui, monsieur, s'il vous plaît.
La maison à présent, comme savez de reste,
Au bon monsieur Tartuffe appartient sans conteste.

ACTE V, SCÈNE IV.

De vos biens désormais il est maître et seigneur
En vertu d'un contrat duquel je suis porteur.
Il est en bonne forme, et l'on n'y peut rien dire.

DAMIS, à M. Loyal.

Certes, cette impudence est grande, et je l'admire.

M. LOYAL, à Damis.

Monsieur, je ne dois point avoir affaire à vous;
(montrant Orgon.)
C'est à monsieur; il est et raisonnable et doux,
Et d'un homme de bien il sait trop bien l'office
Pour se vouloir du tout opposer à justice.

ORGON.

Mais...

M. LOYAL.

Oui, monsieur, je sais que pour un million
Vous ne voudriez pas faire rébellion,
Et que vous souffrirez en honnête personne
Que j'exécute ici les ordres qu'on me donne.

DAMIS.

Vous pourriez bien ici sur votre noir jupon,
Monsieur l'huissier à verge, attirer le bâton.

M. LOYAL, à Orgon.

Faites que votre fils se taise ou se retire,
Monsieur. J'aurois regret d'être obligé d'écrire,
Et de vous voir couché dans mon procès-verbal.

DORINE, à part.

Ce monsieur Loyal porte un air bien déloyal.

M. LOYAL.

Pour tous les gens de bien j'ai de grandes tendresses,
Et ne me suis voulu, monsieur, charger des pièces
Que pour vous obliger et vous faire plaisir;
Que pour ôter par-là le moyen d'en choisir
Qui, n'ayant pas pour vous le zèle qui me pousse,
Auroient pu procéder d'une façon moins douce.

ORGON.

Et que peut-on de pis que d'ordonner aux gens
De sortir de chez eux?

M. LOYAL.

On vous donne du temps;
Et jusques à demain je ferai surséance
A l'exécution, monsieur, de l'ordonnance.
Je viendrai seulement passer ici la nuit,
Avec dix de mes gens, sans scandale et sans bruit.
Pour la forme, il faudra, s'il vous plaît, qu'on m'apporte,
Avant que se coucher, les clefs de votre porte.
J'aurai soin de ne pas troubler votre repos,
Et de ne rien souffrir qui ne soit à propos.
Mais demain, du matin, il vous faut être habile
A vider de céans jusqu'au moindre ustensile;
Mes gens vous aideront, et je les ai pris forts
Pour vous faire service à tout mettre dehors.
On n'en peut pas user mieux que je fais, je pense;
Et, comme je vous traite avec grande indulgence,
Je vous conjure aussi, monsieur, d'en user bien,
Et qu'au dû de ma charge on ne me trouble en rien.

ACTE V, SCENE IV.

ORGON, à part.

Du meilleur de mon cœur je donnerois sur l'heure
Les cent plus beaux louis de ce qui me demeure,
Et pouvoir, à plaisir, sur ce mufle assener
Le plus grand coup de poing qui se puisse donner.

CLÉANTE, bas, à Orgon.

Laissez, ne gâtons rien.

DAMIS.

A cette audace étrange
J'ai peine à me tenir, et la main me démange.

DORINE.

Avec un si bon dos, ma foi, monsieur Loyal,
Quelques coups de bâton ne vous siéroient pas mal.

M. LOYAL.

On pourroit bien punir ces paroles infâmes,
Ma mie; et l'on décrète aussi contre les femmes.

CLÉANTE, à M. Loyal.

Finissons tout cela, monsieur; c'en est assez.
Donnez tôt ce papier, de grâce, et nous laissez.

M. LOYAL.

Jusqu'au revoir. Le ciel vous tienne tous en joie!

ORGON.

Puisse-t-il te confondre, et celui qui t'envoie!

SCÈNE V.

ORGON, MADAME PERNELLE, ELMIRE, CLÉANTE, MARIANE, DAMIS, DORINE.

ORGON.

Hé bien! vous le voyez, ma mère, si j'ai droit;
Et vous pouvez juger du reste par l'exploit.
Ses trahisons enfin vous sont-elles connues?

MADAME PERNELLE.

Je suis tout ébaubie, et je tombe des nues.

DORINE, à Orgon.

Vous vous plaignez à tort; à tort vous le blâmez,
Et ses pieux desseins par-là sont confirmés.
Dans l'amour du prochain sa vertu se consomme :
Il sait que très-souvent les biens corrompent l'homme,
Et par charité pure il veut vous enlever
Tout ce qui vous peut faire obstacle à vous sauver.

ORGON.

Taisez-vous. C'est le mot qu'il vous faut toujours dire.

CLÉANTE, à Orgon.

Allons voir quel conseil on doit vous faire élire.

ELMIRE.

Allez faire éclater l'audace de l'ingrat.
Ce procédé détruit la vertu du contrat;
Et sa déloyauté va paroître trop noire
Pour souffrir qu'il en ait le succès qu'on veut croire.

SCÈNE VI.

VALÈRE, ORGON, MADAME PERNELLE, ELMIRE, CLÉANTE, MARIANE, DAMIS, DORINE.

VALÈRE.

Avec regret, monsieur, je viens vous affliger ;
Mais je m'y vois contraint par le pressant danger.
Un ami, qui m'est joint d'une amitié fort tendre,
Et qui sait l'intérêt qu'en vous j'ai lieu de prendre,
A violé pour moi par un pas délicat
Le secret que l'on doit aux affaires d'État,
Et me vient d'envoyer un avis dont la suite
Vous réduit au parti d'une soudaine fuite.
Le fourbe qui long-temps a pu vous imposer
Depuis une heure au prince a su vous accuser,
Et remettre en ses mains, dans les traits qu'il vous jette,
D'un criminel d'État l'importante cassette,
Dont, au mépris, dit-il, du devoir d'un sujet,
Vous avez conservé le coupable secret.
J'ignore le détail du crime qu'on vous donne :
Mais un ordre est donné contre votre personne ;
Et lui-même est chargé, pour mieux l'exécuter,
D'accompagner celui qui vous doit arrêter.

CLÉANTE.

Voilà ses droits armés ; et c'est par où le traître
De vos biens qu'il prétend cherche à se rendre maître.

ORGON.

L'homme est, je vous l'avoue, un méchant animal!

VALÈRE.

Le moindre amusement vous peut être fatal.
J'ai, pour vous emmener, mon carrosse à la porte,
Avec mille louis qu'ici je vous apporte.
Ne perdons point de temps : le trait est foudroyant;
Et ce sont de ces coups que l'on pare en fuyant.
A vous mettre en lieu sûr je m'offre pour conduite,[1]
Et veux accompagner jusqu'au bout votre fuite.

ORGON.

Las! que ne dois-je point à vos soins obligeants!
Pour vous en rendre grâce il faut un autre temps;
Et je demande au ciel de m'être assez propice
Pour reconnoître un jour ce généreux service.
Adieu : prenez le soin, vous autres...

CLÉANTE.

                        Allez tôt;
Nous songerons, mon frère, à faire ce qu'il faut.

---

[1] *Je m'offre pour conduite :* je m'offre pour vous conduire

SCÈNE VII.

TARTUFFE, UN EXEMPT, MADAME PERNELLE, ORGON, ELMIRE, CLÉANTE, MARIANE, VALÈRE, DAMIS, DORINE.

TARTUFFE, arrêtant Orgon.

Tout beau, monsieur, tout beau, ne courez point si vite :
Vous n'irez pas fort loin pour trouver votre gîte ;
Et de la part du prince on vous fait prisonnier.

ORGON.

Traître, tu me gardois ce trait pour le dernier :
C'est le coup, scélérat, par où tu m'expédies ;
Et voilà couronner toutes tes perfidies.

TARTUFFE.

Vos injures n'ont rien à me pouvoir aigrir :
Et je suis, pour le ciel, appris à tout souffrir.

CLÉANTE.

La modération est grande, je l'avoue.

DAMIS.

Comme du ciel l'infâme impudemment se joue !

TARTUFFE.

Tous vos emportements ne sauroient m'émouvoir ;
Et je ne songe à rien qu'à faire mon devoir.

MARIANE.

Vous avez de ceci grande gloire à prétendre ;
Et cet emploi pour vous est fort honnête à prendre.

TARTUFFE.

Un emploi ne sauroit être que glorieux,
Quand il part du pouvoir qui m'envoie en ces lieux.

ORGON.

Mais t'es-tu souvenu que ma main charitable,
Ingrat, t'a retiré d'un état misérable?

TARTUFFE.

Oui, je sais quels secours j'en ai pu recevoir;
Mais l'intérêt du prince est mon premier devoir.
De ce devoir sacré la juste violence
Étouffe dans mon cœur toute reconnoissance;
Et je sacrifirois à de si puissants nœuds
Ami, femme, parents, et moi-même avec eux.

ELMIRE.

L'imposteur!

DORINE.

Comme il sait, de traîtresse manière,
Se faire un beau manteau de tout ce qu'on révère!

CLÉANTE.

Mais s'il est si parfait que vous le déclarez,
Ce zèle qui vous pousse et dont vous vous parez,
D'où vient que pour paroître il s'avise d'attendre
Qu'à poursuivre sa femme il ait su vous surprendre,
Et que vous ne songez à l'aller dénoncer
Que lorsque son honneur l'oblige à vous chasser?
Je ne vous parle point, pour devoir en distraire,
Du don de tout son bien qu'il venoit de vous faire;

ACTE V, SCÈNE VII.

Mais, le voulant traiter en coupable aujourd'hui,
Pourquoi consentiez-vous à rien prendre de lui?

TARTUFFE, à l'exempt.

Délivrez-moi, monsieur, de la criaillerie;
Et daignez accomplir votre ordre, je vous prie.

L'EXEMPT.

Oui, c'est trop demeurer, sans doute, à l'accomplir :
Votre bouche à propos m'invite à le remplir :
Et, pour l'exécuter, suivez-moi tout à l'heure
Dans la prison qu'on doit vous donner pour demeure.

TARTUFFE.

Qui? moi, monsieur?

L'EXEMPT.

Oui, vous.

TARTUFFE.

Pourquoi donc la prison?

L'EXEMPT.

Ce n'est pas vous à qui j'en veux rendre raison.
(à Orgon.)
Remettez-vous, monsieur, d'une alarme si chaude.
Nous vivons sous un prince ennemi de la fraude,
Un prince dont les yeux se font jour dans les cœurs,
Et que ne peut tromper tout l'art des imposteurs.
D'un fin discernement sa grande âme pourvue
Sur les choses toujours jette une droite vue;
Chez elle jamais rien ne surprend trop d'accès,
Et sa ferme raison ne tombe en nul excès.
Il donne aux gens de bien une gloire immortelle;

Mais sans aveuglement il fait briller ce zèle,
Et l'amour pour les vrais ne ferme point son cœur
A tout ce que les faux doivent donner d'horreur.
Celui-ci n'étoit pas pour le pouvoir surprendre,
Et de piéges plus fins on le voit se défendre.
D'abord il a percé, par ses vives clartés,
Des replis de son cœur toutes les lâchetés.
Venant vous accuser, il s'est trahi lui-même,
Et, par un juste trait de l'équité suprême,
S'est découvert au prince un fourbe renommé,
Dont sous un autre nom il étoit informé;
Et c'est un long détail d'actions toutes noires
Dont on pourroit former des volumes d'histoires.
Ce monarque, en un mot, a vers vous détesté
Sa lâche ingratitude et sa déloyauté;
A ses autres horreurs il a joint cette suite,
Et ne m'a jusqu'ici soumis à sa conduite,
Que pour voir l'impudence aller jusques au bout,
Et vous faire par lui faire raison de tout.
Oui, de tous vos papiers, dont il se dit le maître,
Il veut qu'entre vos mains je dépouille le traître.
D'un souverain pouvoir, il brise les liens
Du contrat qui lui fait un don de tous vos biens,
Et vous pardonne enfin cette offense secrète
Où vous a d'un ami fait tomber la retraite;
Et c'est le prix qu'il donne au zèle qu'autrefois
On vous vit témoigner en appuyant ses droits,
Pour montrer que son cœur fait, quand moins on y pense,

D'une bonne action verser la récompense;
Que jamais le mérite avec lui ne perd rien;
Et que, mieux que du mal, il se souvient du bien.

DORINE.

Que le ciel soit loué!

MADAME PERNELLE.

Maintenant je respire.

ELMIRE.

Favorable succès!

MARIANE.

Qui l'auroit osé dire?

ORGON, à Tartuffe que l'exempt emmène.

Hé bien! te voilà, traître!...

SCÈNE VIII.

MADAME PERNELLE, ORGON, ELMIRE, MARIANE, CLÉANTE, VALÈRE, DAMIS, DORINE.

CLÉANTE.

Ah! mon frère, arrêtez,
Et ne descendez point à des indignités.
A son mauvais destin laissez un misérable,
Et ne vous joignez point au remords qui l'accable.
Souhaitez bien plutôt que son cœur, en ce jour,
Au sein de la vertu fasse un heureux retour;
Qu'il corrige sa vie en détestant son vice,
Et puisse du grand prince adoucir la justice;

Tandis qu'à sa bonté vous irez, à genoux,
Rendre ce que demande un traitement si doux.

ORGON.

Oui, c'est bien dit. Allons à ses pieds avec joie
Nous louer des bontés que son cœur nous déploie :
Puis, acquittés un peu de ce premier devoir,
Aux justes soins d'un autre il nous faudra pourvoir,
Et par un doux hymen couronner en Valère
La flamme d'un amant généreux et sincère.

FIN DU TARTUFFE.

RÉFLEXIONS
SUR
LE TARTUFFE.

Un caractère entièrement odieux est rarement propre à la comédie; Aristote l'en exclut même, sans indiquer aucune exception : *La comédie, dit-il, est une imitation du mauvais, non du mauvais pris dans toute son étendue, mais seulement de celui qui cause la honte et produit le ridicule.* Cet arrêt, prononcé par le plus grand maître de l'art, doit avoir son application dans tous les temps : il est fondé sur la nature de l'esprit humain, qui ne peut trouver une distraction agréable dans la peinture d'un scélérat. Il n'y avoit qu'une exception à cette règle, et Molière l'a devinée. Aristote ne prévoyoit pas que, sous le règne d'une religion qui prescrit une pureté de mœurs inconnue à l'antiquité, on verroit des hypocrites affecter cette vertu, n'avoir dans la bouche que des paroles pieuses, et cependant se livrer en secret aux vices les plus condamnables. Ce contraste entre leurs discours et leur conduite devoit avoir un effet comique : mais quelle difficulté n'offroit pas un pareil sujet? Si l'on réfléchit au temps où Molière composa ce chef-d'œuvre, à l'ascendant qu'avoient pris tous ceux qui montroient une apparence de dévotion, on voit que les obstacles et les dangers l'environnoient de toutes parts, et qu'on auroit pu lui dire comme Horace à Pollion : *Incedis per ignes.* J. B. Rousseau, l'un de ses plus grands admirateurs, condamne en général tous les caractères odieux;[1] et ce n'est qu'avec beaucoup de

---

[1] Lettres à Brossette.

précaution qu'il propose une exception en faveur du TARTUFFE. M. de La Harpe, plus éclairé et plus hardi, explique avec autant de précision que de clarté les raisons qui durent décider Molière à traiter ce sujet épineux ; c'est le propre du génie *d'apprendre de l'art même à franchir ses limites*; les esprits médiocres s'assujettissent servilement aux règles ; les esprits supérieurs les respectent, les suivent, mais les plient quelquefois à leurs grandes conceptions. «Le Tartuffe, dit M. de « La Harpe, est ingrat, et l'est d'une manière horrible ; mais « les grimaces de son hypocrisie et ses expressions dévotes, « mêlées à ses entreprises amoureuses, donnent à son rôle une « tournure comique qui en tempère l'atrocité et la bassesse ; « et c'est le chef-d'œuvre de l'art de l'avoir rendu théâtral. »

L'exposition du TARTUFFE est la plus belle qu'il y ait au théâtre. Madame Pernelle, en grondant alternativement tous les personnages, les fait connoître : ayant les préjugés des personnes âgées, se passionnant contre ce qui est nouveau, et se livrant à une volubilité de paroles naturelle à son âge et à son sexe, cette femme peint à grands traits les caractères des différents acteurs, de manière que le spectateur peut ôter de chacun d'eux ce qu'elle y met du sien, c'est-à-dire, l'austérité ridicule du temps passé, et connoître ainsi tous ces gens-là mieux qu'elle-même.

Ce caractère de madame Pernelle, qui produit une scène si comique dans le cinquième acte, ne pouvoit être placé convenablement que dans la fable du TARTUFFE. Il en est ainsi de tous les autres, et c'est une preuve frappante de la justesse des combinaisons de ce chef-d'œuvre.

Orgon, dans la guerre de la Fronde, s'est déclaré pour le roi : il a montré de l'activité et du courage ; c'est un honnête homme, qui n'a d'autre défaut que la foiblesse et la crédulité,

SUR LE TARTUFFE.

Parvenu à un âge mûr, il s'est jeté dans la dévotion; et, jouissant d'une grande aisance, il ne cherche plus que la paix et la retraite. Une jeune femme, dont il est aimé, augmente encore cette nonchalance à laquelle il est porté naturellement. Un tel homme n'auroit rien de ridicule ni de théâtral, s'il ne s'étoit pas engoué du Tartuffe. Il montre jusqu'où la bonhomie est entraînée quelquefois lorsqu'elle a mal placé sa confiance.

Elmire, l'un des plus charmants caractères que Molière ait tracés, ne pouvoit trouver place que dans cette pièce. Mariée à un homme plus âgé qu'elle, et qui a des enfants d'une première femme, elle ne montre aucun travers, aucune foiblesse : sa beauté ne lui donne point de coquetterie; elle est vertueuse sans être prude; et elle a pour les enfants de son époux des sentiments de tendresse bien rares dans une belle-mère. Ces caractères, qui approchent de la perfection, sont ordinairement aussi peu propres à la comédie que ceux qui ont une scélératesse déterminée : ce sujet seul pouvoit présenter le vice sans excuse et la vertu sans foiblesse, sous les traits de Tartuffe et d'Elmire.

Damis, jeune étourdi, croyant que la violence suffit pour chasser Tartuffe, fait dans le cours de la pièce des imprudences qui augmentent l'ascendant de l'hypocrite, et qui provoquent même la malédiction paternelle. Dans tout autre sujet, ce personnage seroit mal placé; mais ici on excuse ses emportements, quand on pense au scélérat qui en est l'objet. D'ailleurs rien de plus naturel que le caractère de Damis : la dévotion outrée est tellement contraire à l'esprit des jeunes gens, qu'on voit sans étonnement sa prévention contre Tartuffe avant qu'il soit instruit de sa perfidie.

Il falloit dans cette pièce un homme sage, et d'une véritable piété, qui non-seulement prévînt les conséquences qu'on pouvoit tirer contre la religion des vices de *l'imposteur*, mais qui contribuât par ses conseils et sa conduite à le démasquer. Ce caractère est celui de Cléante, le plus beau et le plus noble que Molière ait tracé. Quoiqu'il fasse un contraste frappant avec Tartuffe, ce n'est pas là ce que l'auteur a cherché. Seul de tous les poëtes comiques, il n'a pas offert ces oppositions de caractères qui font quelquefois de l'effet, mais qui peuvent passer pour de brillants défauts, parce qu'elles annoncent trop une combinaison faite à loisir, et qu'elles manquent presque toujours de vraisemblance. Ce sont des hommes sages et raisonnables qu'il met en présence des personnages ridicules : dans ces caractères, il se peint lui-même, il expose sa philosophie et ses opinions sur la manière de se conduire dans le monde. Celui de Cléante diffère des caractères du même genre qui se trouvent dans ses autres pièces : le sujet seul du TARTUFFE offroit l'occasion et imposoit la nécessité de parler de religion.

Un homme aussi foible qu'Orgon devoit avoir laissé prendre chez lui un grand ascendant à ses domestiques : dans l'intervalle de son premier et de son second mariage, sa gouvernante n'avoit sûrement pas manqué de s'habituer à parler haut et librement. Telle est Dorine, qui paroîtroit impertinente dans une autre pièce, et qui dans celle-ci est aussi naturelle que comique.[1]

Les deux amants n'ont pas de caractères bien déterminés; cependant ils offrent des nuances qui ne conviendroient pas dans un autre sujet. Mariane, si aimable et si séduisante, montre une incertitude et une timidité qui ne peuvent appar-

---

[1] Toinette du *Malade imaginaire* est encore plus insolente que Dorine: ~~vez-en les raisons dans les Réflexions sur cette pièce.

tenir qu'à la fille d'un dévot aveugle, subjugué par un hypocrite. De là cette scène de dépit, sur laquelle il est nécessaire de faire quelques observations.

Cette scène étoit absolument neuve au théâtre : jusqu'alors on avoit offert des querelles d'amants toujours produites par un contre-temps ou par l'artifice de quelque rival : ces moyens avoient été préparés à loisir, et derrière le théâtre. Dans la scène de Valère et de Mariane, au contraire, la dispute des amants naît et finit devant les spectateurs : le dépit et la réconciliation sont gradués avec tout l'art imaginable : ils ont pour cause, et rien n'est plus naturel, la délicatesse et la force de la passion des deux amants.

On sait que, lorsque cette pièce fut représentée à Paris en 1667, elle portoit le nom de L'IMPOSTEUR, et que le principal personnage s'appeloit PANULPHE. Elle fut alors défendue par le premier président de Lamoignon. Quelque temps après cette défense, il parut une brochure intitulée : LETTRE SUR LA COMÉDIE DE L'IMPOSTEUR. On attribua cet ouvrage à Molière; mais il y a lieu de douter qu'il en fût l'auteur, parce qu'elle contient trop de louange pour lui, et parce que le style n'a pas cette netteté et cette force qui distinguoient sa prose. On peut seulement présumer qu'elle fut faite sous ses yeux. Quoi qu'il en soit, cette lettre est très-curieuse, en ce qu'elle contient une analyse étendue et très-exacte de la comédie de L'IMPOSTEUR.

M. de Voltaire et M. Bret, en s'appuyant sur cette lettre, prétendent mal à propos que LE TARTUFFE, lorsqu'il fut repris en 1669, étoit la même pièce que L'IMPOSTEUR, et que Molière n'y avoit fait aucun changement. Cette assertion, qui est fausse, comme je vais bientôt le démontrer, donneroit lieu de croire que la défense fut souverainement injuste, et jetteroit de la défaveur sur le président de Lamoignon, si connu par la protection qu'il accorda aux lettres.

En examinant l'analyse de l'Imposteur, j'avois sous les yeux la comédie du Tartuffe : j'en ai suivi la marche scène par scène, et voici les différences que j'ai remarquées, différences qui prouvent que Molière corrigea sa pièce. Parmi ces corrections, les unes ont pour objet de prévenir toute espèce de scandale; les autres n'ont rapport qu'à l'art.

Dans l'Imposteur, après la première scène, il n'y avoit qu'Elmire qui accompagnât sa belle-mère; dans le Tartuffe, tous les personnages la suivent, à l'exception de Cléante et de Dorine. Pendant l'absence d'Elmire, les autres personnages s'entretenoient de la conduite que les faux dévots tiennent dans les maisons où ils sont admis. Ce passage fut supprimé, comme exagéré, et comme pouvant donner lieu à des applications dangereuses. On parloit aussi de la liaison de Mariane et de Valère ; on savoit que Panulphe s'opposoit à leur union, mais on ignoroit son motif. L'intention de Molière, en faisant reconduire madame Pernelle par la seule Elmire, à peine convalescente, avoit été de marquer dès le commencement le caractère de cette femme scrupuleusement attachée à ses moindres devoirs. On ignore pourquoi Molière a supprimé cette intention vraiment dramatique.

Dans la dernière scène du premier acte, la distinction des vrais et des faux dévots n'étoit pas suffisamment marquée. Si les obstacles qu'on opposa long-temps à la représentation du Tartuffe furent un abus de pouvoir, du moins leur doit-on cette tirade fameuse qui peut passer pour un des chefs-d'œuvre de notre poésie.

La scène charmante du dépit ne terminoit pas, comme à présent, le second acte. Elmire et Cléante venoient parler à

Dorine : ils s'entretenoient du mariage; et ne sachant quel parti prendre pour l'empêcher, on se décidoit à en faire parler à Panulphe lui-même par Elmire, pour laquelle on soupçonnoit déjà son inclination. Cette scène avoit l'avantage de lier le second acte avec le troisième. Molière aima mieux terminer son acte d'une manière brillante, en se bornant à faire dire par Dorine qu'il faut mettre la belle-mère dans le parti des amants.

Dans la septième scène du quatrième acte, Panulphe démasqué conservoit tout son sang-froid, appeloit Orgon *son frère*, et entroit en matière pour se justifier. A présent il ne dit plus que quelques mots : *Quoi! vous croyez... Mon dessein...*

La seconde scène du cinquième acte n'existoit pas. Dans cette scène, courte et excellente, Damis vient offrir à son père de le venger de Tartuffe; et le sage Cléante s'y oppose. Cette petite scène fait ressortir celle qui suit, où madame Pernelle ne veut rien croire.

La septième scène du cinquième acte offre quelques changements dans le récit de l'Exempt. Molière lui faisoit dire que *l'hypocrisie est autant en horreur dans l'esprit du roi qu'elle est accréditée parmi ses sujets*. Cette critique trop générale fut adoucie ainsi : après avoir dit que le roi chérit les vrais dévots, l'Exempt ajoute :

> Mais sans aveuglement il fait briller ce zèle ;
> Et l'amour pour les vrais ne ferme point son cœur
> A tout ce que les faux doivent donner d'horreur.

On voit que M. de Voltaire et M. Bret se sont trompés quand ils ont soutenu, d'après cette lettre, que l'auteur n'avoit fait aucun changement à sa pièce : cette même lettre, lue attentivement, prouve le contraire. Ce qu'il y a de singulier, c'est que ces deux commentateurs, s'appuyant toujours sur la lettre dont il est question, marquent un léger changement dont elle ne fait aucune mention. Au lieu de ce vers où Tartuffe dit avec tant de scélératesse, en parlant de Damis,

 O ciel ! pardonne-lui la douleur qu'il me donne.

ils prétendent qu'il s'écrioit :

 O ciel ! pardonne-lui, comme je lui pardonne.

Si ce qu'ils disent est vrai, on peut croire que Molière trouva cette idée trop révoltante, et qu'il jugea convenable de l'adoucir.

Molière ne dut qu'à lui seul l'idée et la grande conception du TARTUFFE. Quelques personnes ont prétendu qu'il avoit trouvé ce sujet dans une comédie italienne de Bonvicin Gioanelli, intitulée : IL DOTTOR BACCHETONE. Cette conjecture est de toute fausseté : l'auteur italien fut l'imitateur de Molière, et non son modèle : il lui survécut même long-temps ; et quelques années après sa mort, il travestit LE MALADE IMAGINAIRE dans une farce intitulée : AMMALATO IMAGINARIO SOTTO LA CURA DEL DOTTOR PURGON.

Mais si Molière inventa la fable du TARTUFFE et tous les caractères, il ne se fit, selon sa coutume, aucun scrupule d'emprunter quelques détails à Regnier, à Bocace et à Scarron.

Lorsque Tartuffe cherche à lever les scrupules d'Elmire, il s'exprime ainsi :

 Et le mal n'est jamais que dans l'éclat qu'on fait.
 Le scandale du monde est ce qui fait l'offense,
 Et ce n'est pas pécher que pécher en silence.

Regnier avoit dit dans sa treizième satire :

 Le péché que l'on cache est demi pardonné.
 La faute seulement ne gît en la défense :

SUR LE TARTUFFE.

Le scandale, l'opprobre est cause de l'offense.
Pourvu qu'on ne le sache, il n'importe comment.
Qui peut dire que non, ne pèche nullement.

Quelques traits du rôle de Tartuffe sont puisés dans la huitième nouvelle de la troisième journée de Décaméron. Un moine, pourvu d'une riche abbaye dans la Toscane, est fort libertin, quoique en apparence très-dévot. Son couvent, situé dans un lieu solitaire, lui fournit les moyens de cacher ses actions. Bocace trace ainsi son caractère : « Cet abbé auroit « pu passer pour un saint, s'il n'eût pas aimé les femmes : ce- « pendant il mettoit tant de soin à cacher ses aventures, que « personne n'en étoit instruit, ni même ne le soupçonnoit : on « le regardoit dans toutes choses comme le plus pieux des « abbés. »[1]

Il a remarqué depuis long-temps la femme d'un riche villageois son voisin, homme aussi sot que jaloux : il se lie avec elle, et ne l'entretient en présence du villageois que de choses saintes. Cette jeune femme va un jour se confesser à lui, et ne manque pas de se plaindre de son mari. L'abbé, enchanté de cette occasion, lui propose de guérir le villageois de ses défauts, en l'envoyant faire un tour en purgatoire : la femme, fort simple, demande s'il est possible de lui donner cette correction sans le faire mourir : sur la réponse affirmative, elle est comblée de joie, et veut se retirer; mais le moine lui dit qu'il faut qu'elle reconnoisse cet important service; elle demande comment. Leur dialogue, comme on va le voir, a plus d'un rapport avec les scènes de Tartuffe et d'Elmire, à l'excep-

---

[1] Il quale in ogni cosa era santissimo, fuor che nell'opere delle femine. Questo sapeva si cautamente fare, che quasi niuno non che il sapesse, ma ne suspicava, perche santissimo e giusto era tenuto in ogni cosa.

tion cependant que la femme du villageois est aussi facile et aussi sotte que celle d'Orgon est vertueuse et spirituelle. L'abbé déclare à la jeune femme qu'il l'aime, et qu'il espère qu'elle répondra à sa passion.

[1] « O ciel! mon père, dit-elle tout émue, qu'est-ce que
« vous me demandez? je vous croyois un saint : convient-il à
« des hommes comme vous de faire la cour aux femmes qui
« vont se confesser auprès d'eux? Ma chère enfant, lui répon-
« dit l'abbé, ne soyez point surprise, cela n'empêche pas que
« ma sainteté ne soit toujours aussi parfaite : elle a son siége
« dans l'âme, et ce que je vous demande dépend du corps.
« Quoi qu'il en soit, votre charmante beauté a tant de force,
« que je ne puis résister à son attrait. Vous devez plus qu'une
« autre femme vous glorifier des charmes que le ciel vous a
« donnés, en pensant qu'ils ont pu plaire à un saint habitué à
« ne voir que les beautés spirituelles et célestes. D'ailleurs,
« pour être abbé, je n'en suis pas moins homme; et remarquez
« que je suis encore jeune. Vous ne devez avoir aucun scru-
« pule de cette complaisance : vous devez au contraire désirer

---

[1] Oimè! padre mio, che è cio, che voi domandate? io mi credeva che voi foste un santo : hor conviensi egli a santi huomini di richieder le donne che a loro vanno per consiglio di cosi fatte cose? A cui l'abbate disse : anima mia bella, non vi maravigliate, che per questo la santità non diventa minore, percio che ella dimora nell' anima, e quello che io vi domando è peccato del corpo; ma che che sia tanta, forza ha avuta la vostra vaga belleza, che amore mi costrigne a cosi fare; e dicovi che voi della vostra belleza piu che altra donna, gloriar vi potete, pensando che ella piacia a santi che sono usi di videre quelle del cielo, e oltre a questo, come che io sia abbate, io sono huomo come gli altri; et come voi vedete, io non son ancor vecchio. E non vi dee questo essere grave a dover fare, anzi il dovete desiderare, percio che, mentre che Ferondo sara in purgatoro,

SUR LE TARTUFFE.

« de l'avoir pour moi. Pendant que votre mari sera en pur-
« gatoire, j'aurai soin que la nuit vous ne vous aperceviez
« pas de son absence. Personne ne saura ce qui se passera
« entre nous : tout le monde ici me croit plus saint et plus
« dévot que vous ne l'avez cru jusqu'à présent. Ne refusez donc
« pas la grâce que le ciel vous accorde : un grand nombre de
« femmes en seroient jalouses. ».

La femme consent à ce que désire l'abbé : son mari, endormi par un narcotique, est transporté au couvent, et l'on devine facilement le dénoûment de cette nouvelle, qui n'a plus aucun rapport avec LE TARTUFFE.

La singulière présence d'esprit de l'imposteur, qui, lorsque Damis l'accuse de convoiter la femme d'Orgon, s'avoue coupable de tous les crimes, est imitée d'une nouvelle de Scarron intitulée : LES HYPOCRITES. Il est nécessaire de donner une idée de l'épisode de cette nouvelle où se trouve cet excellent passage.

Montufar, aventurier espagnol, se trouve lié avec deux filles, Hélène et Mendez, l'une jeune et jolie, l'autre vieille. Après avoir épuisé dans plusieurs villes leur savoir-faire, ils viennent prendre à Séville le masque de la piété. Montufar, revêtu d'une soutane, fait passer Hélène pour sa sœur et Mendez pour sa mère. Tous trois multiplient les actes de dévotion, vont voir les prisonniers, les servent avec zèle, et se font remarquer par leur exactitude aux offices. On les croit

---

io vi darò, faccendo vi la notte compagnia quelle consolazioni che vi dovrebbe dare egli; nè mai di questo persona alcuna s'accorgerà, credendo ciascun di me quello e piu che voi poco avanti ne credevate. Non rifiutate la grazia che Iddio vi manda, che assai sono di quelle che quella desiderano.

des saints; le peuple les suit; les grands les recherchent; ils sont l'objet de l'admiration publique.

Cependant un gentilhomme, ancien amant d'Hélène, et connoissant parfaitement Montufar, vient à Séville pour ses affaires : il rencontre à la porte d'une église l'hypocrite dont le peuple s'empressoit de baiser les habits. Indigné de cette nouvelle manière de faire des dupes, il aborde Montufar, lui rappelle son ancienne conduite, et le frappe. Aussitôt le peuple se soulève contre le gentilhomme, qu'il regarde comme un sacrilége. On le renverse, on l'outrage, et sa vie est en danger. Montufar, qui ne perd pas la tête, profite de cette occasion pour augmenter sa réputation de sainteté. Il arrête le peuple, soustrait le gentilhomme à sa fureur, et, se prosternant comme Tartuffe, lorsqu'il dit :

Oui, mon frère, je suis un méchant, un coupable,

il parle ainsi au peuple :

« Oui, je suis le méchant, je suis le pécheur, je suis celui
« qui n'ai jamais rien fait d'agréable aux yeux de Dieu. Pensez-
« vous, parce que vous m'avez vu vêtu en homme de bien,
« que je n'aie pas été toute ma vie un larron, le scandale des
« autres, et la perdition de moi-même? Vous êtes trompés,
« mes frères, faites-moi le but de vos injures et de vos pierres,
« et tirez sur moi vos épées. »

Le peuple, comme Orgon, se passionne davantage pour Montufar : il n'ajoute aucune foi aux accusations dirigées contre lui, et les regarde comme d'horribles calomnies. Le gentilhomme lui-même se retire confus, et n'ose plus se montrer.

On se rappelle que, dans la cinquième scène du second acte du TARTUFFE, le poëte s'étend beaucoup sur la sensualité

SUR LE TARTUFFE.

et l'excessive recherche des faux dévots. Il est à croire que l'idée de cette peinture lui a été aussi fournie par Scarron, qui, dans la nouvelle des Hypocrites, trace d'une manière très-comique le genre de vie de Montufar et des deux filles :

« Leurs lits, dit-il, fort simples, n'étoient le jour couverts « que de nattes, et la nuit de tout ce qu'il falloit pour dormir « délicieusement. Leur porte, en hiver, se fermoit à cinq « heures, en été à sept, avec autant de ponctualité qu'en un « couvent bien réglé : alors les broches tournoient, la casso- « lette s'allumoit, le gibier se rôtissoit, le couvert se mettoit « bien propre; et l'hypocrite triumvirat mangeoit de grande « force, et buvoit valeureusement à la santé de ses dupes. « Montufar et Hélène couchoient ensemble, de peur des es- « prits, et leur valet et leur servante, qui étoient de même « complexion, les imitoient en leur façon de passer la nuit. Il « ne faut pas demander s'ils avoient de l'embonpoint menant « une si bonne vie. Chacun en bénissoit le Seigneur, et ne « pouvoit trop s'étonner de ce que des gens qui vivoient si aus- « tèrement avoient meilleur visage que ceux qui vivoient dans « le luxe et dans l'abondance. »

Ces hypocrites ne tardent pas à être démasqués, mais d'une manière différente de celle qui prépare la punition de Tartuffe.

La réponse continuelle que fait Orgon aux détails que lui donne Dorine sur la vie de Tartuffe pendant son absence, a été fournie à Molière par Louis XIV. Ce prince, en 1662, étoit à la tête d'une armée campée en Lorraine : l'évêque de Rhodez, son ancien précepteur, se trouva près de lui au moment du souper. La journée ayant été pénible, le roi invita l'évêque à prendre quelque nourriture. « Je ne ferai qu'une collation, répondit le prélat, parce que c'est aujourd'hui vigile et jeûne; ». et il se retira. Quelques courtisans avoient ri de cette réponse; et Louis XIV voulut savoir pourquoi. Alors on lui raconta en détail comment se nourrissoit habituellement cet évêque, qui n'étoit rien moins que sobre. A chaque plat excellent qu'on nommoit, le roi s'écrioit : *Le pauvre homme!* Molière, qui étoit du voyage, fut témoin de cette scène, et en tira parti.

On vient de voir que Molière n'a emprunté à quelques auteurs qu'un petit nombre de détails, et qu'il a su parfaitement se les approprier. L'ensemble de ce bel ouvrage lui appartient, ainsi que la conception de tous les caractères, et la manière dont ils sont mis en jeu. Cette comédie est la mieux intriguée, la plus habilement conduite, et peut-être la mieux écrite de toutes ses pièces. La curiosité est excitée dès les premières scènes, et l'intérêt est porté très-loin à la fin du quatrième acte. Le dénoûment a été mal à propos critiqué : c'étoit le seul praticable; il étoit indiqué par le sujet; et la surprise qu'il cause contribue à l'effet, loin de l'affoiblir. Je ne parlerai ici ni de l'espèce de gens que Molière a voulu peindre dans ce chef-d'œuvre, ni des rapports qu'il peut avoir avec les mœurs du temps. Ces détails se trouvent dans le Discours préliminaire.

AMPHITRYON,

COMÉDIE

EN TROIS ACTES ET EN VERS LIBRES,

Représentée à Paris, sur le théâtre du Palais-Royal, le 12 janvier 1668.

A SON ALTESSE SÉRÉNISSIME

MONSEIGNEUR

LE PRINCE.

Monseigneur,

N'en déplaise à nos beaux esprits, je ne vois rien de plus ennuyeux que les épîtres dédicatoires; et votre altesse sérénissime trouvera bon, s'il lui plaît, que je ne suive point ici le style de ces messieurs-là, et refuse de me servir de deux ou trois misérables pensées qui ont été tournées et retournées tant de fois, qu'elles sont usées de tous les côtés. Le nom du grand Condé est un nom trop glorieux pour le traiter comme on fait tous les autres noms. Il ne faut l'appliquer, ce nom illustre, qu'à des emplois qui soient dignes de lui; et, pour dire de belles choses, je voudrois parler de le mettre à la tête d'une armée plutôt qu'à la tête d'un livre; et je conçois bien mieux ce qu'il est capable de faire en l'opposant aux forces des ennemis de cet État, qu'en l'opposant à la critique des ennemis d'une comédie.

Ce n'est pas, Monseigneur, que la glorieuse approbation de V. A. S. ne fût une puissante protection pour toutes ces sortes d'ouvrages, et qu'on ne soit persuadé des lumières de votre esprit autant que de l'intrépidité de votre cœur et de la grandeur de votre âme. On sait par toute la terre que l'éclat de votre mérite n'est point renfermé dans les bornes de cette valeur indomtable qui se fait des adorateurs chez ceux mêmes qu'elle surmonte; qu'il s'étend, ce mérite, jusqu'aux connoissances les plus fines et les plus relevées; et que les décisions de votre jugement sur tous les ouvrages d'esprit ne manquent point d'être suivies par le sentiment des plus délicats. Mais on sait aussi, Monseigneur, que toutes ces glorieuses approbations dont nous nous vantons au public ne nous coûtent rien à faire imprimer, et que ce sont des choses dont nous disposons comme nous voulons. On sait, dis-je, qu'une épître dédicatoire dit tout ce qu'il lui plaît, et qu'un auteur est en pouvoir d'aller saisir les personnes les plus augustes, et de parer de leurs grands noms les premiers feuillets de son livre; qu'il a la liberté de s'y donner, autant qu'il le veut, l'honneur de leur estime, et se faire des protecteurs qui n'ont jamais songé à l'être.

Je n'abuserai jamais, Monseigneur, ni de votre nom, ni de vos bontés, pour combattre les censeurs de l'*Amphitryon*, et m'attribuer une gloire que je n'ai peut-être pas méritée; et je ne prends la liberté de vous offrir ma comédie que pour avoir lieu de vous dire que je regarde incessamment avec une profonde vénération les grandes qualités que vous joignez au sang auguste dont vous tenez le jour, et que je suis, Monseigneur, avec tout le respect possible et tout le zèle imaginable,

DE VOTRE ALTESSE SÉRÉNISSIME

le très-humble, très-obéissant
et très-obligé serviteur,

MOLIÈRE.

PERSONNAGES DU PROLOGUE.

MERCURE.
LA NUIT.

PERSONNAGES DE LA COMÉDIE.

JUPITER, sous la figure d'Amphitryon.
MERCURE, sous la figure de Sosie.
AMPHITRYON, général des Thébains.
ALCMÈNE, femme d'Amphitryon.
CLÉANTHIS, suivante d'Alcmène, et femme de Sosie.
ARGATIPHONTIDAS,
NAUCRATÈS,
POLIDAS,   } capitaines thébains.
PAUSICLÈS,
SOSIE, valet d'Amphitryon.

La scène est à Thèbes, dans le palais d'Amphitryon.

PROLOGUE.

MERCURE, *sur un nuage;* LA NUIT, *dans un char traîné dans l'air par deux chevaux.*

MERCURE.

Tout beau, charmante Nuit, daignez vous arrêter
Il est certain secours que de vous on désire;
  Et j'ai deux mots à vous dire
  De la part de Jupiter.

LA NUIT.

  Ah! ah! c'est vous, seigneur Mercure!
Qui vous eût deviné là dans cette posture?

MERCURE.

Ma foi, me trouvant las pour ne pouvoir fournir
Aux différents emplois où Jupiter m'engage,
Je me suis doucement assis sur ce nuage
  Pour vous attendre venir.

LA NUIT.

Vous vous moquez, Mercure, et vous n'y songez pas:
Sied-il bien à des dieux de dire qu'ils sont las?

MERCURE.

Les dieux sont-ils de fer?

LA NUIT.

     Non, mais il faut sans cesse
Garder le décorum de la divinité.
Il est de certains mots dont l'usage rabaisse
  Cette sublime qualité,
  Et que, pour leur indignité,
  Il est bon qu'aux hommes on laisse.

PROLOGUE.

MERCURE.

A votre aise vous en parlez;
Et vous avez, la belle, une chaise roulante
Où, par deux bons chevaux, en dame nonchalante,
Vous vous faites traîner partout où vous voulez.
    Mais de moi ce n'est pas de même :
Et je ne puis vouloir, dans mon destin fatal,
    Aux poëtes assez de mal,
    De leur impertinence extrême,
    D'avoir, par une injuste loi
    Dont on veut maintenir l'usage,
    A chaque dieu, dans son emploi,
    Donné quelque allure en partage,
    Et de me laisser à pied, moi,
    Comme un messager de village;
Moi qui suis, comme on sait, en terre et dans les cieux,
Le fameux messager du souverain des dieux;
    Et qui, sans rien exagérer,
    Par tous les emplois qu'il me donne,
    Aurois besoin plus que personne
    D'avoir de quoi me voiturer.

LA NUIT.

Que voulez-vous faire à cela?
Les poëtes font à leur guise.
Ce n'est pas la seule sottise
Qu'on voit faire à ces messieurs-là.
Mais contre eux toutefois votre âme à tort s'irrite,
Et vos ailes aux pieds sont un don de leurs soins.

MERCURE.

Oui; mais pour aller plus vite,
Est-ce qu'on s'en lasse moins?

LA NUIT.

Laissons cela, seigneur Mercure,
Et sachons ce dont il s'agit.

PROLOGUE.

MERCURE.

C'est Jupiter, comme je vous l'ai dit,
Qui de votre manteau veut la faveur obscure
  Pour certaine douce aventure
  Qu'un nouvel amour lui fournit.
Ses pratiques, je crois, ne vous sont pas nouvelles :
Bien souvent pour la terre il néglige les cieux;
Et vous n'ignorez pas que ce maître des dieux
Aime à s'humaniser pour des beautés mortelles,
  Et sait cent tours ingénieux
  Pour mettre à bout les plus cruelles.
 Des yeux d'Alcmène il a senti les coups;
Et tandis qu'au milieu des béotiques plaines
  Amphitryon, son époux,
  Commande aux troupes thébaines,
Il en a pris la forme, et reçoit là-dessous
  Un soulagement à ses peines
Dans la possession des plaisirs les plus doux.
L'état des mariés à ses feux est propice :
L'hymen ne les a joints que depuis quelques jours;
Et la jeune chaleur de leurs tendres amours
A fait que Jupiter à ce bel artifice
  S'est avisé d'avoir recours.
Son stratagème ici se trouve salutaire :
  Mais près de maint objet chéri
Pareil déguisement seroit pour ne rien faire;
Et ce n'est pas partout un bon moyen de plaire,
  Que la figure d'un mari.

LA NUIT.

J'admire Jupiter, et je ne comprends pas
Tous les déguisements qui lui viennent en tête.

MERCURE.

Il veut goûter par-là toutes sortes d'états;
 Et c'est agir en dieu qui n'est pas bête

Dans quelque rang qu'il soit des mortels regardé,
    Je le tiendrois fort misérable
S'il ne quittoit jamais sa mine redoutable,
    Et qu'au faîte des cieux il fût toujours guindé.
Il n'est point, à mon gré, de plus sotte méthode
Que d'être emprisonné toujours dans sa grandeur;
Et surtout aux transports de l'amoureuse ardeur
La haute qualité devient fort incommode.
Jupiter, qui, sans doute, en plaisirs se connoît,
Sait descendre du haut de sa gloire suprême;
    Et pour entrer dans tout ce qui lui plaît
        Il sort tout-à-fait de lui-même,
Et ce n'est plus alors Jupiter qui paroît.

LA NUIT.

Passe encor de le voir de ce sublime étage
        Dans celui des hommes venir,
Prendre tous les transports que leur cœur peut fournir,
        Et se faire à leur badinage,
Si, dans les changements où son humeur l'engage,
A la nature humaine il s'en vouloit tenir.
        Mais de voir Jupiter taureau,
    Serpent, cygne, ou quelque autre chose,
        Je ne trouve point cela beau,
Et ne m'étonne pas si parfois on en cause.

MERCURE.

    Laissons dire tous les censeurs :
    Tels changements ont leurs douceurs
    Qui passent leur intelligence.
Ce dieu sait ce qu'il fait aussi-bien là qu'ailleurs;
Et dans les mouvements de leurs tendres ardeurs
Les bêtes ne sont pas si bêtes que l'on pense.

LA NUIT.

Revenons à l'objet dont il a les faveurs.

PROLOGUE.

Si par son stratagème il voit sa flamme heureuse,
Que peut-il souhaiter, et qu'est-ce que je puis ?

MERCURE.

Que vos chevaux par vous au petit pas réduits,
Pour satisfaire aux vœux de son âme amoureuse,
    D'une nuit si délicieuse
    Fassent la plus longue des nuits ;
Qu'à ses transports vous donniez plus d'espace,
Et retardiez la naissance du jour
    Qui doit avancer le retour
    De celui dont il tient la place.

LA NUIT.

    Voilà sans doute un bel emploi
    Que le grand Jupiter m'apprête !
    Et l'on donne un nom fort honnête
    Au service qu'il veut de moi !

MERCURE.

    Pour une jeune déesse,
    Vous êtes bien du bon temps !
    Un tel emploi n'est bassesse
    Que chez les petites gens.
Lorsque dans un haut rang on a l'heur de paroître,
    Tout ce qu'on fait est toujours bel et bon ;
    Et suivant ce qu'on peut être
    Les choses changent de nom.

LA NUIT.

    Sur de pareilles matières
    Vous en savez plus que moi ;
    Et pour accepter l'emploi
    J'en veux croire vos lumières.

MERCURE.

Hé ! là, là, madame la Nuit,
Un peu doucement, je vous prie ;

Vous avez dans le monde un bruit[1]
De n'être pas si renchérie.
On vous fait confidente, en cent climats divers,
De beaucoup de bonnes affaires;
Et je crois, à parler à sentiments ouverts,
Que nous ne nous en devons guères.

LA NUIT.

Laissons ces contrariétés,
Et demeurons ce que nous sommes.
N'apprêtons point à rire aux hommes
En nous disant nos vérités.

MERCURE.

Adieu. Je vais là-bas, dans ma commission,
Dépouiller promptement la forme de Mercure,
Pour y vêtir la figure
Du valet d'Amphitryon.

LA NUIT.

Moi, dans cet hémisphère, avec ma suite obscure,
Je vais faire une station.

MERCURE.

Bonjour, la Nuit.

LA NUIT.

Adieu, Mercure.

(Mercure descend de son nuage, et la Nuit traverse le théâtre.)

---

[1] *Vous avez un bruit*, vous avez la réputation.

AMPHITRYON.

ACTE PREMIER.

SCÈNE I.

SOSIE.

Qui va là? Hé! ma peur à chaque pas s'accroît!
    Messieurs, ami de tout le monde.
    Ah! quelle audace sans seconde
    De marcher à l'heure qu'il est!
    Que mon maître, couvert de gloire,
    Me joue ici d'un vilain tour!
Quoi! si pour son prochain il avoit quelque amour,
M'auroit-il fait partir par une nuit si noire?
Et, pour me renvoyer annoncer son retour
    Et le détail de sa victoire,
Ne pouvoit-il pas bien attendre qu'il fût jour?
    Sosie, à quelle servitude
    Tes jours sont-ils assujettis!
    Notre sort est beaucoup plus rude
    Chez les grands que chez les petits.
Ils veulent que pour eux tout soit, dans la nature,
    Obligé de s'immoler.
Jour et nuit, grêle, vent, péril, chaleur, froidure,

Dès qu'ils parlent, il faut voler.
Vingt ans d'assidu service
N'en obtiennent rien pour nous :
Le moindre petit caprice
Nous attire leur courroux.
Cependant notre âme insensée
S'acharne au vain honneur de demeurer près d'eux,
Et s'y veut contenter de la fausse pensée
Qu'ont tous les autres gens que nous sommes heureux.
Vers la retraite en vain la raison nous appelle,
En vain notre dépit quelquefois y consent;
Leur vue a sur notre zèle
Un ascendant trop puissant,
Et la moindre faveur d'un coup d'œil caressant
Nous rengage de plus belle.
Mais enfin, dans l'obscurité,
Je vois notre maison, et ma frayeur s'évade.
Il me faudroit, pour l'ambassade,
Quelque discours prémédité.
Je dois aux yeux d'Alcmène un portrait militaire
Du grand combat qui met nos ennemis à bas;
Mais comment diantre le faire,
Si je ne m'y trouvai pas?
N'importe, parlons-en et d'estoc et de taille,
Comme oculaire témoin.
Combien de gens font-ils des récits de bataille
Dont ils se sont tenus loin!
Pour jouer mon rôle sans peine,

ACTE I, SCÈNE I.

Je le veux un peu repasser.
Voici la chambre où j'entre en courrier que l'on mène;
 Et cette lanterne est Alcmène,
 A qui je me dois adresser.
(Sosie pose sa lanterne à terre.)

Madame, Amphitryon, mon maître et votre époux...
(Bon! beau début!) l'esprit toujours plein de vos charmes,
 M'a voulu choisir entre tous
Pour vous donner avis du succès de ses armes,
Et du désir qu'il a de se voir près de vous.
 « Ah! vraiment, mon pauvre Sosie,
 « A te revoir j'ai de la joie au cœur. »
 Madame, ce m'est trop d'honneur,
 Et mon destin doit faire envie.
(Bien répondu!) « Comment se porte Amphitryon? »
 Madame, en homme de courage,
Dans les occasions où la gloire l'engage.
 (Fort bien! belle conception!)
 « Quand viendra-t-il, par son retour charmant,
 « Rendre mon âme satisfaite? »
Le plus tôt qu'il pourra, madame, assurément,
 Mais bien plus tard que son cœur ne souhaite.
(Ah!) « Mais quel est l'état où la guerre l'a mis? »
« Que dit-il? que fait-il? Contente un peu mon âme. »
 Il dit moins qu'il ne fait, madame,
 Et fait trembler les ennemis.
(Peste! où prend mon esprit toutes ces gentillesses?)
« Que font les révoltés? dis-moi, quel est leur sort? »

Ils n'ont pu résister, madame, à notre effort;
 Nous les avons taillés en pièces,
 Mis Ptérélas leur chef à mort,
Pris Télèbe d'assaut; et déjà dans le port
 Tout retentit de nos prouesses.
« Ah! quel succès! ô dieux! Qui l'eût pu jamais croire:
« Raconte-moi, Sosie, un tel événement. »
Je le veux bien, madame; et, sans m'enfler de gloire,
 Du détail de cette victoire
 Je puis parler très-savamment.
 Figurez-vous donc que Télèbe,
  Madame, est de ce côté;
   (Sosie marque les lieux sur sa main.)
 C'est une ville, en vérité,
 Aussi grande quasi que Thèbe.
  La rivière est comme là.
 Ici nos gens se campèrent;
 Et l'espace que voilà,
 Nos ennemis l'occupèrent.
 Sur un haut, vers cet endroit,
  Étoit leur infanterie;
 Et plus bas, du côté droit,
  Étoit la cavalerie.
Après avoir aux dieux adressé les prières,
Tous les ordres donnés, on donne le signal:
Les ennemis, pensant nous tailler des croupières,[1]

---

[1] *Tailler des croupières à quelqu'un,* expression populaire, *poursuivre quelqu'un vivement.*

ACTE I, SCÈNE I.

Firent trois pelotons de leurs gens à cheval;
Mais leur chaleur par nous fut bientôt réprimée,
Et vous allez voir comme quoi.
Voilà notre avant-garde à bien faire animée;
Là, les archers de Créon, notre roi;
Et voici le corps d'armée,
(On fait un peu de bruit.)
Qui d'abord... Attendez, le corps d'armée a peur;
J'entends quelque bruit, ce me semble.

SCÈNE II.

MERCURE, SOSIE.

MERCURE, sous la figure de Sosie, sortant de la maison d'Amphitryon.

Sous ce minois qui lui ressemble,
Chassons de ces lieux ce causeur,
Dont l'abord importun troubleroit la douceur
Que nos amants goûtent ensemble.

SOSIE, sans voir Mercure.

Mon cœur tant soit peu se rassure,
Et je pense que ce n'est rien.
Crainte pourtant de sinistre aventure,
Allons chez nous achever l'entretien.

MERCURE, à part.

Tu seras plus fort que Mercure,
Ou je t'en empêcherai bien.

SOSIE, sans voir Mercure.

Cette nuit en longueur me semble sans pareille.

Il faut, depuis le temps que je suis en chemin,
Ou que mon maître ait pris le soir pour le matin,
Ou que trop tard au lit le blond Phébus sommeille,
    Pour avoir trop pris de son vin.

MERCURE, à part.

    Comme avec irrévérence
    Parle des dieux ce maraud !
    Mon bras saura bien tantôt
    Châtier cette insolence ;
Et je vais m'égayer avec lui comme il faut,
En lui volant son nom avec sa ressemblance.

SOSIE, apercevant Mercure d'un peu loin.

    Ah ! par ma foi, j'avois raison :
C'est fait de moi, chétive créature !
    Je vois devant notre maison
    Certain homme dont l'encolure
    Ne me présage rien de bon.
    Pour faire semblant d'assurance,
    Je veux chanter un peu d'ici.

(Il chante.)

MERCURE.

Qui donc est ce coquin qui prend tant de licence
    Que de chanter et m'étourdir ainsi ?

(A mesure que Mercure parle, la voix de Sosie s'affoiblit peu à peu.)

Veut-il qu'à l'étriller ma main un peu s'applique ?

SOSIE, à part.

Cet homme assurément n'aime pas la musique.

ACTE I, SCÈNE II.

MERCURE.

Depuis plus d'une semaine
Je n'ai trouvé personne à qui rompre les os ;
La vigueur de mon bras se perd dans le repos ;
    Et je cherche quelque dos
    Pour me remettre en haleine.

SOSIE, à part.

    Quel diable d'homme est-ce ci !
De mortelles frayeurs je sens mon âme atteinte.
    Mais pourquoi trembler tant, aussi ?
Peut-être a-t-il dans l'âme autant que moi de crainte,
    Et que le drôle parle ainsi
Pour me cacher sa peur sous une audace feinte.
Oui, oui, ne souffrons point qu'on nous croie un oison :
Si je ne suis hardi, tâchons de le paroître.
    Faisons-nous du cœur par raison :
Il est seul, comme moi ; je suis fort ; j'ai bon maître ;
    Et voilà notre maison.

MERCURE.

Qui va là ?

SOSIE.

Moi.

MERCURE.

Qui moi ?

SOSIE.

(à part.)
Moi. Courage, Sosie!

MERCURE.

Quel est ton sort? dis-moi.

SOSIE.

D'être homme, et de parler.

MERCURE.

Es-tu maître, ou valet?

SOSIE.

Comme il me prend envie.

MERCURE.

Où s'adressent tes pas?

SOSIE.

Où j'ai dessein d'aller.

MERCURE.

Ah! ceci me déplaît.

SOSIE.

J'en ai l'âme ravie.

MERCURE.

Résolument, par force ou par amour,
Je veux savoir de toi, traître,
Ce que tu fais, d'où tu viens avant jour,
Où tu vas, à qui tu peux être.

SOSIE.

Je fais le bien et le mal tour à tour;
Je viens de là, vais là; j'appartiens à mon maître.

MERCURE.

Tu montres de l'esprit, et je te vois en train
De trancher avec moi de l'homme d'importance.

ACTE I, SCÈNE II.

Il me prend un désir, pour faire connoissance,
  De te donner un soufflet de ma main.

SOSIE.

A moi-même ?

MERCURE.

    A toi-même, et t'en voilà certain.
    (Mercure donne un soufflet à Sosie.)

SOSIE.

Ah! ah! c'est tout de bon.

MERCURE.

      Non, ce n'est que pour rire,
Et répondre à tes quolibets.

SOSIE.

Tu-dieu! l'ami, sans vous rien dire,
Comme vous baillez des soufflets!

MERCURE.

Ce sont là de mes moindres coups,
De petits soufflets ordinaires.

SOSIE.

Si j'étois aussi prompt que vous,
Nous ferions de belles affaires.

MERCURE.

Nous verrons bien autre chose;
Tout cela n'est encor rien.
Pour y faire quelque pause,
Poursuivons notre entretien.

SOSIE.

Je quitte la partie.

(Sosie veut s'en aller.)

MERCURE, arrêtant Sosie.

Où vas-tu?

SOSIE.

Que t'importe?

MERCURE.

Je veux savoir où tu vas.

SOSIE.

Me faire ouvrir cette porte.
Pourquoi retiens-tu mes pas?

MERCURE.

Si jusqu'à l'approcher tu pousses ton audace,
Je fais sur toi pleuvoir un orage de coups.

SOSIE.

Quoi! tu veux, par ta menace,
M'empêcher d'entrer chez nous?

MERCURE.

Comment! chez nous?

SOSIE.

Oui, chez nous.

MERCURE.

O le traître!
Tu te dis de cette maison?

SOSIE.

Fort bien. Amphitryon n'en est-il pas le maître?

MERCURE.

Hé bien! que fait cette raison?

SOSIE.

Je suis son valet.

MERCURE.

Toi?

SOSIE.

Moi.

MERCURE.

Son valet?

SOSIE.

Sans doute.

MERCURE.

Valet d'Amphitryon?

SOSIE.

D'Amphitryon, de lui.

MERCURE.

Ton nom est?...

SOSIE.

Sosie.

MERCURE.

Hé! comment?

SOSIE.

Sosie.

MERCURE.

Écoute.
Sais-tu que de ma main je t'assomme aujourd'hui?

SOSIE.

Pourquoi? De quelle rage est ton âme saisie?

MERCURE.

Qui te donne, dis-moi, cette témérité
 De prendre le nom de Sosie?

SOSIE.

Moi, je ne le prends point, je l'ai toujours porté.

MERCURE.

O le mensonge horrible, et l'impudence extrême!
Tu m'oses soutenir que Sosie est ton nom?

SOSIE.

Fort bien, je le soutiens; par la grande raison
Qu'ainsi l'a fait des dieux la puissance suprême;
Et qu'il n'est pas en moi de pouvoir dire non,
 Et d'être un autre que moi-même.

MERCURE.

Mille coups de bâton doivent être le prix
 D'une pareille effronterie.

SOSIE, battu par Mercure.

Justice, citoyens! Au secours, je vous prie!

MERCURE.

Comment! bourreau, tu fais des cris!

SOSIE.

De mille coups tu me meurtris,
Et tu ne veux pas que je crie?

MERCURE.

C'est ainsi que mon bras...

SOSIE.

L'action ne vaut rien.
Tu triomphes de l'avantage
Que te donne sur moi mon manque de courage;
Et ce n'est pas en user bien.
C'est pure fanfaronnerie
De vouloir profiter de la poltronnerie
De ceux qu'attaque notre bras.
Battre un homme à jeu sûr n'est pas d'une belle âme;
Et le cœur est digne de blâme
Contre les gens qui n'en ont pas.

MERCURE.

Hé bien! es-tu Sosie à présent? qu'en dis-tu?

SOSIE.

Tes coups n'ont point en moi fait de métamorphose;
Et tout le changement que je trouve à la chose,
C'est d'être Sosie battu.

MERCURE, menaçant Sosie.

Encor! Cent autres coups pour cette autre impudence.

SOSIE.

De grâce, fais trêve à tes coups.

MERCURE.

Fais donc trêve à ton insolence.

SOSIE.

Tout ce qu'il te plaira; je garde le silence.
La dispute est par trop inégale entre nous.

MERCURE.

Es-tu Sosie encor? dis, traître!

SOSIE.

Hélas! je suis ce que tu veux :
Dispose de mon sort tout au gré de tes vœux;
Ton bras t'en a fait le maître.

MERCURE.

Ton nom étoit Sosie, à ce que tu disois?

SOSIE.

Il est vrai, jusqu'ici j'ai cru la chose claire;
Mais ton bâton sur cette affaire
M'a fait voir que je m'abusois.

MERCURE.

C'est moi qui suis Sosie, et tout Thèbes l'avoue:
Amphitryon jamais n'en eut d'autre que moi.

SOSIE.

Toi, Sosie?

MERCURE.

Oui, Sosie; et si quelqu'un s'y joue,
Il peut bien prendre garde à soi.

SOSIE, à part.

Ciel! me faut-il ainsi renoncer à moi-même,
Et par un imposteur me voir voler mon nom?
Que son bonheur est extrême
De ce que je suis poltron!
Sans cela, par la mort...

MERCURE.

Entre tes dents, je pense,
Tu murmures je ne sais quoi.

ACTE I, SCENE II.

SOSIE.

Non. Mais, au nom des dieux, donne-moi la licence
De parler un moment à toi.

MERCURE.

Parle.

SOSIE.

Mais promets-moi, de grâce,
Que les coups n'en seront point.
Signons une trêve.

MERCURE.

Passe :
Va, je t'accorde ce point.

SOSIE.

Qui te jette, dis-moi, dans cette fantaisie?
Que te reviendra-t-il de m'enlever mon nom?
Et peux-tu faire enfin, quand tu serois démon,
Que je ne sois pas moi, que je ne sois Sosie?

MERCURE, levant le bâton sur Sosie.

Comment! tu peux...?

SOSIE.

Ah! tout doux :
Nous avons fait trêve aux coups.

MERCURE.

Quoi! pendard, imposteur, coquin...

SOSIE.

Pour des injures,
Dis-m'en tant que tu voudras;

Ce sont légères blessures,
Et je ne m'en fâche pas.

MERCURE.

Tu te dis Sosie?

SOSIE.

Oui. Quelque conte frivole...

MERCURE.

Sus, je romps notre trêve, et reprends ma parole.

SOSIE.

N'importe. Je ne puis m'anéantir pour toi,
Et souffrir un discours si loin de l'apparence.
Être ce que je suis est-il en ta puissance?
Et puis-je cesser d'être moi?
S'avisa-t-on jamais d'une chose pareille?
Et peut-on démentir cent indices pressants?
Rêvé-je? Est-ce que je sommeille?
Ai-je l'esprit troublé par des transports puissants?
Ne sens-je pas bien que je veille?
Ne suis-je pas dans mon bon sens?
Mon maître Amphitryon ne m'a-t-il pas commis
A venir en ces lieux vers Alcmène sa femme?
Ne lui dois-je pas faire, en lui vantant sa flamme,
Un récit de ses faits contre nos ennemis?
Ne suis-je pas du port arrivé tout à l'heure?
Ne tiens-je pas une lanterne en main?
Ne te trouvé-je pas devant notre demeure?
Ne t'y parlé-je pas d'un esprit tout humain?
Ne te tiens-tu pas fort de ma poltronnerie?

ACTE I, SCÈNE II.

Pour m'empêcher d'entrer chez nous,
N'as-tu pas sur mon dos exercé ta furie?
Ne m'as-tu pas roué de coups?
Ah! tout cela n'est que trop véritable :
Et, plût au ciel, le fût-il moins!
Cesse donc d'insulter au sort d'un misérable;
Et laisse à mon devoir s'acquitter de ses soins.

MERCURE.

Arrête, ou sur ton dos le moindre pas attire
Un assommant éclat de mon juste courroux.
Tout ce que tu viens de dire
Est à moi, hormis les coups.

SOSIE.

Ce matin du vaisseau, plein de frayeur en l'âme,
Cette lanterne sait comme je suis parti.
Amphitryon, du camp, vers Alcmène sa femme
M'a-t-il pas envoyé?

MERCURE.

Vous en avez menti.
C'est moi qu'Amphitryon députe vers Alcmène,
Et qui du port persique arrive de ce pas;
Moi, qui viens annoncer la valeur de son bras
Qui nous fait remporter une victoire pleine,
Et de nos ennemis a mis le chef à bas.
C'est moi qui suis Sosie enfin, de certitude,
Fils de Dave, honnête berger,
Frère d'Arpage, mort en pays étranger,
Mari de Cléanthis la prude

Dont l'humeur me fait enrager,
Qui dans Thèbe ai reçu mille coups d'étrivière
    Sans en avoir jamais dit rien,
Et jadis en public fus marqué par derrière
    Pour être trop homme de bien.

SOSIE, bas, à part.

Il a raison. A moins d'être Sosie,
    On ne peut pas savoir tout ce qu'il dit;
Et, dans l'étonnement dont mon âme est saisie,
Je commence, à mon tour, à le croire un petit.[1]
En effet, maintenant que je le considère,
Je vois qu'il a de moi taille, mine, action.
    Faisons-lui quelque question,
    Afin d'éclaircir ce mystère.

(haut.)

Parmi tout le butin fait sur nos ennemis,
Qu'est-ce qu'Amphitryon obtint pour son partage?

MERCURE.

Cinq fort gros diamants en nœud proprement mis,
Dont leur chef se paroit comme d'un rare ouvrage.

SOSIE.

A qui destine-t-il un si riche présent?

MERCURE.

A sa femme; et sur elle il le veut voir paroître.

SOSIE.

Mais où, pour l'apporter, est-il mis à présent?

---

[1] *Un petit*, pour, *un peu.*

ACTE I, SCÈNE II.

MERCURE.

Dans un coffre scellé des armes de mon maître.

SOSIE, à part.

Il ne ment pas d'un mot à chaque repartie;
Et de moi je commence à douter tout de bon.
Près de moi par la force il est déjà Sosie;
Il pourroit bien encore l'être par la raison.
Pourtant, quand je me tâte, et que je me rappelle,
　Il me semble que je suis moi.
Où puis-je rencontrer quelque clarté fidèle
　Pour démêler ce que je vois?
Ce que j'ai fait tout seul, et que n'a vu personne,
A moins d'être moi-même, on ne le peut savoir.
Par cette question il faut que je l'étonne;
C'est de quoi le confondre; et nous allons le voir.
　(haut.)
Lorsqu'on étoit aux mains, que fis-tu dans nos tentes,
　Où tu courus seul te fourrer?

MERCURE.

D'un jambon...

SOSIE, bas, à part.

　L'y voilà!

MERCURE.

　　　　Que j'allai déterrer
Je coupai bravement deux tranches succulentes,
　Dont je sus fort bien me bourrer.
Et joignant à cela d'un vin que l'on ménage,
Et dont, avant le goût, les yeux se contentoient,

Je pris un peu de courage
Pour nos gens qui se battoient.

SOSIE, bas, à part.
Cette preuve sans pareille
En sa faveur conclut bien ;
Et l'on n'y peut dire rien,
S'il n'étoit dans la bouteille.
(haut.)
Je ne saurois nier aux preuves qu'on m'expose,
Que tu ne sois Sosie, et j'y donne ma voix.
Mais si tu l'es, dis-moi qui tu veux que je sois ?
Car encor faut-il bien que je sois quelque chose.

MERCURE.
Quand je ne serai plus Sosie,
Sois-le, j'en demeure d'accord :
Mais tant que je le suis, je te garantis mort,
Si tu prends cette fantaisie.

SOSIE.
Tout cet embarras met mon esprit sur les dents,
Et la raison à ce qu'on voit s'oppose.
Mais il faut terminer enfin par quelque chose :
Et le plus court pour moi, c'est d'entrer là-dedans.

MERCURE.
Ah! tu prends donc, pendard, goût à la bastonnade?

SOSIE, battu par Mercure.
Ah! qu'est-ce ci, grands dieux! il frappe un ton plus fort
Et mon dos pour un mois en doit être malade.

Laissons ce diable d'homme, et retournons au port.
O juste ciel! j'ai fait une belle ambassade!

MERCURE, seul.

Enfin je l'ai fait fuir; et, sous ce traitement,
De beaucoup d'actions il a reçu la peine.
Mais je vois Jupiter, que fort civilement
  Reconduit l'amoureuse Alcmène.

SCÈNE III.

JUPITER, SOUS LA FIGURE D'AMPHITRYON; ALCMÈNE, CLÉANTHIS, MERCURE.

JUPITER.

Défendez, chère Alcmène, aux flambeaux d'approcher.
Ils m'offrent des plaisirs en m'offrant votre vue;
Mais ils pourroient ici découvrir ma venue,
  Qu'il est à propos de cacher.
Mon amour, que gênoient tous ces soins éclatants
Où me tenoit lié la gloire de nos armes,
Aux devoirs de ma charge a volé les instants
  Qu'il vient de donner à vos charmes.
Ce vol qu'à vos beautés mon cœur a consacré
Pourroit être blâmé dans la bouche publique,
  Et j'en veux pour témoin unique
  Celle qui peut m'en savoir gré.

ALCMÈNE.

Je prends, Amphitryon, grande part à la gloire
Que répandent sur vous vos illustres exploits;
  Et l'éclat de votre victoire

AMPHITRYON.

Sait toucher de mon cœur les sensibles endroits
 Mais, quand je vois que cet honneur fatal
  Éloigne de moi ce que j'aime,
Je ne puis m'empêcher, dans ma tendresse extrême,
  De lui vouloir un peu de mal,
Et d'opposer mes vœux à cet ordre suprême
 Qui des Thébains vous fait le général.
C'est une douce chose, après une victoire,
Que la gloire où l'on voit ce qu'on aime élevé;
Mais parmi les périls mêlés à cette gloire,
Un triste coup, hélas! est bientôt arrivé.
De combien de frayeurs a-t-on l'âme blessée
  Au moindre choc dont on entend parler!
Voit-on, dans les horreurs d'une telle pensée,
  Par où jamais se consoler
  Du coup dont elle est menacée?
Et de quelque laurier qu'on couronne un vainqueur,
Quelque part que l'on ait à cet honneur suprême,
Vaut-il ce qu'il en coûte aux tendresses d'un cœur
Qui peut, à tout moment, trembler pour ce qu'il aime?

JUPITER.

Je ne vois rien en vous dont mon feu ne s'augmente;
Tout y marque à mes yeux un cœur bien enflammé:
Et c'est, je vous l'avoue, une chose charmante
De trouver tant d'amour dans un objet aimé.
Mais, si je l'ose dire, un scrupule me gêne
Aux tendres sentiments que vous me faites voir;
Et, pour les bien goûter, mon amour, chère Alcmène,

ACTE I, SCÈNE III.

Voudroit n'y voir entrer rien de votre devoir;
Qu'à votre seule ardeur, qu'à ma seule personne,
Je dusse les faveurs que je reçois de vous;
Et que la qualité que j'ai de votre époux
    Ne fût point ce qui me les donne.

ALCMÈNE.

C'est de ce nom pourtant que l'ardeur qui me brûle
    Tient le droit de paroître au jour;
Et je ne comprends rien à ce nouveau scrupule
    Dont s'embarrasse votre amour.

JUPITER.

Ah! ce que j'ai pour vous d'ardeur et de tendresse
    Passe aussi celle d'un époux;
Et vous ne savez pas, dans des moments si doux,
    Quelle en est la délicatesse.
Vous ne concevez point qu'un cœur bien amoureux
Sur cent petits égards s'attache avec étude,
    Et se fait une inquiétude
    De la manière d'être heureux.
    En moi, belle et charmante Alcmène,
Vous voyez un mari, vous voyez un amant;
Mais l'amant seul me touche, à parler franchement,
Et je sens, près de vous, que le mari le gêne.
Cet amant, de vos vœux jaloux au dernier point,
Souhaite qu'à lui seul votre cœur s'abandonne;
    Et sa passion ne veut point
    De ce que le mari lui donne.
Il veut de pure source obtenir vos ardeurs,

Et ne veut rien tenir des nœuds de l'hyménée,
Rien d'un fâcheux devoir qui fait agir les cœurs,
Et par qui tous les jours des plus chères faveurs
La douceur est empoisonnée.
Dans le scrupule enfin dont il est combattu,
Il veut, pour satisfaire à sa délicatesse,
Que vous le sépariez d'avec ce qui le blesse,
Que le mari ne soit que pour votre vertu,
Et que de votre cœur de bonté revêtu
L'amant ait tout l'amour et toute la tendresse.

ALCMÈNE.

Amphitryon, en vérité,
Vous vous moquez de tenir ce langage;
Et j'aurois peur qu'on ne vous crût pas sage,
Si de quelqu'un vous étiez écouté.

JUPITER.

Ce discours est plus raisonnable,
Alcmène, que vous ne pensez.
Mais un plus long séjour me rendroit trop coupable,
Et du retour au port les moments sont pressés.
Adieu. De mon devoir l'étrange barbarie
Pour un temps m'arrache de vous;
Mais, belle Alcmène, au moins, quand vous verrez l'époux,
Songez à l'amant, je vous prie.

ALCMÈNE.

Je ne sépare point ce qu'unissent les dieux;
Et l'époux et l'amant me sont fort précieux.

SCÈNE IV.
CLÉANTHIS, MERCURE.

CLÉANTHIS, à part.

O ciel! que d'aimables caresses
D'un époux ardemment chéri!
Et que mon traître de mari
Est loin de toutes ces tendresses!

MERCURE.

La Nuit, qu'il me faut avertir,
N'a plus qu'à plier tous ses voiles;
Et, pour effacer les étoiles,
Le soleil de son lit peut maintenant sortir.

CLÉANTHIS, arrêtant Mercure.

Quoi! c'est ainsi que l'on me quitte!

MERCURE.

Et comment donc? ne veux-tu pas
Que de mon devoir je m'acquitte,
Et que d'Amphitryon j'aille suivre les pas?

CLÉANTHIS.

Mais avec cette brusquerie,
Traître, de moi te séparer!

MERCURE.

Le beau sujet de fâcherie!
Nous avons tant de temps ensemble à demeurer!

CLÉANTHIS.

Mais quoi! partir ainsi d'une façon brutale,
Sans me dire un seul mot de douceur pour régale!

MERCURE.

Diantre! où veux-tu que mon esprit
T'aille chercher des fariboles?[1]
Quinze ans de mariage épuisent les paroles;
Et depuis un long temps nous nous sommes tout dit.

CLÉANTHIS.

Regarde, traître, Amphitryon;
Vois combien pour Alcmène il étale de flamme;
Et rougis, là-dessus, du peu de passion
Que tu témoignes pour ta femme.

MERCURE.

Hé! mon Dieu! Cléanthis, ils sont encore amants.
Il est certain âge où tout passe;
Et ce qui leur sied bien dans ces commencements,
En nous, vieux mariés, auroit mauvaise grâce.
Il nous feroit beau voir attachés face à face
A pousser les beaux sentiments!

CLÉANTHIS.

Quoi! suis-je hors d'état, perfide, d'espérer
Qu'un cœur auprès de moi soupire?

MERCURE.

Non, je n'ai garde de le dire;
Mais je suis trop barbon pour oser soupirer,
Et je ferois crever de rire.

CLÉANTHIS.

Mérites-tu, pendard, cet insigne bonheur
De te voir pour épouse une femme d'honneur?

---

[1] *Fariboles,* choses vaines, sornettes, contes en l'air.

ACTE I, SCÈNE IV.

MERCURE.

Mon Dieu! tu n'es que trop honnête;
Ce grand honneur ne me vaut rien.
Ne sois point si femme de bien,
Et me romps un peu moins la tête.

CLÉANTHIS.

Comment! de trop bien vivre on te voit me blâmer!

MERCURE.

La douceur d'une femme est tout ce qui me charme;
Et ta vertu fait un vacarme
Qui ne cesse de m'assommer.

CLÉANTHIS.

Il te faudroit des cœurs pleins de fausses tendresses,
De ces femmes aux beaux et louables talents,
Qui savent accabler leurs maris de caresses
Pour leur faire avaler l'usage des galants.

MERCURE.

Ma foi, veux-tu que je te dise?
Un mal d'opinion ne touche que les sots;
Et je prendrois pour ma devise :
Moins d'honneur, et plus de repos.

CLÉANTHIS

Comment! tu souffrirois, sans nulle répugnance,
Que j'aimasse un galant avec toute licence?

MERCURE.

Oui, si je n'étois plus de tes cris rebattu,
Et qu'on te vît changer d'humeur et de méthode.
J'aime mieux un vice commode

Qu'une fatigante vertu.
Adieu, Cléanthis, ma chère âme;
Il me faut suivre Amphitryon.

CLÉANTHIS, seule.

Pourquoi, pour punir cet infâme,
Mon cœur n'a-t-il assez de résolution?
Ah! que, dans cette occasion,
J'enrage d'être honnête femme!

FIN DU PREMIER ACTE.

ACTE SECOND.

SCÈNE I.

AMPHITRYON, SOSIE.

AMPHITRYON.

Viens çà, bourreau, viens çà. Sais-tu, maître fripon,
Qu'à te faire assommer ton discours peut suffire,
Et que, pour te traiter comme je le désire,
    Mon courroux n'attend qu'un bâton?

SOSIE.

    Si vous le prenez sur ce ton,
    Monsieur, je n'ai plus rien à dire;
    Et vous aurez toujours raison.

AMPHITRYON.

Quoi! tu veux me donner pour des vérités, traître,
Des contes que je vois d'extravagance outrés?

SOSIE.

Non : je suis le valet, et vous êtes le maître;
Il n'en sera, monsieur, que ce que vous voudrez.

AMPHITRYON.

Çà, je veux étouffer le courroux qui m'enflamme,
Et, tout du long, t'ouïr sur ta commission.
    Il faut, avant que voir ma femme.

Que je débrouille ici cette confusion.
Rappelle tous tes sens, rentre bien dans ton âme,
Et réponds mot pour mot à chaque question.

SOSIE.

Mais de peur d'incongruité,
Dites-moi, de grâce, à l'avance,
De quel air il vous plaît que ceci soit traité.
Parlerai-je, monsieur, selon ma conscience,
Ou comme auprès des grands on le voit usité?
Faut-il dire la vérité,
Ou bien user de complaisance?

AMPHITRYON.

Non; je ne te veux obliger
Qu'à me rendre de tout un compte fort sincère.

SOSIE.

Bon. C'est assez, laissez-moi faire;
Vous n'avez qu'à m'interroger.

AMPHITRYON.

Sur l'ordre que tantôt je t'avois su prescrire...

SOSIE.

Je suis parti, les cieux d'un noir crêpe voilés,
Pestant fort contre vous dans ce fâcheux martyre,
Et maudissant vingt fois l'ordre dont vous parlez.

AMPHITRYON.

Comment, coquin!

SOSIE.

Monsieur, vous n'avez rien qu'à dire,
Je mentirai, si vous voulez.

AMPHITRYON.

Voilà comme un valet montre pour nous du zèle !
Passons. Sur les chemins que t'est-il arrivé ?

SOSIE.

D'avoir une frayeur mortelle
Au moindre objet que j'ai trouvé.

AMPHITRYON.

Poltron !

SOSIE.

En nous formant nature a ses caprices ;
Divers penchants en nous elle fait observer :
Les uns à s'exposer trouvent mille délices ;
Moi, j'en trouve à me conserver.

AMPHITRYON.

Arrivant au logis...?

SOSIE.

J'ai, devant notre porte,
En moi-même voulu répéter un petit
Sur quel ton et de quelle sorte
Je ferois du combat le glorieux récit.

AMPHITRYON.

Ensuite ?

SOSIE.

On m'est venu troubler et mettre en peine.

AMPHITRYON.

Et qui ?

SOSIE.

Sosie ; un moi, de vos ordres jaloux,

Que vous avez du port envoyé vers Alcmène,
Et qui de nos secrets a connoissance pleine,
Comme le moi qui parle à vous.

AMPHITRYON.

Quels contes!

SOSIE.

Non, monsieur, c'est la vérité pure :
Ce moi plus tôt que moi s'est au logis trouvé;
Et j'étois venu, je vous jure,
Avant que je fusse arrivé.

AMPHITRYON.

D'où peut procéder, je te prie,
Ce galimatias maudit?
Est-ce songe? est-ce ivrognerie,
Aliénation d'esprit,
Ou méchante plaisanterie?

SOSIE.

Non, c'est la chose comme elle est,
Et point du tout conte frivole.
Je suis homme d'honneur, j'en donne ma parole;
Et vous m'en croirez, s'il vous plaît.
Je vous dis que, croyant n'être qu'un seul Sosie,
Je me suis trouvé deux chez nous;
Et que, de ces deux moi piqués de jalousie,
L'un est à la maison, et l'autre est avec vous;
Que le moi que voici, chargé de lassitude,
A trouvé l'autre moi frais, gaillard et dispos,

Et n'ayant d'autre inquiétude
Que de battre et casser des os.

AMPHITRYON.

Il faut être, je le confesse,
D'un esprit bien posé, bien tranquille, bien doux,
Pour souffrir qu'un valet de chansons me repaisse!

SOSIE.

Si vous vous mettez en courroux,
Plus de conférence entre nous;
Vous savez que d'abord tout cesse.

AMPHITRYON.

Non, sans emportement je te veux écouter,
Je l'ai promis. Mais dis; en bonne conscience,
Au mystère nouveau que tu me viens conter
Est-il quelque ombre d'apparence?

SOSIE.

Non; vous avez raison, et la chose à chacun
Hors de créance doit paroître.
C'est un fait à n'y rien connoître,
Un conte extravagant, ridicule, importun;
Cela choque le sens commun;
Mais cela ne laisse pas d'être.

AMPHITRYON.

Le moyen d'en rien croire, à moins qu'être insensé!

SOSIE.

Je ne l'ai pas cru, moi, sans une peine extrême.
Je me suis d'être deux senti l'esprit blessé,
Et long-temps d'imposteur j'ai traité ce moi-même:

Mais à me reconnoître enfin il m'a forcé;
J'ai vu que c'étoit moi, sans aucun stratagème;
Des pieds jusqu'à la tête il est comme moi fait,
Beau, l'air noble, bien pris, les manières charmantes;
  Enfin deux gouttes de lait
  Ne sont pas plus ressemblantes;
Et, n'étoit que ses mains sont un peu trop pesantes,
  J'en serois fort satisfait.

AMPHITRYON.

A quelle patience il faut que je m'exhorte!
Mais enfin n'es-tu pas entré dans la maison?

SOSIE.

Bon, entré! Hé! de quelle sorte?
Ai-je voulu jamais entendre de raison?
Et ne me suis-je pas interdit notre porte?

AMPHITRYON.

Comment donc?

SOSIE.

   Avec un bâton,
Dont mon dos sent encore une douleur très-forte.

AMPHITRYON.

On t'a battu?

SOSIE.

Vraiment.

AMPHITRYON.

Et qui?

SOSIE.

  Moi.

AMPHITRYON.

Toi, te battre?

SOSIE.

Oui, moi; non pas le moi d'ici,
Mais le moi du logis, qui frappe comme quatre.

AMPHITRYON.

Te confonde le ciel de me parler ainsi!

SOSIE.

Ce ne sont point des badinages.
Le moi que j'ai trouvé tantôt
Sur le moi qui vous parle a de grands avantages;
Il a le bras fort, le cœur haut:
J'en ai reçu des témoignages;
Et ce diable de moi m'a rossé comme il faut;
C'est un drôle qui fait des rages.

AMPHITRYON.

Achevons. As-tu vu ma femme?

SOSIE.

Non.

AMPHITRYON.

Pourquoi?

SOSIE.

Par une raison assez forte.

AMPHITRYON.

Qui t'a fait y manquer, maraud? Explique-toi.

SOSIE.

Faut-il le répéter vingt fois de même sorte?
Moi, vous dis-je; ce moi plus robuste que moi;

Ce moi qui s'est de force emparé de la porte;
>Ce moi qui m'a fait filer doux;
>Ce moi qui le seul moi veut être;
>Ce moi de moi-même jaloux;
>Ce moi vaillant dont le courroux
>Au moi poltron s'est fait connoître;
>Enfin ce moi qui suis chez nous;
>Ce moi qui s'est montré mon maître,
>Ce moi qui m'a roué de coups.

AMPHITRYON.

Il faut que ce matin, à force de trop boire,
>Il se soit troublé le cerveau.

SOSIE.

Je veux être pendu si j'ai bu que de l'eau!
>A mon serment on m'en peut croire.

AMPHITRYON.

Il faut donc qu'au sommeil tes sens se soient portés,
Et qu'un songe fâcheux, dans ces confus mystères,
>T'ait fait voir toutes les chimères
>Dont tu me fais des vérités.

SOSIE.

Tout aussi peu. Je n'ai point sommeillé,
>Et n'en ai même aucune envie.
>Je vous parle bien éveillé :
J'étois bien éveillé ce matin, sur ma vie;
Et bien éveillé même étoit l'autre Sosie
>Quand il m'a si bien étrillé.

ACTE II, SCÈNE I.

AMPHITRYON.

Suis-moi, je t'impose silence.
C'est trop me fatiguer l'esprit;
Et je suis un vrai fou d'avoir la patience
D'écouter d'un valet les sottises qu'il dit.

SOSIE, à part.

Tous les discours sont des sottises,
Partant d'un homme sans éclat :
Ce seroient paroles exquises
Si c'étoit un grand qui parlât.

AMPHITRYON.

Entrons sans davantage attendre.
Mais Alcmène paroît avec tous ses appas;
En ce moment, sans doute, elle ne m'attend pas,
Et mon abord la va surprendre.

SCÈNE II.

ALCMÈNE, AMPHITRYON, CLÉANTHIS, SOSIE.

ALCMÈNE, sans voir Amphitryon.

Allons pour mon époux, Cléanthis, vers les dieux
Nous acquitter de nos hommages,
Et les remercier des succès glorieux
Dont Thèbes par son bras goûte les avantages.
(apercevant Amphitryon.)
O dieux!

AMPHITRYON.

Fasse le ciel qu'Amphitryon vainqueur

Avec plaisir soit revu de sa femme;
Et que ce jour, favorable à ma flamme,
Vous redonne à mes yeux avec le même cœur,
Que j'y retrouve autant d'ardeur
Que vous en rapporte mon âme!

ALCMÈNE.

Quoi! de retour sitôt!

AMPHITRYON.

Certes, c'est en ce jour
Me donner de vos feux un mauvais témoignage;
Et ce *Quoi! sitôt de retour!*
En ces occasions n'est guère le langage
D'un cœur bien enflammé d'amour.
J'osois me flatter en moi-même
Que loin de vous j'aurois trop demeuré.
L'attente d'un retour ardemment désiré
Donne à tous les instants une longueur extrême;
Et l'absence de ce qu'on aime,
Quelque peu qu'elle dure, a toujours trop duré.

ALCMÈNE.

Je ne vois...

AMPHITRYON.

Non, Alcmène, à son impatience
On mesure le temps en de pareils états;
Et vous comptez les moments de l'absence
En personne qui n'aime pas.
Lorsque l'on aime comme il faut,
Le moindre éloignement nous tue;

ACTE II, SCÈNE II.

Et ce dont on chérit la vue
Ne revient jamais assez tôt.
De votre accueil, je le confesse,
Se plaint ici mon amoureuse ardeur;
Et j'attendois de votre cœur
D'autres transports de joie et de tendresse.

ALCMÈNE.

J'ai peine à comprendre sur quoi
Vous fondez les discours que je vous entends faire;
Et, si vous vous-plaignez de moi,
Je ne sais pas, de bonne foi,
Ce qu'il faut pour vous satisfaire.
Hier au soir, ce me semble, à votre heureux retour,
On me vit témoigner une joie assez tendre,
Et rendre aux soins de votre amour
Tout ce que de mon cœur vous aviez lieu d'attendre.

AMPHITRYON.

Comment?

ALCMÈNE.

Ne fis-je pas éclater à vos yeux
Les soudains mouvements d'une entière allégresse?
Et le transport d'un cœur peut-il s'expliquer mieux
Au retour d'un époux qu'on aime avec tendresse?

AMPHITRYON.

Que me dites-vous là?

ALCMÈNE.

Que même votre amour
Montra de mon accueil une joie incroyable;

Et que, m'ayant quittée à la pointe du jour,
Je ne vois pas qu'à ce soudain retour
Ma surprise soit si coupable.

AMPHITRYON.

Est-ce que du retour que j'ai précipité
Un songe, cette nuit, Alcmène, dans votre âme
A prévenu la vérité;
Et que, m'ayant peut-être en dormant bien traité,
Votre cœur se croit vers ma flamme
Assez amplement acquitté?

ALCMÈNE.

Est-ce qu'une vapeur par sa malignité,
Amphitryon, a dans votre âme
Du retour d'hier au soir brouillé la vérité;
Et que du doux accueil duquel je m'acquittai
Votre cœur prétend à ma flamme
Ravir toute l'honnêteté?

AMPHITRYON.

Cette vapeur, dont vous me régalez,
Est un peu, ce me semble, étrange.

ALCMÈNE.

C'est ce qu'on peut donner pour change [1]
Du songe dont vous me parlez.

AMPHITRYON.

A moins d'un songe, on ne peut pas, sans doute,
Excuser ce qu'ici votre bouche me dit.

---

[1] *Pour change,* pour équivalent.

ACTE II, SCÈNE II.

ALCMÈNE.

A moins d'une vapeur qui vous trouble l'esprit,
On ne peut pas sauver ce que de vous j'écoute.

AMPHITRYON.

Laissons un peu cette vapeur, Alcmène.

ALCMÈNE.

Laissons un peu ce songe, Amphitryon.

AMPHITRYON.

Sur le sujet dont il est question,
Il n'est guère de jeu que trop loin on ne mène.

ALCMÈNE.

Sans doute; et, pour marque certaine,
Je commence à sentir un peu d'émotion.

AMPHITRYON.

Est-ce donc que par-là vous voulez essayer
A réparer l'accueil dont je vous ai fait plainte?

ALCMÈNE.

Est-ce donc que par cette feinte
Vous désirez vous égayer?

AMPHITRYON.

Ah! de grâce, cessons, Alcmène, je vous prie,
Et parlons sérieusement.

ALCMÈNE.

Amphitryon, c'est trop pousser l'amusement;
Finissons cette raillerie.

AMPHITRYON.

Quoi? vous osez me soutenir en face
Que plus tôt qu'à cette heure on m'ait ici pu voir?

ALCMÈNE.

Quoi! vous voulez nier avec audace
Que dès hier en ces lieux vous vîntes sur le soir?

AMPHITRYON.

Moi, je vins hier?

ALCMÈNE.

Sans doute; et, dès devant l'aurore,
Vous vous en êtes retourné.

AMPHITRYON, à part.

Ciel! un pareil débat s'est-il pu voir encore?
Et qui de tout ceci ne seroit étonné?
Sosie.

SOSIE.

Elle a besoin de six grains d'ellébore,
Monsieur; son esprit est tourné.

AMPHITRYON.

Alcmène, au nom de tous les dieux,
Ce discours a d'étranges suites!
Reprenez vos sens un peu mieux,
Et pensez à ce que vous dites.

ALCMÈNE.

J'y pense mûrement aussi;
Et tous ceux du logis ont vu votre arrivée.
J'ignore quel motif vous fait agir ainsi;
Mais si la chose avoit besoin d'être prouvée,
S'il étoit vrai qu'on pût ne s'en souvenir pas,
De qui puis-je tenir, que de vous, la nouvelle
Du dernier de tous vos combats,

ACTE II, SCÈNE II.

Et les cinq diamants que portoit Ptérélas
>Qu'a fait dans la nuit éternelle
>Tomber l'effort de votre bras?

En pourroit-on vouloir un plus sûr témoignage?

AMPHITRYON.

>Quoi! je vous ai déjà donné

Le nœud de diamants que j'eus pour mon partage,
>Et que je vous ai destiné?

ALCMÈNE.

Assurément. Il n'est pas difficile
De vous en bien convaincre.

AMPHITRYON.

>>Et comment?

ALCMÈNE, montrant le nœud de diamants à sa ceinture.
>>>Le voici.

AMPHITRYON.

Sosie!

SOSIE, tirant de sa poche un coffret.
>Elle se moque, et je le tiens ici,
>Monsieur; la feinte est inutile.

AMPHITRYON, regardant le coffret.

Le cachet est entier.

ALCMÈNE, présentant à Amphitryon le nœud de diamants.
>>Est-ce une vision?

Tenez. Trouverez-vous cette preuve assez forte?

AMPHITRYON.

Ah! ciel! ô juste ciel!

AMPHITRYON.

ALCMÈNE.

Allez, Amphitryon,
Vous vous moquez d'en user de la sorte,
Et vous en devriez avoir confusion.

AMPHITRYON.

Romps vite ce cachet.

SOSIE, ayant ouvert le coffret.

Ma foi, la place est vide.
Il faut que, par magie, on ait su le tirer,
Ou bien que de lui-même il soit venu sans guide
Vers celle qu'il a su qu'on en vouloit parer.

AMPHITRYON, à part.

O dieux, dont le pouvoir sur les choses préside,
Quelle est cette aventure, et qu'en puis-je augurer
Dont mon amour ne s'intimide?

SOSIE, à Amphitryon.

Si sa bouche dit vrai, nous avons même sort,
Et de même que moi, monsieur, vous êtes double.

AMPHITRYON.

Tais-toi.

ALCMÈNE.

Sur quoi vous étonner si fort?
Et d'où peut naître ce grand trouble?

AMPHITRYON, à part.

O ciel! quel étrange embarras!
Je vois des incidents qui passent la nature;
Et mon honneur redoute une aventure
Que mon esprit ne comprend pas.

ACTE II, SCÈNE II.

ALCMÈNE.

Songez-vous, en tenant cette preuve sensible,
A me nier encor votre retour pressé?

AMPHITRYON.

Non : mais, à ce retour, daignez, s'il est possible,
Me conter ce qui s'est passé.

ALCMÈNE.

Puisque vous demandez un récit de la chose,
Vous voulez dire donc que ce n'étoit pas vous?

AMPHITRYON.

Pardonnez-moi; mais j'ai certaine cause
Qui me fait demander ce récit entre nous.

ALCMÈNE.

Les soucis importants qui vous peuvent saisir
Vous ont-ils fait si vite en perdre la mémoire?

AMPHITRYON.

Peut-être : mais enfin vous me ferez plaisir
De m'en dire toute l'histoire.

ALCMÈNE.

L'histoire n'est pas longue. A vous je m'avançai
Pleine d'une aimable surprise;
Tendrement je vous embrassai,
Et témoignai ma joie à plus d'une reprise.

AMPHITRYON, à part.

Ah! d'un si doux accueil je me serois passé.

ALCMÈNE.

Vous me fîtes d'abord ce présent d'importance,

Que du butin conquis vous m'aviez destiné.
 Votre cœur avec véhémence
M'étala de ses feux toute la violence,
Et les soins importuns qui l'avoient enchaîné,
L'aise de me revoir, les tourments de l'absence,
 Tout le souci que son impatience
  Pour le retour s'étoit donné ;
Et jamais votre amour, en pareille occurrence,
Ne me parut si tendre et si passionné.

AMPHITRYON, à part.

Peut-on plus vivement se voir assassiné !

ALCMÈNE.

Tous ces transports, toute cette tendresse,
Comme vous croyez bien, ne me déplaisoient pas;
 Et, s'il faut que je le confesse,
Mon cœur, Amphitryon, y trouvoit mille appas.

AMPHITRYON.

Ensuite, s'il vous plaît?

ALCMÈNE.

    Nous nous entrecoupâmes
De mille questions qui pouvoient nous toucher.
On servit. Tête à tête, ensemble nous soupâmes ;
Et, et le souper fini, nous nous fûmes coucher.

AMPHITRYON.

Ensemble?

ACLMÈNE.

  Assurément. Quelle est cette demande?

ACTE II, SCÈNE II.

AMPHITRYON, à part.

Ah! c'est ici le coup le plus cruel de tous,
Et dont à s'assurer trembloit mon feu jaloux.

ALCMÈNE.

D'où vous vient, à ce mot, une rougeur si grande?
Ai-je fait quelque mal de coucher avec vous?

AMPHITRYON.

Non, ce n'étoit pas moi, pour ma douleur sensible;
Et qui dit qu'hier ici mes pas se sont portés
  Dit de toutes les faussetés
  La fausseté la plus horrible.

ALCMÈNE.

Amphitryon!

AMPHITRYON.

  Perfide!

ALCMÈNE.

    Ah! quel emportement!

AMPHITRYON.

Non, non, plus de douceur et plus de déférence.
Ce revers vient à bout de toute ma constance;
Et mon cœur ne respire, en ce fatal moment,
  Et que fureur et que vengeance.

ALCMÈNE.

De qui donc vous venger? et quel manque de foi
  Vous fait ici me traiter de coupable?

AMPHITRYON.

Je ne sais pas, mais ce n'étoit pas moi:
Et c'est un désespoir qui de tout rend capable.

ALCMÈNE.

Allez, indigne époux, le fait parle de soi.
  Et l'imposture est effroyable.
  C'est trop me pousser là-dessus,
Et d'infidélité me voir trop condamnée.
 Si vous cherchez, dans ces transports confus,
Un prétexte à briser les nœuds d'un hyménée
  Qui me tient à vous enchaînée,
  Tous ces détours sont superflus;
  Et me voilà déterminée
A souffrir qu'en ce jour nos liens soient rompus.

AMPHITRYON.

Après l'indigne affront que l'on me fait connoître,
C'est bien à quoi sans doute il faut vous préparer :
C'est le moins qu'on doit voir; et les choses peut-être
  Pourront n'en pas là demeurer.
Le déshonneur est sûr, mon malheur m'est visible,
Et mon amour en vain voudroit me l'obscurcir;
Mais le détail encor ne m'en est pas sensible,
Et mon juste courroux prétend s'en éclaircir.
Votre frère déjà peut hautement répondre
Que, jusqu'à ce matin, je ne l'ai point quitté;
Je m'en vais le chercher, afin de vous confondre
Sur ce retour qui m'est faussement imputé.
Après, nous percerons jusqu'au fond d'un mystère
  Jusques à présent inouï :
Et, dans les mouvements d'une juste colère,
  Malheur à qui m'aura trahi !

SOSIE.

Monsieur...

AMPHITRYON.

Ne m'accompagne pas,
Et demeure ici pour m'attendre.

CLÉANTHIS, à Alcmène.

Faut-il...?

ALCMÈNE.

Je ne puis rien entendre :
Laisse-moi seule, et ne suis point mes pas.

SCÈNE III.

CLÉANTHIS, SOSIE.

CLÉANTHIS, à part.

Il faut que quelque chose ait brouillé sa cervelle.
    Mais le frère, sur-le-champ,
    Finira cette querelle.

SOSIE, à part.

C'est ici pour mon maître un coup assez touchant;
    Et son aventure est cruelle.
Je crains fort pour mon fait quelque chose approchant;
Et je m'en veux, tout doux, éclaircir avec elle.

CLÉANTHIS, à part.

Voyez s'il me viendra seulement aborder!
Mais je veux m'empêcher de rien faire paroître.

SOSIE, à part.

La chose quelquefois est fâcheuse à connoître,

Et je tremble à la demander.
Ne vaudroit-il pas mieux, pour ne rien hasarder,
Ignorer ce qu'il en peut être?
Allons, tout coup vaille, il faut voir;
Et je ne m'en saurois défendre.
La foiblesse humaine est d'avoir
Des curiosités d'apprendre
Ce qu'on ne voudroit pas savoir.
Dieu te gard', Cléanthis!

CLÉANTHIS.

Ah! ah! tu t'en avises,
Traître, de t'approcher de nous!

SOSIE.

Mon Dieu! qu'as-tu? Toujours on te voit en courroux,
Et sur rien tu te formalises!

CLÉANTHIS.

Qu'appelles-tu sur rien? dis.

SOSIE.

J'appelle sur rien
Ce qui sur rien s'appelle en vers ainsi qu'en prose;
Et rien, comme tu le sais bien,
Veut dire rien, ou peu de chose.

CLÉANTHIS.

Je ne sais qui me tient, infâme,
Que je ne t'arrache les yeux,
Et ne t'apprenne où va le courroux d'une femme.

SOSIE.

Holà! D'où te vient donc ce transport furieux?

ACTE II, SCÈNE III.

CLÉANTHIS.

Tu n'appelles donc rien le procédé peut-être
Qu'avec moi ton cœur a tenu?

SOSIE.

Et quel?

CLÉANTHIS.

Quoi! tu fais l'ingénu!
Est-ce qu'à l'exemple du maître
Tu veux dire qu'ici tu n'es pas revenu?

SOSIE.

Non, je sais fort bien le contraire;
Mais je ne t'en fais pas le fin,
Nous avions bu de je ne sais quel vin
Qui m'a fait oublier tout ce que j'ai pu faire.

CLÉANTHIS.

Tu crois peut-être excuser par ce trait...

SOSIE.

Non, tout de bon, tu m'en peux croire.
J'étois dans un état où je puis avoir fait
Des choses dont j'aurois regret,
Et dont je n'ai nulle mémoire.

CLÉANTHIS.

Tu ne te souviens point du tout de la manière
Dont tu m'as su traiter étant venu du port?

SOSIE.

Non plus que rien : tu peux m'en faire le rapport;
Je suis équitable et sincère,
Et me condamnerai moi-même, si j'ai tort.

CLÉANTHIS.

Comment! Amphitryon m'ayant su disposer,
Jusqu'à ce que tu vins j'avois poussé ma veille;
Mais je ne vis jamais une froideur pareille;
De ta femme il fallut moi-même t'aviser;
  Et, lorsque je fus te baiser,
Tu détournas le nez, et me donnas l'oreille.

SOSIE.

Bon!

CLÉANTHIS.

  Comment, bon?

SOSIE.

    Mon Dieu! tu ne sais pas pourquoi,
Cléanthis, je tiens ce langage :
J'avois mangé de l'ail, et fis en homme sage
De détourner un peu mon haleine de toi.

CLÉANTHIS.

Je te sus exprimer des tendresses de cœur :
Mais à tous mes discours tu fus comme une souche;
  Et jamais un mot de douceur
  Ne te put sortir de la bouche.

SOSIE, à part.

Courage!

CLÉANTHIS.

  Enfin, ma flamme eut beau s'émanciper,
Sa chaste ardeur en toi ne trouva rien que glace;
Et, dans un tel retour, je te vis la tromper

Jusqu'à faire refus de prendre au lit la place
Que les lois de l'hymen t'obligent d'occuper.

SOSIE.

Quoi! je ne couchai point?

CLÉANTHIS.

Non, lâche.

SOSIE.

Est-il possible?

CLÉANTHIS.

Traître! il n'est que trop assuré.
C'est de tous les affronts l'affront le plus sensible;
Et, loin que ce matin ton cœur l'ait réparé,
Tu t'es d'avec moi séparé
Par des discours chargés d'un mépris tout visible.

SOSIE, à part.

Vivat Sosie!

CLÉANTHIS.

Hé quoi! ma plainte a cet effet!
Tu ris après ce bel ouvrage!

SOSIE.

Que je suis de moi satisfait!

CLÉANTHIS.

Exprime-t-on ainsi le regret d'un outrage?

SOSIE.

Je n'aurois jamais cru que j'eusse été si sage.

CLÉANTHIS.

Loin de te condamner d'un si perfide trait,
Tu m'en fais éclater la joie en ton visage!

SOSIE.

Mon Dieu! tout doucement! Si je parois joyeux,
Crois que j'en ai dans l'âme une raison très-forte,
Et que, sans y penser, je ne fis jamais mieux
Que d'en user tantôt avec toi de la sorte.

CLÉANTHIS.

Traître, te moques-tu de moi?

SOSIE.

Non, je te parle avec franchise.
En l'état où j'étois, j'avois certain effroi
Dont, avec ton discours, mon âme s'est remise.
Je m'appréhendois fort, et craignois qu'avec toi
Je n'eusse fait quelque sottise.

CLÉANTHIS.

Quelle est cette frayeur? et sachons donc pourquoi.

SOSIE.

Les médecins disent, quand on est ivre,
Que de sa femme on se doit abstenir;
Et que, dans cet état, il ne peut provenir
Que des enfants pesants et qui ne sauroient vivre.
Vois, si mon cœur n'eût su de froideur se munir,
Quels inconvénients auroient pu s'en ensuivre!

CLÉANTHIS.

Je me moque des médecins
Avec leurs raisonnements fades:
Qu'ils règlent ceux qui sont malades,
Sans vouloir gouverner les gens qui sont bien sains.
Ils se mêlent de trop d'affaires,

ACTE II, SCÈNE III.

De prétendre tenir nos chastes feux gênés;
Et sur les jours caniculaires
Ils nous donnent encore, avec leurs lois sévères,
De cent sots contes par le nez.

SOSIE.

Tout doux.

CLÉANTHIS.

Non, je soutiens que cela conclut mal;
Ces raisons sont raisons d'extravagantes têtes.
Il n'est ni vin, ni temps, qui puisse être fatal
A remplir le devoir de l'amour conjugal;
Et les médecins sont des bêtes.

SOSIE.

Contre eux, je t'en supplie, apaise ton courroux;
Ce sont d'honnêtes gens, quoi que le monde en dise.

CLÉANTHIS.

Tu n'es pas où tu crois; en vain tu files doux :
Ton excuse n'est point une excuse de mise;
Et je me veux venger tôt ou tard, entre nous,
De l'air dont chaque jour je vois qu'on me méprise.
Des discours de tantôt je garde tous les coups,
Et tâcherai d'user, lâche et perfide époux,
De cette liberté que ton cœur m'a permise.

SOSIE.

Quoi?

CLÉANTHIS.

Tu m'as dit tantôt que tu consentois fort,
Lâche, que j'en aimasse un autre.

SOSIE.

Ah! pour cet article j'ai tort.
Je m'en dédis, il y va trop du nôtre.
Garde-toi bien de suivre ce transport.

CLÉANTHIS.

Si je puis une fois pourtant
Sur mon esprit gagner la chose...

SOSIE.

Fais à ce discours quelque pause.
Amphitryon revient, qui me paroît content.

SCÈNE IV.

JUPITER, CLÉANTHIS, SOSIE.

JUPITER, à part.

Je viens prendre le temps de rapaiser Alcmène,
De bannir les chagrins que son cœur veut garder,
Et donner à mes feux, dans ce soin qui m'amène,
Le doux plaisir de se raccommoder.

(à Cléanthis.)

Alcmène est là-haut, n'est-ce pas?

CLÉANTHIS.

Oui, pleine d'une inquiétude
Qui cherche de la solitude,
Et qui m'a défendu d'accompagner ses pas.

JUPITER.

Quelque défense qu'elle ait faite,
Elle ne sera pas pour moi.

SCÈNE V.

CLÉANTHIS, SOSIE.

CLÉANTHIS.

Son chagrin, à ce que je vois,
A fait une prompte retraite.

SOSIE.

Que dis-tu, Cléanthis, de ce joyeux maintien,
Après son fracas effroyable?

CLÉANTHIS.

Que si toutes nous faisions bien,
Nous donnerions tous les hommes au diable,
Et que le meilleur n'en vaut rien.

SOSIE.

Cela se dit dans le courroux :
Mais aux hommes par trop vous êtes accrochées;
Et vous seriez, ma foi, toutes bien empêchées,
Si le diable les prenoit tous.

CLÉANTHIS.

Vraiment...

SOSIE.

Les voici. Taisons-nous.

SCÈNE VI.

JUPITER, ALCMÈNE, CLÉANTHIS, SOSIE.

JUPITER.

Voulez-vous me désespérer ?
Hélas ! arrêtez, belle Alcmène !

ALCMÈNE.

Non, avec l'auteur de ma peine
Je ne puis du tout demeurer.

JUPITER.

De grâce !...

ALCMÈNE.

Laissez-moi.

JUPITER.

Quoi !...

ALCMÈNE.

Laissez-moi, vous dis-je.

JUPITER, bas, à part.

Ses pleurs touchent mon âme, et sa douleur m'afflige.
(haut.)
Souffrez que mon cœur...

ALCMÈNE.

Non, ne suivez point mes pas.

JUPITER.

Où voulez-vous aller ?

ALCMÈNE.

Où vous ne serez pas.

ACTE II, SCÉNE VI.

JUPITER.

Ce vous est une attente vaine.
Je tiens à vos beautés par un nœud trop serré
Pour pouvoir un moment en être séparé.
Je vous suivrai partout, Alcmène.

ALCMÈNE.

Et moi, partout je vous fuirai.

JUPITER.

Je suis donc bien épouvantable!

ALCMÈNE.

Plus qu'on ne peut dire, à mes yeux.
Oui, je vous vois comme un monstre effroyable,
Un monstre cruel, furieux,
Et dont l'approche est redoutable;
Comme un monstre à fuir en tous lieux.
Mon cœur souffre, à vous voir, une peine incroyable :
C'est un supplice qui m'accable;
Et je ne vois rien sous les cieux
D'affreux, d'horrible, d'odieux,
Qui ne me fût plus que vous supportable.

JUPITER.

En voilà bien, hélas! que votre bouche dit.

ALCMÈNE.

J'en ai dans le cœur davantage;
Et, pour l'exprimer tout, ce cœur a du dépit
De ne point trouver de langage.

JUPITER.

Hé! que vous a donc fait ma flamme,
Pour me pouvoir, Alcmène, en monstre regarder?

ALCMÈNE.

Ah! juste ciel! cela se peut-il demander?
Et n'est-ce pas pour mettre à bout une âme?

JUPITER.

Ah! d'un esprit plus adouci...

ALCMÈNE.

Non, je ne veux du tout vous voir ni vous entendre.

JUPITER.

Avez-vous bien le cœur de me traiter ainsi?
Est-ce là cet amour si tendre
Qui devoit tant durer quand je vins hier ici?

ALCMÈNE.

Non, non, ce ne l'est pas, et vos lâches injures
En ont autrement ordonné.
Il n'est plus, cet amour tendre et passionné :
Vous l'avez dans mon cœur par cent vives blessures
Cruellement assassiné :
C'est en sa place un courroux inflexible,
Un vif ressentiment, un dépit invincible,
Un désespoir d'un cœur justement animé,
Qui prétend vous haïr, par cet affront sensible,
Autant qu'il est d'accord de vous avoir aimé;
Et c'est haïr autant qu'il est possible.

ACTE II, SCÈNE VI.

JUPITER.

Hélas! que votre amour n'avoit guère de force,
Si de si peu de chose on le peut voir mourir!
Ce qui n'étoit que jeu doit-il faire un divorce?
Et d'une raillerie a-t-on lieu de s'aigrir?

ALCMÈNE.

Ah! c'est cela dont je suis offensée,
Et que ne peut pardonner mon courroux.
Des véritables traits d'un mouvement jaloux
Je me trouverois moins blessée.
La jalousie a des impressions
Dont bien souvent la force nous entraîne,
Et l'âme la plus sage, en ces occasions,
Sans doute avec assez de peine
Répond de ses émotions.
L'emportement d'un cœur qui peut s'être abusé
A de quoi ramener une âme qu'il offense;
Et dans l'amour qui lui donne naissance,
Il trouve au moins, malgré toute sa violence,
Des raisons pour être excusé.
De semblables transports contre un ressentiment
Pour défense toujours ont ce qui les fait naître;
Et l'on donne grâce aisément
A ce dont on n'est pas le maître.
Mais que de gaîté de cœur
On passe aux mouvements d'une fureur extrême;
Que, sans cause, l'on vienne, avec tant de rigueur,
Blesser la tendresse et l'honneur.

D'un cœur qui chèrement nous aime;
Ah! c'est un coup trop cruel en lui-même,
Et que jamais n'oublira ma douleur.

JUPITER.

Oui, vous avez raison, Alcmène; il se faut rendre.
Cette action, sans doute, est un crime odieux;
Je ne prétends plus la défendre :
Mais souffrez que mon cœur s'en défende à vos yeux,
Et donne au vôtre à qui se prendre
De ce transport injurieux.
A vous en faire un aveu véritable,
L'époux, Alcmène, a commis tout le mal;
C'est l'époux qu'il vous faut regarder en coupable :
L'amant n'a point de part à ce transport brutal,
Et de vous offenser son cœur n'est point capable.
Il a pour vous, ce cœur, pour jamais y penser,
Trop de respect et de tendresse;
Et, si de faire rien à vous pouvoir blesser
Il avoit eu la coupable foiblesse,
De cent coups à vos yeux il voudroit le percer.
Mais l'époux est sorti de ce respect soumis
Où pour vous l'on doit toujours être;
A son dur procédé l'époux s'est fait connoître,
Et par le droit d'hymen il s'est cru tout permis.
Oui, c'est lui qui, sans doute, est criminel vers vous,
Lui seul a maltraité votre aimable personne;
Haïssez, détestez l'époux,
J'y consens, et vous l'abandonne :

ACTE II, SCÈNE VI.

Mais, Alcmène, sauvez l'amant de ce courroux
    Qu'une telle offense vous donne;
    N'en jetez pas sur lui l'effet,
    Démêlez-le un peu du coupable;
    Et, pour être enfin équitable,
Ne le punissez point de ce qu'il n'a pas fait.

ALCMÈNE.

    Ah! toutes ces subtilités
    N'ont que des excuses frivoles;
    Et, pour les esprits irrités,
Ce sont des contre-temps que de telles paroles.
Ce détour ridicule est en vain pris par vous.
Je ne distingue rien en celui qui m'offense;
    Tout y devient l'objet de mon courroux;
        Et, dans sa juste violence,
    Sont confondus et l'amant et l'époux.
Tous deux de même sorte occupent ma pensée :
Et des mêmes couleurs par mon âme blessée
    Tous deux ils sont peints à mes yeux :
Tous deux sont criminels, tous deux m'ont offensée,
    Et tous deux me sont odieux.

JUPITER.

    Hé bien! puisque vous le voulez,
    Il faut donc me charger du crime.
Oui, vous avez raison, lorsque vous m'immolez
A vos ressentiments en coupable victime.
Un trop juste dépit contre moi vous anime;
Et tout ce grand courroux qu'ici vous étalez

Ne me fait endurer qu'un tourment légitime.
C'est avec droit que mon abord vous chasse,
Et que de me fuir en tous lieux
Votre colère me menace.
Je dois vous être un objet odieux;
Vous devez me vouloir un mal prodigieux.
Il n'est aucune horreur que mon forfait ne passe,
D'avoir offensé vos beaux yeux;
C'est un crime à blesser les hommes et les dieux;
Et je mérite enfin, pour punir cette audace,
Que contre moi votre haine ramasse
Tous ses traits les plus furieux.
Mais mon cœur vous demande grâce :
Pour vous la demander je me jette à genoux,
Et la demande au nom de la plus vive flamme,
Du plus tendre amour dont une âme
Puisse jamais brûler pour vous.
Si votre cœur, charmante Alcmène,
Me refuse la grâce où j'ose recourir,
Il faut qu'une atteinte soudaine
M'arrache, en me faisant mourir,
Aux dures rigueurs d'une peine
Que je ne saurois plus souffrir.
Oui, cet état me désespère.
Alcmène, ne présumez pas
Qu'aimant, comme je fais, vos célestes appas,
Je puisse vivre un jour avec votre colère.
Déjà de ces moments la barbare longueur

ACTE II, SCÈNE VI.

Fait sous des atteintes mortelles
 Succomber tout mon triste cœur;
Et de mille vautours les blessures cruelles
N'ont rien de comparable à ma vive douleur.
Alcmène, vous n'avez qu'à me le déclarer :
S'il n'est point de pardon que je doive espérer,
Cette épée aussitôt, par un coup favorable,
Va percer à vos yeux le cœur d'un misérable;
Ce cœur, ce traître cœur, trop digne d'expirer,
Puisqu'il a pu fâcher un objet adorable ·
Heureux, en descendant au ténébreux séjour,
Si de votre courroux mon trépas vous ramène,
Et ne laisse en votre âme, après ce triste jour,
  Aucune impression de haine
  Au souvenir de mon amour!
C'est tout ce que j'attends pour faveur souveraine.

ALCMÈNE.

Ah! trop cruel époux!

JUPITER.

  Dites, parlez, Alcmène.

ALCMÈNE.

Faut-il encor pour vous conserver des bontés,
Et vous voir m'outrager par tant d'indignités?

JUPITER.

Quelque ressentiment qu'un outrage nous cause,
Tient-il contre un remords d'un cœur bien enflammé?

ALCMÈNE.

Un cœur bien plein de flamme à mille morts s'expose
Plutôt que de vouloir fâcher l'objet aimé.

JUPITER.

Plus on aime quelqu'un, moins on trouve de peine...

ALCMÈNE.

Non, ne m'en parlez point; vous méritez ma haine...

JUPITER.

Vous me haïssez donc?

ALCMÈNE.

J'y fais tout mon effort,
Et j'ai dépit de voir que toute votre offense
Ne puisse de mon cœur jusqu'à cette vengeance
  Faire encore aller le transport.

JUPITER.

Mais pourquoi cette violence,
Puisque pour vous venger je vous offre ma mort?
Prononcez-en l'arrêt, et j'obéis sur l'heure.

ALCMÈNE.

Qui ne sauroit haïr peut-il vouloir qu'on meure?

JUPITER.

Et moi, je ne puis vivre à moins que vous quittiez
  Cette colère qui m'accable,
Et que vous m'accordiez le pardon favorable
  Que je vous demande à vos pieds.
(Sosie et Cléanthis se mettent aussi à genoux.)
  Résolvez ici l'un des deux,
  Ou de punir, ou bien d'absoudre.

ALCMÈNE.

Hélas! ce que je puis résoudre
Paroît bien plus que je ne veux.
Pour vouloir soutenir le courroux qu'on me donne,
Mon cœur a trop su me trahir :
Dire qu'on ne sauroit haïr,
N'est-ce pas dire qu'on pardonne?

JUPITER.

Ah! belle Alcmène, il faut que, comblé d'allégresse...

ALCMÈNE.

Laissez. Je me veux mal de mon trop de foiblesse.

JUPITER.

Va, Sosie, et dépêche-toi,
Voir, dans les doux transports dont mon âme est charmée,
Ce que tu trouveras d'officiers de l'armée,
Et les invite à dîner avec moi.

(bas, à part.)

Tandis que d'ici je le chasse,
Mercure y remplira sa place.

SCÈNE VII.

CLÉANTHIS, SOSIE.

SOSIE.

Hé bien! tu vois, Cléanthis, ce ménage.
Veux-tu qu'à leur exemple ici
Nous fassions entre nous un peu de paix aussi,
Quelque petit rapatriage?

CLÉANTHIS.

C'est pour ton nez, vraiment! cela se fait ainsi!

SOSIE.

Quoi! tu ne veux pas?

CLÉANTHIS.

Non.

SOSIE.

Il ne m'importe guère.
Tant pis pour toi.

CLÉANTHIS.

Là, là, revien.

SOSIE.

Non, morbleu! je n'en ferai rien,
Et je veux être, à mon tour, en colère.

CLÉANTHIS.

Va, va, traître, laisse-moi faire;
On se lasse parfois d'être femme de bien.

FIN DU SECOND ACTE.

ACTE TROISIÈME.

SCÈNE I.
AMPHITRYON.

Oui, sans doute, le sort tout exprès me le cache,
Et des tours que je fais, à la fin, je suis las.
Il n'est point de destin plus cruel, que je sache.
Je ne saurois trouver, portant partout mes pas,
    Celui qu'à chercher je m'attache,
Et je trouve tous ceux que je ne cherche pas.
Mille fâcheux cruels, qui ne pensent pas l'être,
De nos faits avec moi, sans beaucoup me connoître,
Viennent se réjouir pour me faire enrager.
Dans l'embarras cruel du souci qui me blesse,
De leurs embrassements et de leur allégresse
Sur mon inquiétude ils viennent tous charger.
    En vain à passer je m'apprête
    Pour fuir leurs persécutions,
Leur tuante amitié de tous côtés m'arrête;
Et, tandis qu'à l'ardeur de leurs expressions
    Je réponds d'un geste de tête,
Je leur donne tout bas cent malédictions.
Ah! qu'on est peu flatté de louange, d'honneur,
Et de tout ce que donne une grande victoire,

Lorsque dans l'âme on souffre une vive douleur !
Et que l'on donneroit volontiers cette gloire
    Pour avoir le repos du cœur !
    Ma jalousie, à tout propos,
    Me promène sur ma disgrâce ;
    Et plus mon esprit y repasse,
Moins j'en puis débrouiller le funeste chaos.
Le vol des diamants n'est pas ce qui m'étonne ;
On lève les cachets, qu'on ne l'aperçoit pas :
Mais le don qu'on veut qu'hier j'en vins faire en personne
Est ce qui fait ici mon cruel embarras.
La nature parfois produit des ressemblances
Dont quelques imposteurs ont pris droit d'abuser :
Mais il est hors de sens que, sous ces apparences,
Un homme pour époux se puisse supposer ;
Et dans tous ces rapports sont mille différences
Dont se peut une femme aisément aviser.
    Des charmes de la Thessalie
On vante de tout temps les merveilleux effets :
Mais les contes fameux qui partout en sont faits
Dans mon esprit toujours ont passé pour folie ;
Et ce seroit du sort une étrange rigueur
    Qu'au sortir d'une ample victoire
    Je fusse contraint de les croire
    Aux dépens de mon propre honneur.
Je veux la retâter [1] sur ce fâcheux mystère,

---

[1] *Retâter*, la faire expliquer de nouveau.

Et voir si ce n'est point une vaine chimère
Qui sur ses sens troublés ait su prendre crédit.
  Ah! fasse le ciel équitable
   Que ce penser soit véritable,
Et que, pour mon bonheur, elle ait perdu l'esprit!

SCÈNE II.

MERCURE, AMPHITRYON.

MERCURE, *sur le balcon de la maison d'Amphitryon, sans être vu ni entendu par Amphitryon.*

Comme l'amour ici ne m'offre aucun plaisir,
Je m'en veux faire au moins qui soient d'autre nature,
Et je vais égayer mon sérieux loisir
A mettre Amphitryon hors de toute mesure.
Cela n'est pas d'un dieu bien plein de charité :
Mais aussi n'est-ce pas ce dont je m'inquiète;
  Et je me sens par ma planète
  A la malice un peu porté.

AMPHITRYON.

D'où vient donc qu'à cette heure on ferme cette porte?

MERCURE.

Holà! tout doucement. Qui frappe?

AMPHITRYON, *sans voir Mercure.*
      Moi.

MERCURE.
        Qui, moi?

AMPHITRYON, *apercevant Mercure, qu'il prend pour Sosie.*
Ah! ouvre.

MERCURE.

Comment, ouvre! Et qui donc es-tu, toi
Qui fais tant de vacarme et parles de la sorte?

AMPHITRYON.

Quoi! tu ne me connois pas?

MERCURE.

Non.
Et n'en ai pas la moindre envie.

AMPHITRYON, à part.

Tout le monde perd-il aujourd'hui la raison?
Est-ce un mal répandu? Sosie! holà, Sosie!

MERCURE.

Hé bien, Sosie! oui, c'est mon nom;
As-tu peur que je ne l'oublie?

AMPHITRYON.

Me vois-tu bien?

MERCURE.

Fort bien. Qui peut pousser ton bras
A faire une rumeur si grande?
Et que demandes-tu là-bas?

AMPHITRYON.

Moi, pendard! ce que je demande?

MERCURE.

Que ne demandes-tu donc pas?
Parle, si tu veux qu'on t'entende.

AMPHITRYON.

Attends, traître: avec un bâton
Je vais là-haut me faire entendre,

ACTE III, SCÈNE II.

Et de bonne façon t'apprendre
A m'oser parler sur ce ton.

MERCURE.

Tout beau! Si pour heurter tu fais la moindre instance,
Je t'enverrai d'ici des messagers fâcheux.

AMPHITRYON.

O ciel! vit-on jamais une telle insolence?
La peut-on concevoir d'un serviteur, d'un gueux!

MERCURE.

Hé bien! qu'est-ce? m'as-tu tout parcouru par ordre?
M'as-tu de tes gros yeux assez considéré?
Comme il les écarquille,[1] et paroît effaré!
    Si des regards on pouvoit mordre,
    Il m'auroit déjà déchiré.

AMPHITRYON.

Moi-même je frémis de ce que tu t'apprêtes
    Avec ces impudents propos.
Que tu grossis pour toi d'effroyables tempêtes!
Quels orages de coups vont fondre sur ton dos!

MERCURE.

L'ami, si de ces lieux tu ne veux disparoître,
Tu pourras y gagner quelque contusion.

AMPHITRYON.

Ah! tu sauras, maraud, à ta confusion,
Ce que c'est qu'un valet qui s'attaque à son maître.

---

[1] *Écarquiller*, ouvrir avec force.

AMPHITRYON.

MERCURE.

Toi, mon maître?

AMPHITRYON.

Oui, coquin. M'oses-tu méconnoître?

MERCURE.

Je n'en reconnois point d'autre qu'Amphitryon.

AMPHITRYON.

Et cet Amphitryon, qui, hors moi, le peut être?

MERCURE.

Amphitryon?

AMPHITRYON.

Sans doute.

MERCURE.

Ah! quelle vision!
Dis-nous un peu, Quel est le cabaret honnête
Où tu t'es coiffé le cerveau?

AMPHITRYON.

Comment! encore?

MERCURE.

Étoit-ce un vin à faire fête?

AMPHITRYON.

Ciel!

MERCURE.

Étoit-il vieux, ou nouveau?

AMPHITRYON.

Que de coups!

MERCURE.

Le nouveau donne fort dans la tête,
Quand on le veut boire sans eau.

AMPHITRYON.

Ah! je t'arracherai cette langue, sans doute.

MERCURE.

Passe, mon pauvre ami, crois-moi,
Que quelqu'un ici ne t'écoute.
Je respecte le vin. Va-t'en, retire-toi,
Et laisse Amphitryon dans les plaisirs qu'il goûte.

AMPHITRYON.

Comment! Amphitryon est là-dedans?

MERCURE.

Fort bien;
Qui, couvert des lauriers d'une victoire pleine,
Est auprès de la belle Alcmène
A jouir des douceurs d'un aimable entretien.
Après le démêlé d'un amoureux caprice,
Ils goûtent le plaisir de s'être rajustés.[1]
Garde-toi de troubler leurs douces privautés,
Si tu ne veux qu'il ne punisse
L'excès de tes témérités.

---

[1] *Rajustés*, raccommodés, réconciliés.

SCÈNE III.

AMPHITRYON.

Ah! quel étrange coup m'a-t-il porté dans l'âme!
En quel trouble cruel jette-t-il mon esprit!
Et si les choses sont comme le traître dit,
Où vois-je ici réduits mon honneur et ma flamme!
A quel parti me doit résoudre ma raison?
    Ai-je l'éclat ou le secret à prendre?
Et dois-je, en mon courroux, renfermer ou répandre
    Le déshonneur de ma maison?
Ah! faut-il consulter dans un affront si rude?
Je n'ai rien à prétendre, et rien à ménager;
    Et toute mon inquiétude
    Ne doit aller qu'à me venger.

SCÈNE IV.

AMPHITRYON, SOSIE; NAUCRATÈS et POLIDAS
DANS LE FOND DU THÉATRE.

SOSIE, à Amphitryon.

Monsieur, avec mes soins, tout ce que j'ai pu faire,
C'est de vous amener ces messieurs que voici.

AMPHITRYON.

Ah! vous voilà!

SOSIE.

Monsieur.

AMPHITRYON.

Insolent! téméraire!

SOSIE.

Quoi?

AMPHITRYON.

Je vous apprendrai de me traiter ainsi.

SOSIE.

Qu'est-ce donc? qu'avez-vous?

AMPHITRYON, mettant l'épée à la main.

Ce que j'ai, misérable!

SOSIE, à Naucratès et à Polidas.

Holà, messieurs, venez donc tôt.

NAUCRATÈS, à Amphitryon.

Ah! de grâce, arrêtez.

SOSIE.

De quoi suis-je coupable?

AMPHITRYON.

Tu me le demandes, maraud!

(à Naucratès.)

Laissez-moi satisfaire un courroux légitime.

SOSIE.

Lorsque l'on pend quelqu'un, on lui dit pourquoi c'est

NAUCRATÈS, à Amphitryon.

Daignez nous dire au moins quel peut être son crime.

SOSIE.

Messieurs, tenez bon, s'il vous plaît.

AMPHITRYON.

Comment! il vient d'avoir l'audace

De me fermer ma porte au nez,
Et de joindre encor la menace
A mille propos effrénés!
(voulant le battre.)
Ah! coquin!

SOSIE, tombant à genoux.

Je suis mort.

NAUCRATÈS, à Amphitryon.

Calmez cette colère.

SOSIE.

Messieurs.

POLIDAS, à Sosie.

Qu'est-ce?

SOSIE.

M'a-t-il frappé?

AMPHITRYON.

Non, il faut qu'il ait le salaire
Des mots où tout à l'heure il s'est émancipé.

SOSIE.

Comment cela se peut-il faire,
Si j'étois par votre ordre autre part occupé?
Ces messieurs sont ici pour rendre témoignage
Qu'à dîner avec vous je les viens d'inviter.

NAUCRATÈS.

Il est vrai qu'il nous vient de faire ce message,
Et n'a point voulu nous quitter.

YMPHITRYON.

Qui t'a donné cet ordre?

SOSIE.
>Vous.

AMPHITRYON.
Et quand ?

SOSIE.
>Après votre paix faite,
>Au milieu des transports d'une âme satisfaite
>D'avoir d'Alcmène apaisé le courroux.

(Sosie se relève.)

AMPHITRYON.
>O ciel ! chaque instant, chaque pas
>Ajoute quelque chose à mon cruel martyre ;
>Et, dans ce fatal embarras,
>Je ne sais plus que croire ni que dire.

NAUCRATÈS.
>Tout ce que de chez vous il vient de nous conter
>Surpasse si fort la nature,
>Qu'avant que de rien faire et de vous emporter
>Vous devez éclaircir toute cette aventure.

AMPHITRYON.
>Allons ; vous y pourrez seconder mon effort ;
>Et le ciel à propos ici vous a fait rendre.
>Voyons quelle fortune en ce jour peut m'attendre ;
>Débrouillons ce mystère, et sachons notre sort.
>Hélas ! je brûle de l'apprendre,
>Et je le crains plus que la mort.

(Amphitryon frappe à la porte de sa maison.)

SCÈNE V.

JUPITER, AMPHITRYON, NAUCRATÈS, POLIDAS, SOSIE.

JUPITER.

Quel bruit à descendre m'oblige?
Et qui frappe en maître où je suis?

AMPHITRYON.

Que vois-je? justes dieux!

NAUCRATÈS.

Ciel! quel est ce prodige?
Quoi! deux Amphitryons ici nous sont produits!

AMPHITRYON, à part.

Mon âme demeure transie!
Hélas! je n'en puis plus, l'aventure est à bout;
Ma destinée est éclaircie,
Et ce que je vois me dit tout.

NAUCRATÈS.

Plus mes regards sur eux s'attachent fortement,
Plus je trouve qu'en tout l'un à l'autre est semblable.

SOSIE, passant du côté de Jupiter.

Messieurs, voici le véritable;
L'autre est un imposteur digne de châtiment.

POLIDAS.

Certes, ce rapport admirable
Suspend ici mon jugement.

ACTE III, SCÈNE V.

AMPHITRYON.

C'est trop être éludé[1] par un fourbe exécrable;
Il faut avec ce fer rompre l'enchantement.

NAUCRATÈS, à Amphitryon, qui a mis l'épée à la main.

Arrêtez.

AMPHITRYON.

  Laissez-moi.

NAUCRATÈS.

    Dieux! que voulez-vous faire?

AMPHITRYON.

Punir d'un imposteur les lâches trahisons.

JUPITER.

Tout beau! l'emportement est fort peu nécessaire;
Et lorsque de la sorte on se met en colère,
On fait croire qu'on a de mauvaises raisons.

SOSIE.

Oui, c'est un enchanteur qui porte un caractère
 Pour ressembler aux maîtres des maisons.

AMPHITRYON, à Sosie.

 Je te ferai, pour ton partage,
Sentir par mille coups ces propos outrageants.

SOSIE.

 Mon maître est homme de courage,
Et ne souffrira point que l'on batte ses gens.

---

[1] *Éludé*, joué.

AMPHITRYON.

Laissez-moi m'assouvir dans mon courroux extrême,
Et laver mon affront au sang d'un scélérat.

NAUCRATÈS, arrêtant Amphitryon.

Nous ne souffrirons point cet étrange combat
    D'Amphitryon contre lui-même.

AMPHITRYON.

Quoi! mon honneur de vous reçoit ce traitement?
Et mes amis d'un fourbe embrassent la défense!
Loin d'être les premiers à prendre ma vengeance,
Eux-mêmes font obstacle à mon ressentiment!

NAUCRATÈS.

    Que voulez-vous qu'à cette vue
    Fassent nos résolutions,
    Lorsque par deux Amphitryons
Toute notre chaleur demeure suspendue?
A vous faire éclater notre zèle aujourd'hui,
Nous craignons de faillir et de vous méconnoître.
Nous voyons bien en vous Amphitryon paroître,
Du salut des Thébains le glorieux appui;
Mais nous le voyons tous aussi paroître en lui,
Et ne saurions juger dans lequel il peut être.

    Notre parti n'est point douteux,
Et l'imposteur par nous doit mordre la poussière:
Mais ce parfait rapport le cache entre vous deux;
    Et c'est un coup trop hasardeux
    Pour l'entreprendre sans lumière.[1]

---

[1]. *Sans lumière*, sans éclaircissements, sans preuves.

ACTE III, SCÈNE V.

Avec douceur laissez-nous voir
De quel côté peut être l'imposture ;
Et, dès que nous aurons démêlé l'aventure,
Il ne nous faudra point dire notre devoir.

JUPITER.

Oui, vous avez raison ; et cette ressemblance
A douter de tous deux vous peut autoriser.
Je ne m'offense point de vous voir en balance ;
Je suis plus raisonnable, et sais vous excuser.
L'œil ne peut entre nous faire de différence,
Et je vois qu'aisément on s'y peut abuser.
Vous ne me voyez point témoigner de colère,
Point mettre l'épée à la main ;
C'est un mauvais moyen d'éclaircir ce mystère,
Et j'en puis trouver un plus doux et plus certain.
L'un de nous est Amphitryon ;
Et tous deux à vos yeux nous le pouvons paroître.
C'est à moi de finir cette confusion ;
Et je prétends me faire à tous si bien connoître,
Qu'aux pressantes clartés de ce que je puis être
Lui-même soit d'accord du sang qui m'a fait naître,
Et n'ait plus de rien dire aucune occasion.
C'est aux yeux des Thébains que je veux avec vous
De la vérité pure ouvrir la connoissance ;
Et la chose sans doute est assez d'importance
Pour affecter la circonstance
De l'éclaircir aux yeux de tous.
Alcmène attend de moi ce public témoignage ;

Sa vertu, que l'éclat de ce désordre outrage,
Veut qu'on la justifie, et j'en vais prendre soin.
C'est à quoi mon amour envers elle m'engage;
Et des plus nobles chefs je fais un assemblage
Pour l'éclaircissement dont sa gloire a besoin.
Attendant avec vous ces témoins souhaités,
  Ayez, je vous prie, agréable
  De venir honorer la table
  Où vous a Sosie invités.

SOSIE.

Je ne me trompois pas, messieurs; ce mot termine
  Toute l'irrésolution;
  Le véritable Amphitryon
  Est l'Amphitryon où l'on dîne.

AMPHITRYON.

O ciel! puis-je plus bas me voir humilié!
Quoi! faut-il que j'entende ici pour mon martyre
Tout ce que l'imposteur à mes yeux vient de dire,
Et que, dans la fureur que ce discours m'inspire,
  On me tienne le bras lié!

NAUCRATÈS, à Amphitryon.

Vous vous plaignez à tort. Permettez-nous d'entendre
  L'éclaircissement qui doit rendre
  Les ressentiments de saison.
  Je ne sais pas s'il impose,
  Mais il parle sur la chose
  Comme s'il avoit raison.

ACTE III, SCÈNE V.

AMPHITRYON.

Allez, foibles amis, et flattez l'imposture :
Thèbes en a pour moi de tout autres que vous ;
Et je vais en trouver qui, partageant l'injure,
Sauront prêter la main à mon juste courroux.

JUPITER.

Hé bien! je les attends, et saurai décider
    Le différent en leur présence.

AMPHITRYON.

Fourbe, tu crois par-là peut-être t'évader ;
Mais rien ne te sauroit sauver de ma vengeance.

JUPITER.

    A ces injurieux propos
    Je ne daigne à présent répondre,
    Et tantôt je saurai confondre
    Cette fureur avec deux mots.

AMPHITRYON.

Le ciel même, le ciel ne t'y sauroit soustraire ;
Et jusques aux enfers j'irai suivre tes pas.

JUPITER.

    Il ne sera pas nécessaire ;
Et l'on verra tantôt que je ne fuirai pas.

AMPHITRYON, à part.

Allons, courons, avant que d'avec eux il sorte,
Assembler des amis qui suivent mon courroux ;
    Et chez moi venons à main forte
    Pour le percer de mille coups.

SCÈNE VI.

JUPITER, NAUCRATÈS, POLIDAS, SOSIE.

JUPITER.

Point de façon, je vous conjure;
Entrons vite dans la maison.

NAUCRATÈS.

Certes, toute cette aventure
Confond le sens et la raison.

SOSIE.

Faites trêve, messieurs, à toutes vos surprises;
Et pleins de joie allez tabler jusqu'à demain.
(seul.)
Que je vais m'en donner, et me mettre en beau train
De raconter nos vaillantises!
Je brûle d'en venir aux prises;
Et jamais je n'eus tant de faim.

SCÈNE VII.

MERCURE, SOSIE.

MERCURE.

Arrête. Quoi! tu viens ici mettre ton nez,
 Impudent flaireur de cuisine!

SOSIE.

Ah! de grâce, tout doux!

MERCURE.

     Ah! vous y retournez,
 Je vous ajusterai l'échine.

SOSIE.

 Hélas! brave et généreux moi,
  Modère-toi, je t'en supplie.
  Sosie, épargne un peu Sosie,
Et ne te plais pas tant à frapper dessus toi.

MERCURE.

  Qui de t'appeler de ce nom
  A pu te donner la licence?
Ne t'en ai-je pas fait une expresse défense,
Sous peine d'essuyer mille coups de bâton?

SOSIE.

C'est un nom que tous deux nous pouvons à la fois
  Posséder sous un même maître.
Pour Sosie en tous lieux on sait me reconnoître;

Je souffre bien que tu le sois,
Souffre aussi que je le puisse être
Laissons aux deux Amphitryons
Faire éclater des jalousies;
Et, parmi leurs contentions,
Faisons en bonne paix vivre les deux Sosies.

MERCURE.

Non, c'est assez d'un seul, et je suis obstiné
A ne point souffrir de partage.

SOSIE.

Du pas devant sur moi tu prendras l'avantage;
Je serai le cadet, et tu seras l'aîné.

MERCURE.

Non, un frère incommode, et n'est pas de mon goût,
Et je veux être fils unique.

SOSIE.

O cœur barbare et tyrannique!
Souffre qu'au moins je sois ton ombre

MERCURE.

Point du tout.

SOSIE.

Que d'un peu de pitié ton âme s'humanise!
En cette qualité souffre-moi près de toi :
Je te serai partout une ombre si soumise,
Que tu seras content de moi.

MERCURE.

Point de quartier; immuable est la loi.

ACTE III, SCÈNE VII.

Si d'entrer là-dedans tu prends encor l'audace,
    Mille coups en seront le fruit.

SOSIE.

Las! à quelle étrange disgrâce,
Pauvre Sosie, es-tu réduit!

MERCURE.

Quoi! ta bouche se licencie
A te donner encore un nom que je défends!

SOSIE.

Non, ce n'est pas moi que j'entends,
Et je parle d'un vieux Sosie
Qui fut jadis de mes parents,
Qu'avec très-grande barbarie,
A l'heure du dîner l'on chassa de céans.

MERCURE.

Prends garde de tomber dans cette frénésie,
Si tu veux demeurer au nombre des vivants.

SOSIE, à part.

Que je te rosserois, si j'avois du courage,
Double fils de putain, de trop d'orgueil enflé!

MERCURE.

Que dis-tu?

SOSIE.

Rien.

MERCURE.

Tu tiens, je crois, quelque langage.

SOSIE.

Demandez, je n'ai pas soufflé.

MERCURE.

Certain mot de fils de putain
A pourtant frappé mon oreille,
Il n'est rien de plus certain.

SOSIE.

C'est donc un perroquet que le beau temps réveille.

MERCURE.

Adieu. Lorsque le dos pourra te démanger,
Voilà l'endroit où je demeure.

SOSIE, seul.

O ciel! que l'heure de manger
Pour être mis dehors est une maudite heure!
Allons, cédons au sort dans notre affliction,
Suivons-en aujourd'hui l'aveugle fantaisie;
Et, par une juste union,
Joignons le malheureux Sosie
Au malheureux Amphitryon.
Je l'aperçois venir en bonne compagnie.

SCÈNE VIII.

AMPHITRYON, ARGATIPHONTIDAS, POSICLÈS;
SOSIE, DANS UN COIN DU THÉATRE, SANS ÊTRE APERÇU.

AMPHITRYON, à plusieurs autres officiers qui l'accompagnent.

Arrêtez là, messieurs; suivez-nous d'un peu loin,
    Et n'avancez tous, je vous prie,
    Que quand il en sera besoin.

POSICLÈS.

Je comprends que ce coup doit fort toucher votre âme.

AMPHITRYON.

Ah! de tous les côtés mortelle est ma douleur,
    Et je souffre pour ma flamme
    Autant que pour mon honneur.

POSICLÈS.

Si cette ressemblance est telle que l'on dit,
    Alcmène, sans être coupable...

AMPHITRYON.

    Ah! sur le fait dont il s'agit,
L'erreur simple devient un crime véritable,
Et sans consentement l'innocence y périt.
De semblables erreurs, quelque jour qu'on leur donne,
    Touchent les endroits délicats;
    Et la raison bien souvent les pardonne,
Que l'honneur et l'amour ne les pardonnent pas.

ARGATIPHONTIDAS.

Je n'embarrasse point là-dedans ma pensée :
Mais je hais vos messieurs de leurs honteux délais ;
Et c'est un procédé dont j'ai l'âme blessée,
Et que les gens de cœur n'approuveront jamais.
Quand quelqu'un nous emploie, on doit, tête baissée,

  Se jeter dans ses intérêts.
Argatiphontidas ne va point aux accords.[1]
Écouter d'un ami raisonner l'adversaire,
Pour des hommes d'honneur n'est point un coup à faire ;
Il ne faut écouter que la vengeance alors.
  Le procès ne me sauroit plaire,
Et l'on doit commencer toujours, dans ses transports,
  Par bailler, sans autre mystère,
  De l'épée au travers du corps.
Oui, vous verrez, quoi qu'il avienne,
Qu'Argatiphontidas marche droit sur ce point ;
  Et de vous il faut que j'obtienne
  Que le pendard ne meure point
  D'une autre main que de la mienne.

AMPHITRYON.

Allons.

SOSIE, à Amphitryon.

  Je viens, monsieur, subir, à deux genoux,
Le juste châtiment d'une audace maudite.

---

[1] *Ne va point aux accords*, pour, *n'entre pas en accommodement.*

Frappez, battez, chargez, accablez-moi de coups,
    Tuez-moi dans votre courroux,
    Vous ferez bien, je le mérite;
Et je n'en dirai pas un seul mot contre vous.

AMPHITRYON.

Lève-toi. Que fait-on?

SOSIE.

        L'on m'a chassé tout net;
Et, croyant à manger m'aller comme eux ébattre,
    Je ne songeois pas qu'en effet
    Je m'attendois là pour me battre.
Oui, l'autre moi, valet de l'autre vous, a fait
    Tout de nouveau le diable à quatre.
    La rigueur d'un pareil destin,
    Monsieur, aujourd'hui nous talonne;
    Et l'on me dé-Sosie enfin
    Comme on vous dés-Amphitryonne.

AMPHITRYON.

Suis-moi.

SOSIE.

    N'est-il pas mieux de voir s'il vient personne?

SCÈNE IX.

CLÉANTHIS, AMPHITRYON, ARGATIPHONTIDAS, POLIDAS, NAUCRATÈS, POSICLÈS, SOSIE.

CLÉANTHIS.

O ciel!

AMPHITRYON.

Qui t'épouvante ainsi?
Quelle est la peur que je t'inspire?

CLÉANTHIS.

Las! vous êtes là-haut, et je vous vois ici!

NAUCRATÈS, à Amphitryon.

Ne vous pressez point, le voici
Pour donner devant tous les clartés qu'on désire,
Et qui, si l'on peut croire à ce qu'il vient de dire,
Sauront vous affranchir de trouble et de souci.

SCÈNE X.

MERCURE, AMPHITRYON, ARGATIPHONTIDAS, POLIDAS, NAUCRATÈS, POSICLÈS, CLÉANTHIS, SOSIE.

MERCURE.

Oui, vous l'allez voir tous; et sachez par avance
   Que c'est le grand maître des dieux,
Que, sous les traits chéris de cette ressemblance
Alcmène a fait du ciel descendre dans ces lieux.

Et quant à moi, je suis Mercure,
Qui, ne sachant que faire, ai rossé tant soit peu
Celui dont j'ai pris la figure :
Mais de s'en consoler il a maintenant lieu ;
Et les coups de bâton d'un dieu
Font honneur à qui les endure.

SOSIE.

Ma foi, monsieur le dieu, je suis votre valet :
Je me serois passé de votre courtoisie.

MERCURE.

Je lui donne à présent congé d'être Sosie,
Je suis las de porter un visage si laid ;
Et je m'en vais au ciel avec de l'ambroisie
M'en débarbouiller tout-à-fait.
(Mercure s'envole dans le ciel.)

SOSIE.

Le ciel de m'approcher t'ôte à jamais l'envie !
Ta fureur s'est par trop acharnée après moi ;
Et je ne vis de ma vie
Un dieu plus diable que toi.

SCÈNE XI.

JUPITER, AMPHITRYON, NAUCRATÈS, ARGATIPHONTIDAS, POLIDAS, POSICLÈS, CLÉANTHIS, SOSIE.

JUPITER, *annoncé par le bruit du tonnerre, armé de son foudre, dans un nuage, sur son aigle.*

REGARDE, Amphitryon, quel est ton imposteur;
Et sous tes propres traits vois Jupiter paroître.
A ces marques tu peux aisément le connoître;
Et c'est assez, je crois, pour remettre ton cœur
    Dans l'état auquel il doit être,
Et rétablir chez toi la paix et la douceur.
Mon nom, qu'incessamment toute la terre adore,
Étouffe ici les bruits qui pouvoient éclater.
    Un partage avec Jupiter
    N'a rien du tout qui déshonore;
Et, sans doute, il ne peut être que glorieux
De se voir le rival du souverain des dieux.
Je n'y vois pour ta flamme aucun lieu de murmure;
    Et c'est moi, dans cette aventure,
Qui, tout dieu que je suis, dois être le jaloux:
Alcmène est toute à toi, quelque soin qu'on emploie;
Et ce doit à tes feux être un objet bien doux
De voir que, pour lui plaire, il n'est point d'autre voie
    Que de paroître son époux;
Que Jupiter, orné de sa gloire immortelle,
Par lui-même n'a pu triompher de sa foi;

ACTE III, SCÈNE XI.

Et que ce qu'il a reçu d'elle
N'a, par son cœur ardent, été donné qu'à toi.

SOSIE.

Le seigneur Jupiter sait dorer la pilule.

JUPITER.

Sors donc des noirs chagrins que ton cœur a soufferts,
Et rends le calme entier à l'ardeur qui te brûle;
Chez toi doit naître un fils qui, sous le nom d'Hercule,
Remplira de ses faits tout le vaste univers.
L'éclat d'une fortune en mille biens féconde
Fera connoître à tous que je suis ton support;[1]
  Et je mettrai tout le monde
  Au point d'envier ton sort.
  Tu peux hardiment te flatter
  De ces espérances données :
  C'est un crime que d'en douter ;
  Les paroles de Jupiter
  Sont des arrêts des destinées.
   (Il se perd dans les nues.)

NAUCRATÈS.

Certes, je suis ravi de ces marques brillantes...

SOSIE.

Messieurs, voulez-vous bien suivre mon sentiment?
  Ne vous embarquez nullement
  Dans ces douceurs congratulantes,
  C'est un mauvais embarquement;

---

[1] *Ton support,* ton appui, ton protecteur.

Et d'une et d'autre part, pour un tel compliment,
>   Les phrases sont embarrassantes.
Le grand dieu Jupiter nous fait beaucoup d'honneur,
Et sa bonté, sans doute, est pour nous sans seconde;
>   Il nous promet l'infaillible bonheur
>   D'une fortune en mille biens féconde,
Et chez nous il doit naître un fils d'un très-grand cœur :
>   Tout cela va le mieux du monde.
>   Mais enfin coupons aux discours,
Et que chacun chez soi doucement se retire :
>   Sur telles affaires toujours
>   Le meilleur est de ne rien dire.

FIN D'AMPHITRYON.

RÉFLEXIONS

SUR

AMPHITRYON.

Au premier coup d'œil, on peut croire que cette pièce n'est qu'une imitation de Plaute : mais quand on veut établir la comparaison entre l'AMPHITRYON françois et l'AMPHITRYON latin, on est bientôt convaincu de toute la supériorité du premier. La pièce de Plaute n'a guère servi que de canevas à Molière; il a embelli et développé ce qu'il a puisé dans cet auteur; l'indécence et la grossièreté ont été bannies des rôles de Jupiter et d'Alcmène; et le rôle de Cléanthis, qu'il s'est permis d'ajouter, donne à cette comédie un mouvement et une force comique qu'elle n'avoit pas. Ce contraste si bien entendu est entièrement de l'invention de Molière : Rotrou, qui avoit traité ce sujet plusieurs années auparavant, n'y avoit pas pensé.

Pour bien faire sentir tout le mérite de l'AMPHITRYON françois, il est nécessaire de donner une idée de la pièce latine, en indiquant en général les morceaux que Molière a plutôt imités que traduits. On joindra à cette analyse les traits dont Rotrou s'étoit emparé dans LES DEUX SOSIES, et dont notre auteur a pu profiter : enfin, sans s'arrêter aux mouvements du dialogue, qui lui appartiennent presque tous, on montrera les principales conceptions dont il a orné ce sujet.

Le prologue de Plaute n'a aucun rapport avec celui de l'AMPHITRYON françois : Mercure cherche à se concilier les spectateurs, et leur expose le sujet de la pièce. Dans Molière, au contraire, la scène de Mercure et de la Nuit est pleine de traits comiques : elle prépare adroitement le spectateur à ce qui va se passer, sans trop le lui laisser entrevoir. Bayle a prétendu que cette idée appartenoit à Lucien ; mais ceux qui partagent son opinion, observe très-bien M. de Voltaire, n'ont pas senti la différence qui est entre une imitation et la ressemblance très-éloignée de l'excellent dialogue de la Nuit et de Mercure, avec le petit dialogue de Mercure et d'Apollon dans Lucien. Il n'y a pas une plaisanterie, pas un seul mot que Molière doive à cet auteur grec.

Sosie, comme dans l'AMPHITRYON françois, ouvre la scène, et annonce sa poltronnerie : il s'étend sur le malheur de ceux qui servent les grands.

[1] « Hier, dit-il, mon maître m'a forcé, bien malgré moi, de
« partir de nuit du port où il est arrêté : n'auroit-il pas pu
« choisir le jour pour me charger de cette commission ? La
« servitude chez les riches est une rude chose ; et l'esclave
« d'un grand est plus malheureux que celui d'un homme du
« commun. Le jour, la nuit, ne suffisent pas. A peine a-t-on
« fait et dit ce qui étoit prescrit, qu'il arrive de nouveaux
« ordres pour vous ôter le repos. Un riche, n'ayant aucune

---

[1] Hæc heri immodestia coegit, me qui hoc
Noctis à portu ingratis excitavit.
Nonne idem hoc luci me mittere potuit ?
Opulento homini hoc magis servitus dura est,
Hoc magis miser est divitis servos :
Noctesque diesque assiduo satis superque est,
Quo facto, aut dicto adest opus, quietus ne sis.
Ipse dominus dives operis, et laboris expers,
Quodcumque homini accidit, libere posse retur.

« idée du travail, s'imagine qu'on doit faire avec plaisir tout
« ce qu'il ordonne, etc. »

Ces idées sont communes : nous allons voir le parti que
Molière en a tiré : il peint des plus vives couleurs tous les
désagréments attachés au service des grands, et semble s'étendre avec complaisance sur ce sujet fécond. Ce n'est plus d'un
pauvre esclave qu'il s'agit, c'est en général de tous ceux
que l'orgueil ou l'ambition éloigne de l'état où leur naissance
les avoit destinés. Ce morceau est un des plus profondément
pensés, et des plus piquants qui se trouvent dans Molière.

> Que mon maître, couvert de gloire,
> Me joue ici d'un vilain tour!
> Quoi! si pour son prochain il avoit quelque amour,
> M'auroit-il fait partir par une nuit si noire?
> Et pour me renvoyer annoncer son retour,
> Et le détail de sa victoire,
> Ne pouvoit-il pas bien attendre qu'il fût jour?
> Sosie, à quelle servitude
> Tes jours sont-ils assujettis?
> Notre sort est beaucoup plus rude
> Chez les grands que chez les petits.
> Ils veulent que pour eux tout soit, dans la nature,
> Obligé de s'immoler.
> Jour et nuit, grêle, vent, péril, chaleur, froidure,
> Dès qu'ils parlent, il faut voler.
> Vingt ans d'assidu service
> N'en obtiennent rien pour nous;
> Le moindre petit caprice
> Nous attire leur courroux.
> Cependant notre âme insensée
> S'acharne au vain honneur de demeurer près d'eux,
> Et s'y veut contenter de la fausse pensée
> Qu'ont tous les autres gens, que nous sommes heureux.
> Vers la retraite en vain la raison nous appelle,

En vain nôtre dépit quelquefois y consent ;
Leur vue a sur notre zèle
Un ascendant trop puissant ;
Et la moindre faveur d'un coup d'œil caressant
Vous rengage de plus belle.

On ne trouve, dans cette tirade, ni une traduction, ni même une imitation. Plaute en a tout au plus fourni le texte.

Dans la pièce latine, Sosie fait à loisir le plan du récit qu'il débitera devant Alcmène : mais il y a bien moins de comique et de mouvement que dans Molière. Il n'est pas question de dialogue avec la lanterne, et tout est pris au sérieux. L'idée de ce dialogue se trouve dans LES HARANGUEUSES d'Aristophane : Proxagara répète devant sa lampe le discours qu'elle doit prononcer à l'assemblée des femmes : mais la situation n'étant point la même, Molière peut toujours être considéré comme l'inventeur de cette excellente plaisanterie.

Sosie, dans Plaute, se borne à dire que *pendant qu'on se battoit avec acharnement, il fuyoit à toutes jambes*.[1] Molière étend cette idée, et la rend plus piquante :

Je dois aux yeux d'Alcmène un portrait militaire
De ce combat qui met nos ennemis à bas ;
Mais comment diantre le faire,
Si je ne m'y trouvai pas ?
N'importe, parlons-en et d'estoc et de taille,
Comme oculaire témoin.
Combien de gens font-ils des récits de bataille
Dont ils se sont tenus loin !

La nuit paroît longue à Sosie : il pense que le *soleil s'est en-*

---

[1] Nam quùm illi pugnabant maxumè, ego tùm fugiebam maxumè.

dormi pour avoir trop bu : [1] et Mercure, après avoir dit, *Crois-tu, maraud, que les dieux te ressemblent?* [2] ajoute qu'il le châtiera. Ces deux *a parte* sont imités par Molière.

La scène s'engage entre Mercure et Sosie; mais le dialogue est différent, et les plaisanteries ne sont pas les mêmes : Molière conserve toujours sa supériorité. Il se rapproche de l'auteur latin, lorsque Sosie, ayant été battu, persiste dans son obstination :

[3] « Ne suis-je pas, dit l'esclave dans Plaute, Sosie, serviteur d'Amphitryon? Notre vaisseau, qui m'a amené du port « Persique, n'est-il pas arrivé cette nuit? Mon maître ne m'a-« t-il pas envoyé ici? Ne suis-je pas à présent devant notre « maison? N'ai-je pas ma lanterne dans la main? Ne suis-je « pas éveillé? Ne parlé-je pas? »

Molière a parfaitement imité cette tirade, l'une des meilleures de Plaute :

Rêvé-je? est-ce que je sommeille?
Ai-je l'esprit troublé par des transports puissants?
Ne sens-je pas bien que je veille,
Et que je suis dans mon bon sens?
Mon maître Amphitryon ne m'a-t-il pas commis
A venir en ces lieux vers Alcmène sa femme?
Ne lui dois-je pas faire, en lui vantant sa flamme,

---

[1] Credo edepol, equidem dormire solem, atque appotum probè.

[2] Aisne vero, verbero, deos esse tui similes putas?

. . . .

Ego pol te istis tuis pro dictis et malefactis, furcifer accipiam.

[3] Non ego sum servos Amphitryonis Sosia?
Nonne hac noctu nostra navis ex portu Persico
Venit, quæ me advexit? Nonne me huc herus misit meus?
Nonne ego nunc sto ante ædes nostras? Non mi est laterna in manu?
Non loquor? non vigilo?

Un récit de ses faits contre nos ennemis?
Ne suis-je pas du port arrivé tout à l'heure?
Ne tiens-je pas une lanterne en main?
Ne te trouvé-je pas devant notre demeure?

Dans les deux pièces, Mercure, pour étonner Sosie, lui raconte ce qui s'est passé au camp : celui-ci, pour dernière épreuve, demande ce qu'il a fait pendant qu'on se battoit. Mercure, dans la pièce latine, le confond en lui répondant : « Il y avoit un tonneau de vin dans la tente de mon maître : « je trouvai moyen de remplir une bouteille.... [1] » Le Mercure de Molière est beaucoup plus comique.

MERCURE.

D'un jambon...

SOSIE, *à part.*

L'y voilà!

MERCURE.

Que j'allai déterrer,
Je coupai bravement deux tranches succulentes,
Dont je sus fort bien me bourrer.
Et joignant à cela d'un vin que l'on ménage,
Et dont, avant le goût, les yeux se contentoient,
Je pris un peu de courage
Pour nos gens qui se battoient.

L'observation du Sosie de Plaute sur cette circonstance singulière est du meilleur ton de comédie. [2] « Cela, dit-il, est « inexplicable, à moins qu'il ne fût dans la bouteille. »

Rotrou, dans LES DEUX SOSIES, a parfaitement rendu cette plaisanterie :

Je suis sans repartie après cette merveille,
S'il n'étoit par hasard caché dans la bouteille.

---

[1] Cadus erat vini : indè implevi cirneam.

[2] Mira sunt, nisi latuit intus illic in illac cirncâ.

Et Molière ne lui est pas inférieur dans son imitation :

> Cette preuve sans pareille
> En sa faveur conclut bien ;
> Et l'on n'y peut dire rien,
> S'il n'étoit dans la bouteille.

Cette première scène de l'Amphitryon de Plaute est celle que Molière a le plus imitée. On va voir, par la suite de l'analyse de la pièce latine, que le poëte françois en suit la marche à peu de chose près, mais que le dialogue et les détails lui appartiennent entièrement.

Mercure, dans Plaute, reste seul, après avoir chassé Sosie : il entretient le public de tout ce qui va se passer. On sent que Molière n'a pas imité cette scène. Jupiter sort avec Alcmène, qui n'a ni la décence, ni la grâce que lui a données le poëte françois. Elle se plaint que la nuit a été trop courte ; ce qui paroît assez singulier, quand on se rappelle que Mercure a pris soin de retarder le lever du soleil. Voilà l'analyse du premier acte de Plaute, dont le plan est pareil à celui de Molière. Ici un rôle charmant, celui de Cléanthis, paroît dans la pièce françoise. C'est une prude aussi peu réservée sur ce que les maris doivent à leurs femmes qu'Alcmène est délicate et modeste sur cet article. Mercure la traite avec dédain et grossièreté : son dépit est très-comique. Ce contraste, parfaitement entendu, n'offre rien de forcé : il donne du mouvement et de la vie à cette fable qui, dans la pièce latine, est trop simple.

Le second acte de Plaute s'ouvre par une scène où Amphitryon ne veut pas croire le récit singulier de Sosie. Molière a travaillé sur ce canevas, mais les meilleurs traits lui appartiennent. Sosie, dans Plaute, soutient à son maître *qu'il étoit depuis long-temps à la porte de la maison avant d'y être arrivé.*[1]

---

[1] Priùs multò ante ædis stabam quàm illò adveneram.

Rotrou s'est borné à traduire froidement ce vers :

J'étois chez nous long-temps avant que d'arriver.

Et Molière a développé cette pensée d'une manière admirable :

Non, monsieur, c'est la vérité pure :
Ce moi plus tôt que moi s'est au logis trouvé ;
Et j'étois venu, je vous jure,
Avant que je fusse arrivé.

Le jeu des deux *moi*, si naturel et si comique, n'est qu'indiqué dans Plaute. [1] « C'est *moi*, dit Sosie, qui suis à présent « dans la maison... Moi, dis-je ; combien de fois faut-il vous « le répéter ? ». C'est à Rotrou que Molière doit cette idée : dans sa pièce, Amphitryon questionne Sosie sur celui qui l'a mis hors de la maison. Sosie répond :

Moi, ne vous dis-je pas ?
Moi, que j'ai rencontré, moi, qui suis sur la porte,
Moi, qui me suis moi-même ajusté de la sorte,
Moi, qui me suis chargé d'une grêle de coups ;
C'est moi qui m'a parlé, c'est moi qui suis chez nous.

Molière, en imitant Rotrou, l'a surpassé par l'étonnante volubilité qu'il donne à Sosie, et qui est très-conforme à sa situation :

Faut-il le répéter vingt fois de même sorte ?
Moi, vous dis-je ; ce moi plus robuste que moi ;
Ce moi qui s'est de force emparé de la porte ;
Ce moi qui m'a fait filer doux ;
Ce moi qui le seul moi veut être ;

---

[1] Egomet, memet, qui nunc sum domi.
Ego, inquam, quoties dicendum est tibi ?

Ce moi de moi-même jaloux;
Ce moi vaillant dont le courroux
Au moi poltron s'est fait connoître;
Enfin ce moi qui suis chez nous;
Ce moi qui s'est montré mon maitre;
Ce moi qui m'a roué de coups.

Cette mesure de vers, ces rimes redoublées ajoutent à la vivacité du récit de Sosie.

Alcmène, dans la pièce latine, sort de chez elle: Amphitryon l'aborde, et elle est fort étonnée de le revoir sitôt. L'explication qu'ils ont entre eux a, pour le fond, la même marche que dans Molière; mais les détails diffèrent beaucoup. Plaute ne garde aucune mesure; la décence est blessée à chaque instant; au lieu que le poëte françois met dans la bouche d'Alcmène tout ce qu'une femme honnête peut répondre à un pareil interrogatoire. Les détails, très-scabreux par eux-mêmes, sont adoucis avec une adresse admirable; et, dans une position aussi délicate, on ne trouve rien qui puisse offenser les oreilles les plus chastes. Cléanthis, qui n'entre pas dans la fable de Plaute, reste avec Sosie: celui-ci tremble d'avoir le même sort que son maître, et interroge timidement son épouse. L'explication qu'ils ont ensemble est parfaitement amenée et développée: les précautions de Sosie, les emportements de sa femme, sont d'un comique excellent.

Nous en sommes au troisième acte de Plaute. Jupiter annonce qu'il vient pour finir la comédie, et pour faire éclater l'innocence d'Alcmène: cependant il se propose de répandre encore beaucoup de trouble dans la maison d'Amphitryon. En ce moment, Alcmène sort désespérée de sa maison: elle rencontre Jupiter, qu'elle prend toujours pour son époux, et contre lequel elle est irritée. Il cherche à renouer avec elle, mais elle lui reproche son injustice. Il s'excuse en disant qu'il a voulu rire et l'éprouver : cette excuse est mal reçue. Cependant la dame s'apaise enfin, et consent à une réconciliation. La scène de Molière qui a rapport à celle-là est d'un tout autre ton : il met beaucoup de délicatesse dans le rôle de Jupiter, qui joue sans cesse sur les mots d'*amant* et d'*époux*; et peut-être cette intention est-elle poussée trop loin, car on assure que Boileau le désapprouvoit : il ne pouvoit souffrir qu'on peignît Jupiter doucereux. Cléanthis reparoît ; elle affecte de la hauteur avec Sosie, qui veut se réconcilier aussi ; et celui-ci s'en venge en dédaignant les avances qu'elle lui fait un moment après. Cette petite scène a autant de précision que de gaieté; et vient très-bien après le dialogue sérieux de Jupiter et d'Alcmène.

Dans Plaute, Jupiter, réconcilié avec sa maîtresse, envoie Sosie inviter le pilote Blépharon, et rentre dans la maison. Mercure revient, et annonce aux spectateurs qu'il va empêcher Amphitryon de rentrer chez lui.

Le quatrième acte du poëte latin s'ouvre par un monologue d'Amphitryon, qui est à peu près dans le même sens que celui par lequel Molière commence son troisième acte. Amphitryon a couru partout sans pouvoir trouver ses amis. Il veut entrer chez lui ; Mercure l'en empêche :

[1] « Pourquoi, grand imbécile, lui dit-il, me regardes-tu fixement ? que veux-tu ? qui es-tu ?

---

[1] Quid me aspectas, stolide? quid nunc vis tibi?
Aut qui es tu homo?
AMPH.
Etiam quis ego sim me rogitas? ulmorum acheruns?
Quem pol ego hodie ob isthæc dicta faciam ferventem flagris.

AMPHITRYON.

« Maraud, tu me demandes qui je suis ! Un orage de coups
« de fouet se prépare pour toi : je saurai punir ton insolence. »

Rotrou, dans ses DEUX SOSIES, a parfaitement imité ce passage ; et l'on va voir que Molière n'a pas dédaigné de lui emprunter quelques mots heureux. Amphitryon veut se faire ouvrir :

Sosie !

MERCURE.

Eh bien ! c'est moi. Crois-tu que je l'oublie ?
Achève, que veux-tu ?

AMPHITRYON.

Traître, ce que je veux ?

MERCURE.

Que ne veux-tu donc point ? Reponds-moi si tu peux.
Il semble s'adresser à quelque hôtellerie,
De la façon qu'il frappe, et qu'il parle, et qu'il crie.
Eh bien ! m'as-tu, stupide, assez considéré ?
Si l'on mangeoit des yeux, il m'auroit dévoré.

AMPHITRYON.

Quel orage de coups va pleuvoir sur ta tête !
Moi-même j'ai pitié des maux que je t'apprête.

Molière a donné, ainsi qu'on va le voir, une tournure plus comique aux idées de Plaute et de Rotrou.

AMPHITRYON.

Sosie ! holà, Sosie !

MERCURE.

Hé bien, Sosie ! oui, c'est mon nom ;
As-tu peur que je ne l'oublie ?

AMPHITRYON.

O ciel ! vit-on jamais une telle insolence ?
La peut-on concevoir d'un serviteur, d'un gueux ?

MERCURE.

Eh bien! qu'est-ce? m'as-tu tout parcouru par ordre?
M'as-tu de tes gros yeux assez considéré?
 Si des regards on pouvoit mordre,
 Il m'auroit déjà dévoré.

AMPHITRYON.

Moi-même je frémis de ce que tu t'apprêtes
 Avec tes insolents propos.
Que tu grossis pour toi d'effroyables tempêtes!
Quels orages de coups vont fondre sur ton dos!

Amphitryon, dans Plaute, fait après cette scène une multitude de réflexions sur son accident. Blépharon, accompagné de Sosie, arrive pour dîner : Amphitryon veut battre ce dernier; Blépharon l'en empêche. Ces deux scènes sont parfaitement traitées par Molière. Jupiter paroît : dispute très-longue entre les deux Amphitryons. Blépharon, pris pour juge, ne veut rien décider. Molière a tourné gaiement cette scène, qui est sérieuse chez le poëte latin. Il a ajouté un trait qui est devenu proverbe, et dont il a trouvé l'idée dans LES DEUX SOSIES de Rotrou. L'un des convives tranche la difficulté comme Sosie :

 Point, point d'Amphitryon où l'on ne dine pas.

L'expression de Molière est bien plus comique :

  Le véritable Amphitryon
  Est l'Amphitryon où l'on dîne.

Cependant l'Alcmène de Plaute accouche : Amphitryon au désespoir va trouver le roi; et cet incident termine le quatrième acte de la pièce latine. Ici Molière a placé une scène charmante, dont l'idée n'appartient qu'à lui : c'est Sosie, encore tourmenté par Mercure, et chassé de la maison au moment où l'on sert le dîner.

Une des femmes d'Alcmène ouvre le cinquième acte de Plaute : elle est saisie d'effroi ; le tonnerre s'est fait entendre ; et sa maîtresse est accouchée de deux enfants. Bromia donne à Amphitryon tous les détails de l'accouchement : elle lui peint la naissance d'Hercule, et lui parle des deux serpents qu'il a étouffés dans son berceau. Cette femme ajoute que Jupiter est le père d'Hercule, et que l'autre enfant appartient à Amphitryon. Celui-ci prend son parti avec beaucoup de résignation. Jupiter paroît alors, et explique tout.

On voit que Molière n'a presque rien puisé dans cet acte, qui est rempli de détails peu conformes à nos mœurs. Rotrou lui a encore donné l'idée d'une excellente plaisanterie : dans sa pièce, Sosie, après avoir entendu Jupiter, fait l'observation suivante :

> Cet honneur, ce me semble, est un triste avantage ;
> On appelle cela lui sucrer le breuvage.

C'est le sens du vers charmant :

> Le seigneur Jupiter sait dorer la pilule.

D'après la comparaison que nous venons d'établir entre les AMPHITRYONS latin et françois, dont nous avons suivi avec exactitude la marche et la conduite, on doit se faire une idée des obligations que Molière peut avoir à Plaute. Il nous semble que ce parallèle suffit pour prouver que la pièce latine n'a été pour le poëte françois qu'un canevas qu'il a su orner des plus riches couleurs. Ce talent d'embellir tout ce qu'on touche est aussi rare que celui de l'invention.

« AMPHITRYON, dit M. de Voltaire, est la première comé-
« die que Molière ait écrite en vers libres. On prétendit alors
« que ce genre de versification étoit plus propre à la comédie
« que les rimes plates, en ce qu'il y a plus de liberté et de

« variété : cependant les rimes plates et les vers alexandrins
« ont prévalu. Les vers libres sont d'autant plus malaisés à
« faire, qu'ils semblent plus faciles. Il y a un rhythme très-peu
« connu qu'il faut observer, sans quoi cette poésie rebute. »
On peut observer que dans aucune pièce ce rhythme n'est
mieux observé que dans celle-ci : nous avons montré combien
les petits vers et les rimes redoublées donnent de vivacité à un
récit. Si l'on faisoit les mêmes remarques sur toutes les scènes
d'AMPHITRYON, on verroit que Molière a eu presque toujours
l'art de se servir de l'espèce de vers qui convenoit le mieux
aux sentiments qu'il avoit à exprimer.

L'AVARE,

COMÉDIE

EN CINQ ACTES ET EN PROSE,

Représentée à Paris, sur le théâtre du Palais-Royal, le 9 septembre 1668.

PERSONNAGES.

HARPAGON, père de Cléante et d'Élise, et amoureux de Mariane.
ANSELME, père de Valère et de Mariane.
CLÉANTE, fils d'Harpagon, amant de Mariane.
ÉLISE, fille d'Harpagon.
VALÈRE, fils d'Anselme, et amant d'Élise.
MARIANE, fille d'Anselme.
FROSINE, femme d'intrigue.
MAÎTRE SIMON, courtier.
MAÎTRE JACQUES, cuisinier et cocher d'Harpagon.
LA FLÈCHE, valet de Cléante.
DAME CLAUDE, servante d'Harpagon.
BRINDAVOINE, } laquais d'Harpagon.
LA MERLUCHE, }
UN COMMISSAIRE.

La scène est à Paris, dans la maison d'Harpagon.

L'AVARE.

L'AVARE.

ACTE PREMIER.

SCÈNE I.

VALÈRE, ÉLISE.

VALÈRE.

Hé quoi! charmante Elise, vous devenez mélancolique, après les obligeantes assurances que vous avez eu la bonté de me donner de votre foi! je vous vois soupirer, hélas! au milieu de ma joie! Est-ce du regret, dites-moi, de m'avoir fait heureux? et vous repentez-vous de cet engagement où mes feux ont pu vous contraindre?

ÉLISE.

Non, Valère, je ne puis pas me repentir de tout ce que je fais pour vous; je m'y sens entraîner par une trop douce puissance : et je n'ai pas même la force de souhaiter que les choses ne fussent pas. Mais, à vous dire vrai, le succès me donne de l'inquiétude; et je crains fort de vous aimer un peu plus que je ne devrois.

VALÈRE.

Hé! que pouvez-vous craindre, Élise, dans les bontés que vous avez pour moi?

ÉLISE.

Hélas! cent choses à la fois : l'emportement d'un père, les reproches d'une famille, les censures du monde, mais, plus que tout, Valère, le changement de votre cœur, et cette froideur criminelle dont ceux de votre sexe payent le plus souvent les témoignages trop ardents d'un innocent amour.

VALÈRE.

Ah! ne me faites pas ce tort de juger de moi par les autres : soupçonnez-moi de tout, Elise, plutôt que de manquer à ce que je vous dois. Je vous aime trop pour cela; et mon amour pour vous durera autant que ma vie.

ÉLISE.

Ah! Valère, chacun tient les mêmes discours. Tous les hommes sont semblables par les paroles, et ce n'est que les actions qui les découvrent différents.

VALÈRE.

Puisque les seules actions font connoître ce que nous sommes, attendez donc, au moins, à juger de mon cœur par elles; et ne me cherchez point des crimes dans les injustes craintes d'une fâcheuse prévoyance. Ne m'assassinez point, je vous prie, par les sensibles coups d'un soupçon outrageux; et donnez-moi le temps de vous convaincre, par mille et mille preuves, de l'honnêteté de mes feux.

ÉLISE.

Hélas! qu'avec facilité on se laisse persuader par les personnes que l'on aime! Oui, Valère, je tiens votre cœur incapable de m'abuser. Je crois que vous m'aimez d'un

ACTE I, SCÈNE 1.

véritable amour, et que vous me serez fidèle; je n'en veux point du tout douter, et je retranche mon chagrin [1] aux appréhensions du blâme qu'on pourra me donner.

VALÈRE.

Mais pourquoi cette inquiétude?

ÉLISE.

Je n'aurois rien à craindre si tout le monde vous voyoit des yeux dont je vous vois; et je trouve en votre personne de quoi avoir raison [2] aux choses que je fais pour vous. Mon cœur, pour sa défense, a tout votre mérite, appuyé du secours d'une reconnoissance où le ciel m'engage envers vous. Je me représente à toute heure ce péril étonnant qui commença de nous offrir aux regards l'un de l'autre, cette générosité surprenante qui vous fit risquer votre vie pour dérober la mienne à la fureur des ondes, ces soins pleins de tendresse que vous me fîtes éclater après m'avoir tirée de l'eau, et les hommages assidus de cet ardent amour que ni le temps ni les difficultés n'ont rebuté, et qui, vous faisant négliger et parents et patrie, arrête vos pas en ces lieux, y tient en ma faveur votre fortune déguisée, et vous a réduit, pour me voir, à vous revêtir de l'emploi de domestique de mon père. Tout cela fait chez moi, sans doute, un merveilleux effet; et c'en est assez, à mes yeux, pour me justifier l'engagement où j'ai pu consentir; mais ce n'est pas assez peut-être pour le justifier

---

[1] *Je retranche mon chagrin,* pour, *mon chagrin se borne.*

[2] *Avoir raison aux choses,* pour, *justifier les choses.*

aux autres, et je ne suis pas sûre qu'on entre dans mes sentiments.

VALÈRE.

De tout ce que vous avez dit, ce n'est que par mon seul amour que je prétends, auprès de vous, mériter quelque chose : et, quant aux scrupules que vous avez, votre père lui-même ne prend que trop de soin de vous justifier à tout le monde; et l'excès de son avarice, et la manière austère dont il vit avec ses enfants, pourroient autoriser des choses plus étranges. Pardonnez-moi, charmante Élise, si j'en parle ainsi devant vous. Vous savez que, sur ce chapitre, on n'en peut pas dire de bien. Mais enfin si je puis, comme je l'espère, retrouver mes parents, nous n'aurons pas beaucoup de peine à nous le rendre favorable. J'en attends des nouvelles avec impatience; et j'en irai chercher moi-même si elles tardent à venir.

ÉLISE.

Ah! Valère, ne bougez d'ici, je vous prie, et songez seulement à vous bien mettre dans l'esprit de mon père.

VALÈRE.

Vous voyez comme je m'y prends, et les adroites complaisances qu'il m'a fallu mettre en usage pour m'introduire à son service, sous quel masque de sympathie et de rapports de sentiments je me déguise pour lui plaire, et quel personnage je joue tous les jours avec lui afin d'acquérir sa tendresse. J'y fais des progrès admirables; et j'éprouve que, pour gagner les hommes, il n'est point de meilleure voie que de se parer à leurs yeux de leurs inclinations, que de donner dans leurs maximes, encenser leurs défauts, et applaudir à ce qu'ils font. On n'a que faire d'avoir peur de trop charger la complaisance; et la manière dont on les joue a beau être visible, les plus fins sont toujours de grandes dupes du côté de la flatterie; et il n'y a rien de si impertinent et de si ridicule qu'on ne fasse avaler, lorsqu'on l'assaisonne en louanges. La sincérité souffre un peu au métier que je fais : mais quand on a besoin des hommes, il faut bien s'ajuster à eux; et puisqu'on ne sauroit les gagner que par-là, ce n'est pas la faute de ceux qui flattent, mais de ceux qui veulent être flattés.

ÉLISE.

Mais que ne tâchez-vous aussi à gagner l'appui de mon frère, en cas que la servante s'avisât de révéler notre secret?

VALÈRE.

On ne peut pas ménager l'un et l'autre; et l'esprit du père et celui du fils sont des choses si opposées, qu'il est difficile d'accommoder ces deux confidences ensemble. Mais vous, de votre part, agissez auprès de votre frère, et servez-vous de l'amitié qui est entre vous deux pour le jeter dans nos intérêts. Il vient. Je me retire. Prenez ce temps pour lui parler, et ne lui découvrez de notre affaire que ce que vous jugerez à propos.

ÉLISE.

Je ne sais si j'aurai la force de lui faire cette confidence.

SCÈNE II.
CLÉANTE, ÉLISE.

CLÉANTE.

Je suis bien aise de vous trouver seule, ma sœur, et je brûlois de vous parler pour m'ouvrir à vous d'un secret.

ÉLISE.

Me voilà prête à vous ouïr, mon frère. Qu'avez-vous à me dire?

CLÉANTE.

Bien des choses, ma sœur, enveloppées dans un mot, J'aime.

ÉLISE.

Vous aimez?

CLÉANTE.

Oui, j'aime. Mais, avant que d'aller plus loin, je sais que je dépends d'un père, et que le nom de fils me soumet à ses volontés; que nous ne devons point engager notre foi sans le consentement de ceux dont nous tenons le jour; que le ciel les a faits les maîtres de nos vœux, et qu'il nous est enjoint de n'en disposer que par leur conduite; que, n'étant prévenus d'aucune folle ardeur, ils sont en état de se tromper bien moins que nous, et de voir beaucoup mieux ce qui nous est propre : qu'il en faut plutôt croire les lumières de leur prudence que l'aveuglement de notre passion; et que l'emportement de la jeunesse nous entraîne le plus souvent dans des précipices fâcheux. Je vous dis tout cela, ma sœur, afin que vous ne vous donniez pas la peine de me le dire; car enfin mon amour ne veut rien écouter, et je vous prie de ne me point faire de remontrances.

ÉLISE.

Vous êtes-vous engagé, mon frère, avec celle que vous aimez?

CLÉANTE.

Non; mais j'y suis résolu : et je vous conjure, encore une fois, de ne me point apporter de raisons pour m'en dissuader.

ÉLISE.

Suis-je, mon frère, une si étrange personne?

CLÉANTE.

Non, ma sœur; mais vous n'aimez pas. Vous ignorez la douce violence qu'un tendre amour fait sur nos cœurs, et j'appréhende votre sagesse.

ÉLISE.

Hélas! mon frère, ne parlons point de ma sagesse. Il n'est personne qui n'en manque, du moins une fois en sa vie; et, si je vous ouvre mon cœur, peut-être serai-je à vos yeux bien moins sage que vous.

CLÉANTE.

Ah! plût au ciel que votre âme, comme la mienne...

ÉLISE.

Finissons auparavant votre affaire, et me dites qui est celle que vous aimez.

CLÉANTE.

Une jeune personne qui loge depuis peu en ces quartiers, et qui semble être faite pour donner de l'amour à tous ceux qui la voient. La nature, ma sœur, n'a rien formé de plus aimable; et je me sentis transporté dès le moment que je la vis. Elle se nomme Mariane, et vit sous la conduite d'une bonne femme de mère qui est presque toujours malade, et pour qui cette aimable fille a des sentiments d'amitié qui ne sont pas imaginables. Elle la sert, la plaint, et la console, avec une tendresse qui vous toucheroit l'âme. Elle se prend d'un air le plus charmant du monde aux choses qu'elle fait; et l'on voit briller mille grâces en toutes ses actions, une douceur pleine d'attraits, une bonté tout engageante, une honnêteté adorable, une... Ah! ma sœur, je voudrois que vous l'eussiez vue!

ÉLISE.

J'en vois beaucoup, mon frère, dans les choses que vous me dites; et, pour comprendre ce qu'elle est, il me suffit que vous l'aimez.

CLÉANTE.

J'ai découvert, sous main, qu'elles ne sont pas fort accommodées [1], et que leur discrète conduite a de la peine à étendre à tous leurs besoins le bien qu'elles peuvent avoir. Figurez-vous, ma sœur, quelle joie ce peut être que de relever la fortune d'une personne que l'on aime, que de donner adroitement quelques petits secours aux modestes nécessités d'une vertueuse famille; et concevez quel déplaisir ce m'est de voir que, par l'avarice d'un père, je sois dans l'impuissance de goûter cette joie, et de

---

[1] *Fort accommodées*, pour, *fort à leur aise.*

faire éclater à cette belle aucun témoignage de mon amour.

ÉLISE.

Oui, je conçois assez, mon frère, quel doit être votre chagrin.

CLÉANTE.

Ah! ma sœur, il est plus grand qu'on ne peut croire. Car enfin peut-on rien voir de plus cruel que cette rigoureuse épargne qu'on exerce sur nous, que cette sécheresse étrange où l'on nous fait languir? Hé! que nous servira d'avoir du bien, s'il ne nous vient que dans le temps que nous ne serons plus dans le bel âge d'en jouir; et si, pour m'entretenir même, il faut que maintenant je m'engage de tous côtés; si je suis réduit avec vous à chercher tous les jours le recours des marchands pour avoir moyen de porter des habits raisonnables? Enfin, j'ai voulu vous parler pour m'aider à sonder mon père sur les sentiments où je suis; et, si je l'y trouve contraire, j'ai résolu d'aller en d'autres lieux, avec cette aimable personne, jouir de la fortune que le ciel voudra nous offrir. Je fais chercher partout, pour ce dessein, de l'argent à emprunter; et, si vos affaires, ma sœur, sont semblables aux miennes, et qu'il faille que notre père s'oppose à nos désirs, nous le quitterons là tous deux, et nous affranchirons de cette tyrannie où nous tient depuis si long-temps son avarice insupportable.

ÉLISE.

Il est bien vrai que tous les jours il nous donne de plus

en plus sujet de regretter la mort de notre mère! et que...

CLÉANTE.

J'entends sa voix. Eloignons-nous un peu pour achever notre confidence; et nous joindrons, après, nos forces pour venir attaquer la dureté de son humeur.

SCÈNE III.
HARPAGON, LA FLÈCHE.

HARPAGON.

Hors d'ici tout à l'heure, et qu'on ne réplique pas. Allons, que l'on détale de chez moi; maître juré filou, vrai gibier de potence.

LA FLÈCHE, à part.

Je n'ai jamais rien vu de si méchant que ce maudit vieillard; et je pense, sauf correction, qu'il a le diable au corps.

HARPAGON.

Tu murmures entre tes dents?

LA FLÈCHE.

Pourquoi me chassez-vous?

HARPAGON.

C'est bien à toi, pendard, à me demander des raisons! Sors vite, que je ne t'assomme.

LA FLÈCHE.

Qu'est-ce que je vous ai fait?

HARPAGON.

Tu m'as fait, que je veux que tu sortes.

ACTE 1, SCÈNE III.

LA FLÈCHE.

Mon maître, votre fils, m'a donné ordre de l'attendre.

HARPAGON.

Va-t'en l'attendre dans la rue, et ne sois point dans ma maison planté tout droit comme un piquet, à observer ce qui se passe, et faire ton profit de tout. Je ne veux point voir sans cesse devant moi un espion de mes affaires, un traître dont les yeux maudits assiégent toutes mes actions, dévorent ce que je possède, et furètent de tous côtés pour voir s'il n'y a rien à voler.

LA FLÈCHE.

Comment diantre voulez-vous qu'on fasse pour vous voler? Êtes-vous un homme volable, quand vous renfermez toutes choses, et faites sentinelle jour et nuit?

HARPAGON.

Je veux renfermer ce que bon me semble, et faire sentinelle comme il me plaît. Ne voilà pas de mes mouchards [1] qui prennent garde à ce qu'on fait! (bas, à part.) Je tremble qu'il n'ait soupçonné quelque chose de mon argent. (haut.) Ne serois-tu point homme à faire courir le bruit que j'ai chez moi de l'argent caché?

LA FLÈCHE.

Vous avez de l'argent caché?

---

[1] Il y avoit sous François II un Antoine Democharis de Mouchy, inquisiteur de la foi. Mézeray prétend que ses espions furent appelés *mouchards*. En effet, ce mot ne se trouve pas employé avant le règne de François II.

HARPAGON.

Non, coquin, je ne dis pas cela. (bas.) J'enrage! (haut.) Je demande si malicieusement tu n'irois point faire courir le bruit que j'en ai.

LA FLÈCHE.

Hé! que nous importe que vous en ayez ou que vous n'en ayez pas, si c'est pour nous la même chose?

HARPAGON, levant la main pour donner un soufflet à La Flèche.

Tu fais le raisonneur! Je te baillerai de ce raisonnement-ci par les oreilles. Sors d'ici, encore une fois.

LA FLÈCHE.

Hé bien! je sors.

HARPAGON.

Attends. Ne m'emportes-tu rien?

LA FLÈCHE.

Que vous emporterois-je?

HARPAGON.

Viens çà que je voie. Montre-moi tes mains.

LA FLÈCHE.

Les voilà.

HARPAGON.

Les autres.

LA FLÈCHE.

Les autres?

HARPAGON.

Oui.

LA FLÈCHE.

Les voilà.

HARPAGON, montrant le haut-de-chausses de La Flèche.

N'as-tu rien mis ici dedans?

LA FLÈCHE.

Voyez vous-même.

HARPAGON, tâtant le bas des hauts-de-chausses de La Flèche.

Ces grands hauts-de-chausses sont propres à devenir les recéleurs des choses qu'on dérobe, et je voudrois qu'on en eût fait pendre quelqu'un.

LA FLÈCHE, à part.

Ah! qu'un homme comme cela méritcroit bien ce qu'il craint! et que j'aurois de joie à le voler!

HARPAGON.

Hé?

LA FLÈCHE.

Quoi?

HARPAGON.

Qu'est-ce que tu parles de voler?

LA FLÈCHE.

Je dis que vous fouillez bien partout pour voir si je vous ai volé.

HARPAGON.

C'est ce que je veux faire.

(Harpagon fouille dans les poches de La Flèche.)

LA FLÈCHE, à part.

La peste soit de l'avarice et des avaricieux!

HARPAGON

Comment? que dis-tu?

LA FLÈCHE.

Ce que je dis?

HARPAGON.

Oui. Qu'est-ce que tu dis d'avarice et d'avaricieux?

LA FLÈCHE.

Je dis que la peste soit de l'avarice et des avaricieux?

HARPAGON.

De qui veux-tu parler?

LA FLÈCHE.

Des avaricieux.

HARPAGON.

Et qui sont-ils, ces avaricieux?

LA FLÈCHE.

Des vilains et des ladres.

HARPAGON.

Mais qui est-ce que tu entends par-là?

LA FLÈCHE.

De quoi vous mettez-vous en peine?

HARPAGON.

Je me mets en peine de ce qu'il faut.

LA FLÈCHE.

Est-ce que vous croyez que je veux parler de vous?

HARPAGON.

Je crois ce que je crois; mais je veux que tu me dises à qui tu parles quand tu dis cela.

ACTE I, SCÈNE III.

LA FLÈCHE.

Je parle... Je parle à mon bonnet.

HARPAGON.

Et moi je pourrois bien parler à ta barrette.

LA FLÈCHE.

M'empêcherez-vous de maudire les avaricieux?

HARPAGON.

Non; mais je t'empêcherai de jaser et d'être insolent : tais-toi.

LA FLÈCHE.

Je ne nomme personne.

HARPAGON.

Je te rosserai, si tu parles.

LA FLÈCHE.

Qui se sent morveux, qu'il se mouche.

HARPAGON.

Te tairas-tu?

LA FLÈCHE.

Oui, malgré moi.

HARPAGON.

Ah! ah!

LA FLÈCHE, montrant à Harpagon une poche de son justaucorps.

Tenez, voilà encore une poche. Êtes-vous satisfait?

HARPAGON.

Allons, rends-le-moi sans te fouiller.

LA FLÈCHE.

Quoi?

HARPAGON.

Ce que tu m'as pris.

LA FLÈCHE.

Je ne vous ai rien pris du tout.

HARPAGON.

Assurément?

LA FLÈCHE.

Assurément.

HARPAGON.

Adieu. Va-t'en à tous les diables.

LA FLÈCHE, à part.

Me voilà fort bien congédié!

HARPAGON.

Je te le mets sur ta conscience au moins.

SCÈNE IV.

HARPAGON.

VOILÀ un pendard de valet qui m'incommode fort; et je ne me plais point à voir ce chien de boiteux-là. Certes, ce n'est pas une petite peine que de garder chez soi une grande somme d'argent; et bien heureux qui a tout son fait bien placé, et ne conserve seulement que ce qu'il faut pour sa dépense. On n'est pas peu embarrassé à inventer dans toute une maison une cache fidèle; car, pour moi, les coffres-forts me sont suspects, et je ne veux jamais m'y fier; je les tiens justement une franche amorce à voleurs; et c'est toujours la première chose que l'on va attaquer.

SCÈNE V.

HARPAGON; ÉLISE ET CLÉANTE, parlant
ensemble, et restant dans le fond du théâtre.

HARPAGON, se croyant seul.

CEPENDANT je ne sais si j'aurai bien fait d'avoir enterré dans mon jardin dix mille écus qu'on me rendit hier. Dix mille écus en or, chez soi, est une somme assez... (à part, apercevant Élise et Cléante.) O ciel! je me serai trahi moi-même; la chaleur m'aura emporté; et je crois que j'ai parlé haut en raisonnant tout seul. (à Cléante et à Élise.) Qu'est-ce?

CLÉANTE.

Rien, mon père.

HARPAGON.

Y a-t-il long-temps que vous êtes là?

ÉLISE.

Nous ne venons que d'arriver.

HARPAGON.

Vous avez entendu...

CLÉANTE.

Quoi, mon père?

HARPAGON.

Là...

ÉLISE.

Quoi?

HARPAGON.

Ce que je viens de dire.

CLÉANTE.

Non.

HARPAGON.

Si fait, si fait.

ÉLISE.

Pardonnez-moi.

HARPAGON.

Je vois bien que vous en avez ouï quelques mots. C'est que je m'entretenois en moi-même de la peine qu'il y a aujourd'hui à trouver de l'argent, et je disois qu'il est bien heureux qui peut avoir dix mille écus chez soi.

CLÉANTE.

Nous feignions à vous aborder, de peur de vous interrompre.

HARPAGON.

Je suis bien aise de vous dire cela, afin que vous n'alliez pas prendre les choses de travers, et vous imaginer que je dise que c'est moi qui ai dix mille écus.

CLÉANTE.

Nous n'entrons point dans vos affaires.

HARPAGON.

Plût à Dieu que je les eusse, les dix mille écus!

CLÉANTE.

Je ne crois pas...

HARPAGON.

Ce seroit une bonne affaire pour moi.

ÉLISE.

Ce sont des choses...

HARPAGON.

J'en aurois bon besoin.

ACTE 1, SCÈNE V.

CLÉANTE.

Je pense que...

HARPAGON.

Cela m'accommoderoit fort.

ÉLISE.

Vous êtes...

HARPAGON.

Et je ne me plaindrois pas, comme je fais, que le temps est misérable.

CLÉANTE.

Mon Dieu! mon père, vous n'avez pas lieu de vous plaindre, et l'on sait que vous avez assez de bien.

HARPAGON.

Comment! j'ai assez de bien! Ceux qui le disent en ont menti. Il n'y a rien de plus faux; et ce sont des coquins qui font courir tous ces bruits-là.

ÉLISE.

Ne vous mettez point en colère.

HARPAGON.

Cela est étrange, que mes propres enfants me trahissent, et deviennent mes ennemis?

CLÉANTE.

Est-ce être votre ennemi, que de dire que vous avez du bien?

HARPAGON.

Oui. De pareils discours, et les dépenses que vous faites, seront cause qu'un de ces jours on me viendra chez moi couper la gorge, dans la pensée que je suis tout cousu de pistoles.

CLÉANTE.

Quelle grande dépense est-ce que je fais?

HARPAGON.

Quelle? Est-il rien de plus scandaleux que ce somptueux équipage que vous promenez par la ville? Je querellois hier votre sœur; mais c'est encore pis. Voilà qui crie vengeance au ciel; et, à vous prendre depuis les pieds jusqu'à la tête, il y auroit là de quoi faire une bonne constitution. Je vous l'ai dit vingt fois, mon fils : toutes vos manières me déplaisent fort, vous donnez furieusement dans le marquis; et pour aller ainsi vêtu, il faut bien que vous me dérobiez.

CLÉANTE.

Hé! comment vous dérober?

HARPAGON.

Que sais-je, moi? Où pouvez-vous donc prendre de quoi entretenir l'état que vous portez?

CLÉANTE.

Moi, mon père? c'est que je joue; et, comme je suis fort heureux, je mets sur moi tout l'argent que je gagne.

HARPAGON.

C'est fort mal fait. Si vous êtes heureux au jeu, vous en devriez profiter, et mettre à honnête intérêt l'argent que vous gagnez, afin de le trouver un jour. Je voudrois bien savoir, sans parler du reste, à quoi servent tous ces rubans dont vous voilà lardé depuis les pieds jusqu'à la tête, et si une demi-douzaine d'aiguillettes ne suffit pas pour attacher un haut-de-chausses. Il est bien nécessaire d'employer de l'argent à des perruques, lorsque l'on peut porter des cheveux de son cru, qui ne coûtent rien! Je vais gager qu'en perruques et rubans il y a du moins vingt pistoles; et vingt pistoles rapportent par année dix-huit livres six sous huit deniers, à ne les placer qu'au denier douze.

CLÉANTE.

Vous avez raison.

HARPAGON.

Laissons cela, et parlons d'autres affaires. (apercevant Cléante et Élise qui se font des signes.) Hé! (bas à part.) Je crois qu'ils se font signe l'un à l'autre de me voler ma bourse. (haut.) Que veulent dire ces gestes-là?

ÉLISE.

Nous marchandons, mon frère et moi, à qui parlera le premier; et nous avons tous deux quelque chose à vous dire.

HARPAGON.

Et moi, j'ai quelque chose aussi à vous dire à tous deux.

CLÉANTE.

C'est de mariage, mon père, que nous désirons vous parler.

HARPAGON.

Et c'est de mariage aussi que je veux vous entretenir.

ÉLISE.

Ah! mon père!

HARPAGON.

Pourquoi ce cri? Est-ce le mot, ma fille, ou la chose, qui vous fait peur?

CLÉANTE.

Le mariage peut nous faire peur à tous deux de la façon que vous pouvez l'entendre; et nous craignons que nos sentiments ne soient pas d'accord avec votre choix.

HARPAGON.

Un peu de patience. Ne vous alarmez point. Je sais ce qu'il faut à tous deux, et vous n'aurez ni l'un ni l'autre aucun lieu de vous plaindre de tout ce que je prétends faire; et pour commencer par un bout, (à Cléante) avez-vous vu, dites-moi, une jeune personne appelée Mariane, qui ne loge pas loin d'ici?

CLÉANTE.

Oui, mon père.

HARPAGON.

Et vous?

ÉLISE.

J'en ai ouï parler.

HARPAGON.

Comment, mon fils, trouvez-vous cette fille?

CLÉANTE.

Une fort charmante personne.

HARPAGON.

Sa physionomie?

CLÉANTE.

Tout honnête et pleine d'esprit.

HARPAGON.

Son air et sa manière?

CLÉANTE.

Admirables, sans doute.

HARPAGON.

Ne croyez-vous pas qu'une fille comme cela mériteroit assez que l'on songeât à elle?

CLÉANTE.

Oui, mon père.

HARPAGON.

Que ce seroit un parti souhaitable?

CLÉANTE.

Très-souhaitable.

HARPAGON.

Qu'elle a toute la mine de faire un bon ménage?

CLÉANTE.

Sans doute.

HARPAGON.

Et qu'un mari auroit satisfaction avec elle?

CLÉANTE.

Assurément.

HARPAGON.

Il y a une petite difficulté; c'est que j'ai peur qu'il n'y ait pas, avec elle, tout le bien qu'on pourroit prétendre.

CLÉANTE.

Ah! mon père, le bien n'est pas considérable ¹ lorsqu'il est question d'épouser une honnête personne.

HARPAGON.

Pardonnez-moi, pardonnez-moi. Mais ce qu'il y a à dire, c'est que, si l'on n'y trouve pas tout le bien qu'on souhaite, on peut tâcher de regagner cela sur autre chose.

CLÉANTE.

Cela s'entend.

HARPAGON.

Enfin je suis bien aise de vous voir dans mes sentiments, car son maintien honnête et sa douceur m'ont gagné l'âme; et je suis résolu de l'épouser, pourvu que j'y trouve quelque bien.

CLÉANTE.

Hé!

HARPAGON.

Comment?

CLÉANTE.

Vous êtes résolu, dites-vous...

HARPAGON.

D'épouser Mariane.

CLÉANTE.

Qui? vous? vous?

HARPAGON.

Oui, moi, moi, moi. Que veut dire cela?

---

¹ *N'est pas considérable*, pour, *ne doit pas être pris en considération*.

ACTE I, SCÈNE V.

CLÉANTE.

Il m'a pris tout à coup un éblouissement, et je me retire d'ici.

HARPAGON.

Cela ne sera rien. Allez vite boire dans la cuisine un grand verre d'eau claire.

SCÈNE VI.

HARPAGON, ÉLISE.

HARPAGON.

Voilà de mes damoiseaux fluets qui n'ont non plus de vigueur que des poules. C'est là, ma fille, ce que j'ai résolu pour moi. Quant à ton frère, je lui destine une certaine veuve dont ce matin on m'est venu parler; et, pour toi, je te donne au seigneur Anselme.

ÉLISE.

Au seigneur Anselme?

HARPAGON.

Oui, un homme mûr, prudent et sage, qui n'a pas plus de cinquante ans, et dont on vante les grands biens.

ÉLISE, faisant la révérence.

Je ne veux point me marier, mon père, s'il vous plaît.

HARPAGON, contrefaisant Élise.

Et moi, ma petite fille, ma mie, je veux que vous vous mariez, s'il vous plaît.

ÉLISE, faisant encore la révérence.

Je vous demande pardon, mon père.

HARPAGON, contrefaisant Élise.

Je vous demande pardon, ma fille.

ÉLISE.

Je suis très-humble servante au seigneur Anselme, mais, (faisant encore la révérence.) avec votre permission, je ne l'épouserai point.

HARPAGON.

Je suis votre très-humble valet; mais, (contrefaisant encore Élise) avec votre permission, vous l'épouserez dès ce soir.

ÉLISE.

Dès ce soir?

HARPAGON.

Dès ce soir.

ÉLISE, faisant encore la révérence.

Cela ne sera pas, mon père.

HARPAGON, contrefaisant encore Élise.

Cela sera, ma fille.

ÉLISE.

Non.

HARPAGON.

Si.

ÉLISE.

Non, vous dis-je.

HARPAGON.

Si, vous dis-je.

ÉLISE.

C'est une chose où vous ne me réduirez point.

HARPAGON.

C'est une chose où je te réduirai.

ÉLISE.

Je me tuerai plutôt que d'épouser un tel mari.

HARPAGON.

Tu ne te tueras point, et tu l'épouseras. Mais voyez quelle audace! a-t-on jamais vu une fille parler de la sorte à son père?

ÉLISE.

Mais a-t-on jamais vu un père marier sa fille de la sorte?

HARPAGON.

C'est un parti où il n'y a rien à redire; et je gage que tout le monde approuvera mon choix.

ÉLISE.

Et moi, je gage qu'il ne sauroit être approuvé d'aucune personne raisonnable.

HARPAGON, apercevant Valère de loin.

Voilà Valère. Veux-tu qu'entre nous deux nous le fassions juge de cette affaire?

ÉLISE.

J'y consens.

HARPAGON.

Te rendras-tu à son jugement?

ÉLISE.

Oui, j'en passerai par ce qu'il dira.

HARPAGON

Voilà qui est fait.

SCÈNE VII.

VALÈRE, HARPAGON, ÉLISE.

HARPAGON.

Ici, Valère. Nous t'avons élu pour nous dire qui a raison, de moi ou de ma fille.

VALÈRE.

C'est vous, monsieur, sans contredit.

HARPAGON.

Sais-tu bien de quoi nous parlons?

VALÈRE.

Non; mais vous ne sauriez avoir tort, et vous êtes toute raison.

HARPAGON.

Je veux ce soir lui donner pour époux un homme aussi riche que sage; et la coquine me dit au nez qu'elle se moque de le prendre. Que dis-tu de cela?

VALÈRE.

Ce que j'en dis?

HARPAGON.

Oui.

VALÈRE.

Hé! hé!

HARPAGON.

Quoi?

VALÈRE.

Je dis que, dans le fond, je suis de votre sentiment; et

ACTE I, SCÈNE VII.

vous ne pouvez pas que vous n'ayez raison : mais aussi n'a-t-elle pas tort tout-à-fait; et...

HARPAGON.

Comment! le seigneur Anselme est un parti considérable; c'est un gentilhomme qui est noble, doux, posé, sage et fort accommodé, et auquel il ne reste aucun enfant de son premier mariage. Sauroit-elle mieux rencontrer?

VALÈRE.

Cela est vrai; mais elle pourroit vous dire que c'est un peu précipiter les choses, et qu'il faudroit au moins quelque temps pour voir si son inclination pourroit s'accorder avec...

HARPAGON.

C'est une occasion qu'il faut prendre vite aux cheveux. Je trouve ici un avantage qu'ailleurs je ne trouverois pas, et il s'engage à la prendre sans dot.

VALÈRE.

Sans dot?

HARPAGON.

Oui.

VALÈRE.

Ah! je ne dis plus rien. Voyez-vous? voilà une raison tout-à-fait convaincante; il se faut rendre à cela.

HARPAGON.

C'est pour moi une épargne considérable.

VALÈRE.

Assurément, cela ne reçoit point de contradiction. Il

est vrai que votre fille vous peut représenter que le mariage est une plus grande affaire qu'on ne peut croire; qu'il y va d'être heureux ou malheureux toute sa vie; et qu'un engagement qui doit durer jusqu'à la mort ne se doit jamais faire qu'avec de grandes précautions.

HARPAGON.

Sans dot!

VALÈRE.

Vous avez raison. Voilà qui décide tout, cela s'entend. Il y a des gens qui pourroient vous dire qu'en de telles occasions l'inclination d'une fille est une chose, sans doute, où l'on doit avoir de l'égard, et que cette grande inégalité d'âge, d'humeur et de sentiments, rend un mariage sujet à des accidents très-fâcheux.

HARPAGON.

Sans dot!

VALÈRE.

Ah! il n'y a pas de réplique à cela, on le sait bien. Qui diantre peut aller là contre? Ce n'est pas qu'il n'y ait quantité de pères qui aimeroient mieux ménager la satisfaction de leurs filles que l'argent qu'ils pourroient donner; qui ne les voudroient point sacrifier à l'intérêt, et chercheroient, plus que toute autre chose, à mettre dans un mariage cette douce conformité qui sans cesse y maintient l'honneur, la tranquillité et la joie; et que...

HARPAGON.

Sans dot!

ACTE I, SCÈNE VII.

VALÈRE.

Il est vrai, cela ferme la bouche à tout. Sans dot! Le moyen de résister à une raison comme celle-là!

HARPAGON, à part, regardant du côté du jardin.

Ouais! il me semble que j'entends un chien qui aboie. N'est-ce point qu'on en voudroit à mon argent? (à Valère.) Ne bougez, je reviens tout à l'heure.

SCÈNE VIII.
ÉLISE, VALÈRE.

ÉLISE.

Vous moquez-vous, Valère, de lui parler comme vous faites?

VALÈRE.

C'est pour ne point l'aigrir, et pour en venir mieux à bout. Heurter de front ses sentiments est le moyen de tout gâter; et il y a de certains esprits qu'il ne faut prendre qu'en biaisant, des tempéraments ennemis de toute résistance, des naturels rétifs que la vérité fait cabrer, qui toujours se roidissent contre le droit chemin de la raison, et qu'on ne mène qu'en tournant où l'on veut les conduire. Faites semblant de consentir à ce qu'il veut, vous en viendrez mieux à vos fins, et...

ÉLISE.

Mais ce mariage, Valère?

VALÈRE.

On cherchera des biais pour le rompre.

ÉLISE.

Mais quelle invention trouver, s'il se doit conclure ce soir?

VALÈRE.

Il faut demander un délai, et feindre quelque maladie.

ÉLISE.

Mais on découvrira la feinte, si on appelle les médecins.

VALÈRE.

Vous moquez-vous? Y connoissent-ils quelque chose? Allez, allez, vous pourrez avec eux avoir quel mal il vous plaira; ils vous trouveront des raisons pour vous dire d'où cela vient.

SCÈNE IX.

HARPAGON, ÉLISE, VALÈRE.

HARPAGON, à part, dans le fond du théâtre.

CE n'est rien, dieu merci.

VALÈRE, sans voir Harpagon.

Enfin notre dernier recours, c'est que la fuite nous peut mettre à couvert de tout; et si votre amour, belle Élise, est capable d'une fermeté... (apercevant Harpagon.) Oui, il faut qu'une fille obéisse à son père. Il ne faut point qu'elle regarde comme un mari est fait; et lorsque la grande raison de *sans dot* s'y rencontre, elle doit être prête à prendre tout ce qu'on lui donne.

HARPAGON.

Bon! Voilà bien parler cela!

VALÈRE.

Monsieur, je vous demande pardon si je m'emporte un peu, et prends la hardiesse de lui parler comme je fais.

HARPAGON.

Comment! j'en suis ravi, et je veux que tu prennes sur elle un pouvoir absolu. (à Élise.) Oui, tu as beau fuir, je lui donne l'autorité que le ciel me donne sur toi, et j'entends que tu fasses tout ce qu'il te dira.

VALÈRE, à Élise.

Après cela, résistez à mes remontrances.

SCÈNE X.
HARPAGON, VALÈRE.

VALÈRE.

Monsieur, je vais la suivre, pour lui continuer les leçons que je lui faisois.

HARPAGON.

Oui; tu m'obligeras, certes.

VALÈRE.

Il est bon de lui tenir un peu la bride haute.

HARPAGON.

Cela est vrai. Il faut...

VALÈRE.

Ne vous mettez pas en peine. Je crois que j'en viendrai à bout.

HARPAGON.

Fais, fais. Je m'en vais faire un petit tour en ville, et reviens tout à l'heure.

VALÈRE, adressant la parole à Élise, en s'en allant du côté par où elle est sortie.

Oui, l'argent est plus précieux que toutes les choses du monde, et vous devez rendre grâce au ciel de l'honnête homme de père qu'il vous a donné. Il sait ce que c'est que de vivre. Lorsqu'on s'offre de prendre une fille sans dot, on ne doit point regarder plus avant. Tout est renfermé là-dedans; et sans dot tient lieu de beauté, de jeunesse, de naissance, d'honneur, de sagesse et de probité.

HARPAGON, seul.

Ah! le brave garçon! voilà parler comme un oracle! Heureux qui peut avoir un domestique de la sorte!

FIN DU PREMIER ACTE.

ACTE SECOND.

SCÈNE I.

CLÉANTE, LA FLÈCHE.

CLÉANTE.

Ah! traître que tu es, où t'es-tu donc allé fourrer? Ne t'avois-je pas donné ordre...?

LA FLÈCHE.

Oui, monsieur, je m'étois rendu ici pour vous attendre de pied ferme; mais monsieur votre père, le plus malgracieux des hommes, m'a chassé dehors malgré moi, et j'ai couru risque d'être battu.

CLÉANTE.

Comment va notre affaire? Les choses pressent plus que jamais. Depuis que je t'ai vu, j'ai découvert que mon père est mon rival.

LA FLÈCHE.

Votre père amoureux?

CLÉANTE.

Oui; et j'ai eu toutes les peines du monde à lui cacher le trouble où cette nouvelle m'a mis.

LA FLÈCHE.

Lui, se mêler d'aimer! De quoi diable s'avise-t-il? Se

moque-t-il du monde? et l'amour a-t-il été fait pour des gens bâtis comme lui?

CLÉANTE.

Il a fallu pour mes péchés que cette passion lui soit venue en tête.

LA FLÈCHE.

Mais par quelle raison lui faire un mystère de votre amour?

CLÉANTE.

Pour lui donner moins de soupçon, et me conserver, au besoin, des ouvertures plus aisées pour détourner ce mariage. Quelle réponse t'a-t-on faite?

LA FLÈCHE.

Ma foi, monsieur, ceux qui empruntent sont bien malheureux; et il faut essuyer d'étranges choses lorsqu'on est réduit à passer, comme vous, par les mains des fesse-Matthieu. [1]

CLÉANTE.

L'affaire ne se fera point?

LA FLÈCHE.

Pardonnez-moi. Notre maître Simon, le courtier qu'on nous a donné, homme agissant et plein de zèle, dit qu'il a fait rage pour vous, et il assure que votre seule physionomie lui a gagné le cœur.

---

[1] *Fesse-Matthieu.* On prétend que l'expression de *fesse-Matthieu* vient par abréviation de cette phrase : « Il fait ce que faisoit « Matthieu avant sa conversion. »

ACTE II, SCÈNE I.

CLÉANTE.

J'aurai les quinze mille francs que je demande?

LA FLÈCHE.

Oui, mais à quelques petites conditions qu'il faudra que vous acceptiez, si vous avez dessein que les choses se fassent.

CLÉANTE.

T'a-t-il fait parler à celui qui doit prêter l'argent?

LA FLÈCHE.

Ah! vraiment, cela ne va pas de la sorte. Il apporte encore plus de soin à se cacher que vous; et ce sont des mystères bien plus grands que vous ne pensez. On ne veut point du tout dire son nom, et l'on doit aujourd'hui l'aboucher avec vous dans une maison empruntée, pour être instruit par votre bouche de votre bien et de votre famille; et je ne doute point que le seul nom de votre père ne rende les choses faciles.

CLÉANTE.

Et principalement ma mère étant morte, dont on ne peut m'ôter le bien.

LA FLÈCHE.

Voici quelques articles qu'il a dictés lui-même à notre entremetteur, pour vous être montrés avant que de rien faire :

« Supposé que le prêteur voie toutes ses sûretés, et
« que l'emprunteur soit majeur, et d'une famille où le
« bien soit ample, solide, assuré, clair, et net de tout em-
« barras, on fera une bonne et exacte obligation par-de-

« vant un notaire, le plus honnête homme qu'il se pourra,
« et qui, pour cet effet, sera choisi par le prêteur, auquel
« il importe le plus que l'acte soit dûment dressé. »

CLÉANTE.

Il n'y a rien à dire à cela.

LA FLÈCHE.

« Le prêteur, pour ne charger sa conscience d'aucun
« scrupule, prétend ne donner son argent qu'au denier
« dix-huit. »

CLÉANTE.

Au denier dix-huit? Parbleu! voilà qui est honnête. Il n'y a pas lieu de se plaindre.

LA FLÈCHE.

Cela est vrai.

« Mais comme ledit prêteur n'a pas chez lui la somme
« dont il est question, et que, pour faire plaisir à l'em-
« prunteur, il est contraint lui-même de l'emprunter
« d'un autre sur le pied du denier cinq, il conviendra que
« ledit premier emprunteur paye cet intérêt, sans préju-
« dice du reste, attendu que ce n'est que pour l'obliger
« que ledit prêteur s'engage à cet emprunt. »

CLÉANTE.

Comment diable! quel juif! quel arabe est-ce là! C'est plus qu'au denier quatre.

LA FLÈCHE.

Il est vrai, c'est ce que j'ai dit. Vous avez à voir là-dessus.

ACTE II, SCÈNE I.

CLÉANTE.

Que veux-tu que je voie? j'ai besoin d'argent, et il faut bien que je consente à tout.

LA FLÈCHE.

C'est la réponse que j'ai faite.

CLÉANTE.

Il y a encore quelque chose?

LA FLÈCHE.

Ce n'est plus qu'un petit article.

« Des quinze mille francs qu'on demande, le prêteur « ne pourra compter en argent que douze mille livres; et, « pour les mille écus restants, il faudra que l'emprunteur « prenne les hardes, nippes et bijoux dont s'ensuit le mé-« moire, et que ledit prêteur a mis de bonne foi au plus « modique prix qu'il lui a été possible. »

CLÉANTE.

Que veut dire cela?

LA FLÈCHE.

Écoutez le mémoire.

« Premièrement, un lit de quatre pieds, à bandes de « point de Hongrie, appliquées fort proprement sur un « drap de couleur d'olive, avec six chaises et la courte-« pointe de même; le tout bien conditionné, et doublé « d'un petit taffetas changeant rouge et bleu.

« Plus, un pavillon à queue, d'une bonne serge d'Au-« male rose sèche, avec le mollet et les franges de soie. »

CLÉANTE.

Que veut-il que je fasse de cela?

LA FLÈCHE.

Attendez.

« Plus, une tenture de tapisserie des amours de Gom-
« baud et de Macé.

« Plus, une grande table de bois de noyer à douze co-
« lonnes ou piliers tournés, qui se tire par les deux bouts,
« et garnie par le dessous de ses six escabelles. »

CLÉANTE.

Qu'ai-je à faire, morbleu!...

LA FLÈCHE.

Donnez-vous patience.

« Plus, trois gros mousquets tout garnis de nacre de
« perle, avec les trois fourchettes assortissantes.

« Plus, un fourneau de brique avec deux cornues et
« trois récipients fort utiles à ceux qui sont curieux de
« distiller. »

CLÉANTE.

J'enrage!

LA FLÈCHE.

Doucement.

« Plus, un luth de Bologne, garni de toutes ses cordes,
« ou peu s'en faut.

« Plus, un trou-madame, et un damier, avec un jeu
« de l'oie renouvelé des Grecs, fort propre à passer le
« temps lorsque l'on n'a que faire.

« Plus, une peau de lézard de trois pieds et demi, rem-
« plie de foin ; curiosité agréable pour pendre au plancher
« d'une chambre.

« Le tout ci-dessus mentionné valant loyalement plus
« de quatre mille cinq cents livres, et rabaissé à la valeur
« de mille écus, par la discrétion du prêteur. »

CLÉANTE.

Que la peste l'étouffe avec sa discrétion, le traître, le bourreau qu'il est! A-t-on jamais parlé d'une usure semblable? et n'est-il pas content du furieux intérêt qu'il exige, sans vouloir encore m'obliger à prendre pour trois mille livres les vieux rogatons qu'il ramasse? Je n'aurai pas deux cents écus de tout cela. Et cependant il faut bien me résoudre à consentir à ce qu'il veut; car il est en état de me faire tout accepter, et il me tient, le scélérat, le poignard sur la gorge.

LA FLÈCHE.

Je vous vois, monsieur, ne vous en déplaise, dans le grand chemin justement que tenoit Panurge pour se ruiner, prenant argent d'avance, achetant cher, vendant à bon marché, et mangeant son blé en herbe.

CLÉANTE.

Que veux-tu que j'y fasse? voilà où les jeunes gens sont réduits par la maudite avarice des pères : et on s'étonne après cela que les fils souhaitent qu'ils meurent!

LA FLÈCHE.

Il faut avouer que le vôtre animeroit contre sa vilenie le plus posé homme du monde. Je n'ai pas, Dieu merci, les inclinations fort patibulaires; et, parmi mes confrères que je vois se mêler de beaucoup de petits commerces, je sais tirer adroitement mon épingle du jeu, et me démêler prudemment de toutes les galanteries qui sentent tant soit peu l'échelle; mais, à vous dire vrai, il me donneroit, par ses procédés, des tentations de le voler; et je croirois, en le volant, faire une action méritoire.

CLÉANTE.

Donne-moi un peu ce mémoire, que je le voie encore.

SCÈNE II.

HARPAGON, MAÎTRE SIMON; CLÉANTE ET LA FLÈCHE, DANS LE FOND DU THÉATRE.

MAÎTRE SIMON.

Oui, monsieur, c'est un jeune homme qui a besoin d'argent : ses affaires le pressent d'en trouver, et il en passera par tout ce que vous prescrirez.

HARPAGON.

Mais, croyez-vous, maître Simon, qu'il n'y ait rien à péricliter? et savez-vous le nom, les biens et la famille de celui pour qui vous parlez?

MAÎTRE SIMON.

Non. Je ne puis pas bien vous en instruire à fond; et ce n'est que par aventure que l'on m'a adressé à lui : mais vous serez de toutes choses éclairci par lui-même, et son homme m'a assuré que vous serez content quand vous le connoîtrez. Tout ce que je saurois vous dire, c'est que sa famille est fort riche, qu'il n'a plus de mère déjà, et qu'il s'obligera, si vous voulez, que son père mourra avant qu'il soit huit mois.

ACTE II, SCÈNE II.

HARPAGON.

C'est quelque chose que cela. La charité, maître Simon, nous oblige à faire plaisir aux personnes lorsque nous le pouvons.

MAÎTRE SIMON.

Cela s'entend.

LA FLÈCHE, bas, à Cléante, reconnoissant maître Simon.

Que veut dire ceci? Notre maître Simon qui parle à votre père!

CLÉANTE, bas, à La Flèche.

Lui auroit-on appris qui je suis? et serois-tu pour me trahir?

MAÎTRE SIMON, à Cléante et à La Flèche.

Ah! ah! vous êtes bien pressés! Qui vous a dit que c'étoit céans? (à Harpagon.) Ce n'est pas moi, monsieur, au moins, qui leur ai découvert votre nom et votre logis. Mais, à mon avis, il n'y a pas grand mal à cela; ce sont des personnes discrètes, et vous pouvez ici vous expliquer ensemble.

HARPAGON.

Comment!

MAÎTRE SIMON, montrant Cléante.

Monsieur est la personne qui veut vous emprunter les quinze mille livres dont je vous ai parlé.

HARPAGON.

Comment, pendard! c'est toi qui t'abandonnes à ces coupables extrémités!

CLÉANTE.

Comment, mon père! c'est vous qui vous portez à ces honteuses actions!

(Maître Simon s'enfuit, et La Flèche va se cacher.)

SCÈNE III.

HARPAGON, CLÉANTE.

HARPAGON.

C'est toi qui te veux ruiner par des emprunts si condamnables!

CLÉANTE.

C'est vous qui cherchez à vous enrichir par des usures si criminelles!

HARPAGON.

Oses-tu bien, après cela, paroître devant moi?

CLÉANTE.

Osez-vous bien, après cela, vous présenter aux yeux du monde?

HARPAGON.

N'as-tu point de honte, dis-moi, d'en venir à ces débauches-là, de te précipiter dans des dépenses effroyables, et de faire une honteuse dissipation du bien que tes parents t'ont amassé avec tant de sueurs?

CLÉANTE.

Ne rougissez-vous point de déshonorer votre condition par les commerces que vous faites, de sacrifier gloire et réputation au désir insatiable d'entasser écu sur écu, et de renchérir, en fait d'intérêt, sur les plus infâmes subtilités qu'aient jamais inventées les plus célèbres usuriers?

HARPAGON.

Ote-toi de mes yeux, coquin, ôte-toi de mes yeux!

CLÉANTE.

Qui est plus criminel, à votre avis, ou celui qui achète un argent dont il a besoin, ou bien celui qui vole un argent dont il n'a que faire?

HARPAGON.

Retire-toi, te dis-je, et ne m'échauffe pas les oreilles. (seul.) Je ne suis pas fâché de cette aventure; et ce m'est un avis de tenir l'œil plus que jamais sur toutes ses actions.

SCÈNE IV.

FROSINE, HARPAGON.

FROSINE.

Monsieur.

HARPAGON.

Attendez un moment, je vais revenir vous parler (à part.) Il est à propos que je fasse un petit tour à mon argent.

SCÈNE V.

LA FLÈCHE, FROSINE.

LA FLÈCHE, sans voir Frosine.

L'AVENTURE est tout-à-fait drôle. Il faut bien qu'il ait quelque part un ample magasin de hardes; car nous n'avons rien reconnu au mémoire que nous avons.

FROSINE.

Hé! c'est toi, mon pauvre La Flèche! D'où vient cette rencontre?

LA FLÈCHE.

Ah! ah! c'est toi, Frosine! Que viens-tu faire ici?

FROSINE.

Ce que je fais partout ailleurs; m'entremettre d'affaires; me rendre serviable aux gens, et profiter du mieux qu'il m'est possible des petits talents que je puis avoir. Tu sais que dans ce monde il faut vivre d'adresse, et qu'aux personnes comme moi le ciel n'a donné d'autres rentes que l'intrigue et que l'industrie.

LA FLÈCHE.

As-tu quelque négoce avec le patron du logis?

FROSINE.

Oui; je traite pour lui quelque petite affaire dont j'espère une récompense.

LA FLÈCHE.

De lui? Ah! ma foi, tu seras bien fine si tu en tires

quelque chose; et je te donne avis que l'argent céans est fort cher.

FROSINE.

Il y a de certains services qui touchent merveilleusement.

LA FLÈCHE.

Je suis votre valet, et tu ne connois pas encore le seigneur Harpagon. Le seigneur Harpagon est de tous les humains l'humain le moins humain, le mortel de tous les mortels le plus dur et le plus serré. Il n'est point de service qui pousse sa reconnoissance jusqu'à lui faire ouvrir les mains. De la louange, de l'estime, de la bienveillance en paroles, et de l'amitié, tant qu'il vous plaira; mais de l'argent, point d'affaires. Il n'est rien de plus sec et de plus aride que ses bonnes grâces et ses caresses; et *donner* est un mot pour qui il a tant d'aversion, qu'il ne dit jamais, *je vous donne,* mais, *je vous prête le bonjour.*

FROSINE.

Mon Dieu! je sais l'art de traire les hommes; j'ai le secret de m'ouvrir leur tendresse, de chatouiller leurs cœurs, de trouver les endroits par où ils sont sensibles.

LA FLÈCHE.

Bagatelles ici. Je te défie d'attendrir, du côté de l'argent, l'homme dont il est question. Il est turc là-dessus, mais d'une turquerie à désespérer tout le monde; et l'on pourroit crever, qu'il n'en branleroit pas. En un mot, il aime l'argent plus que réputation, qu'honneur et que vertu; et la vue d'un demandeur lui donne des convulsions : c'est le frapper par son endroit mortel, c'est lui percer le cœur, c'est lui arracher les entrailles ; et si... Mais il revient, je me retire.

SCÈNE VI.

HARPAGON, FROSINE.

HARPAGON, bas.

Tout va comme il faut. (haut.) Hé bien ? qu'est-ce, Frosine ?

FROSINE.

Ah ! mon Dieu ! que vous vous portez bien ! et que vous avez là un vrai visage de santé !

HARPAGON.

Qui ? moi ?

FROSINE.

Jamais je ne vous vis un teint si frais et si gaillard.

HARPAGON.

Tout de bon ?

FROSINE.

Comment ! vous n'avez de votre vie été si jeune que vous êtes, et je vois des gens de vingt-cinq ans qui sont plus vieux que vous.

HARPAGON.

Cependant, Frosine, j'en ai soixante bien comptés.

FROSINE.

Hé bien ! qu'est-ce que cela ? soixante ans ! voilà bien de quoi ! C'est la fleur de l'âge, cela ; et vous entrez maintenant dans la belle saison de l'homme.

HARPAGON.

Il est vrai; mais vingt années de moins pourtant ne me feroient point de mal, que je crois.

FROSINE.

Vous moquez-vous? Vous n'avez pas besoin de cela, et vous êtes d'une pâte à vivre jusqu'à cent ans.

HARPAGON.

Tu le crois?

FROSINE.

Assurément; vous en avez toutes les marques. Tenez-vous un peu. Oh! que voilà bien, entre vos deux yeux, un signe de longue vie!

HARPAGON.

Tu te connois à cela?

FROSINE.

Sans doute. Montrez-moi votre main. Ah! mon Dieu! quelle ligne de vie!

HARPAGON.

Comment?

FROSINE.

Ne voyez-vous pas jusqu'où va cette ligne-là?

HARPAGON.

Hé bien? qu'est-ce que cela veut dire?

FROSINE.

Par ma foi, je disois cent ans; mais vous passerez les six vingts.

HARPAGON.

Est-il possible?

FROSINE.

Il faudra vous assommer, vous dis-je; et vous mettrez en terre et vos enfants et les enfants de vos enfants.

HARPAGON.

Tant mieux. Comment va notre affaire?

FROSINE.

Faut-il le demander? et me voit-on mêler de rien dont je ne vienne à bout? J'ai, surtout pour les mariages, un talent merveilleux. Il n'est point de partis au monde que je ne trouve en peu de temps le moyen d'accoupler; et je crois, si je me l'étois mis en tête, que je marierois le grand Turc avec la république de Venise. Il n'y avoit pas, sans doute, de si grandes difficultés à cette affaire-ci. Comme j'ai commerce chez elles, je les ai à fond l'une et l'autre entretenues de vous; et j'ai dit à la mère le dessein que vous aviez conçu pour Mariane, à la voir passer dans la rue et prendre l'air à sa fenêtre.

HARPAGON.

Qui a fait réponse...?

FROSINE.

Elle a reçu la proposition avec joie; et, quand je lui ai témoigné que vous souhaitiez fort que sa fille assistât ce soir au contrat de mariage qui doit se faire de la vôtre, elle y a consenti sans peine, et me l'a confiée pour cela.

HARPAGON.

C'est que je suis obligé, Frosine, de donner à souper au seigneur Anselme; et je serai bien aise qu'elle soit du régal.

ACTE II, SCÈNE VI.

FROSINE.

Vous avez raison. Elle doit après dîner rendre visite à votre fille, d'où elle fait son compte d'aller faire un tour à la foire, pour venir ensuite au souper.

HARPAGON.

Hé bien! elles iront ensemble dans mon carrosse, que je leur prêterai.

FROSINE.

Voilà justement son affaire.

HARPAGON.

Mais, Frosine, as-tu entretenu la mère touchant le bien qu'elle peut donner à sa fille? Lui as-tu dit qu'il falloit qu'elle s'aidât un peu, qu'elle fît quelque effort, qu'elle se saignât pour une occasion comme celle-ci? car encore n'épouse-t-on point une fille sans qu'elle apporte quelque chose.

FROSINE.

Comment! c'est une fille qui vous apportera douze mille livres de rente.

HARPAGON.

Douze mille livres de rente?

FROSINE.

Oui. Premièrement, elle est nourrie et élevée dans une grande épargne de bouche : c'est une fille accoutumée à vivre de salade, de lait, de fromage et de pommes, et à laquelle, par conséquent, il ne faudra ni table bien servie, ni consommés exquis, ni orges mondés perpétuels, ni les autres délicatesses qu'il faudroit pour une autre femme; et cela ne va pas à si peu de chose, qu'il ne monte bien tous les ans à trois mille francs pour le moins. Outre cela, elle n'est curieuse que d'une propreté fort simple, et n'aime point les superbes habits, ni les riches bijoux, ni les meubles somptueux, où donnent ses pareilles avec tant de chaleur; et cet article-là vaut plus de quatre mille livres par an. De plus, elle a une aversion horrible pour le jeu; ce qui n'est pas commun aux femmes d'aujourd'hui; et j'en sais une de nos quartiers qui a perdu, à trente et quarante, vingt mille francs cette année. Mais n'en prenons rien que le quart. Cinq mille francs au jeu par an, quatre mille francs en habits et bijoux, cela fait neuf mille livres; et mille écus que nous mettons pour la nourriture : ne voilà-t-il pas par année vos douze mille francs bien comptés?

HARPAGON.

Oui, cela n'est pas mal; mais ce compte-là n'a rien de réel.

FROSINE.

Pardonnez-moi. N'est-ce pas quelque chose de réel que de vous apporter en mariage une grande sobriété, l'héritage d'un grand amour de simplicité de parure, et l'acquisition d'un grand fonds de haine pour le jeu?

HARPAGON.

C'est une raillerie que de vouloir me constituer sa dot de toutes les dépenses qu'elle ne fera point. Je n'irai pas donner quittance de ce que je ne reçois pas; et il faut bien que je touche quelque chose.

ACTE II, SCÈNE VI.

FROSINE.

Mon Dieu! vous toucherez assez; et elles m'ont parlé d'un certain pays où elles ont du bien dont vous serez le maître.

HARPAGON.

Il faudra voir cela. Mais, Frosine, il y a encore une chose qui m'inquiète. La fille est jeune, comme tu vois; et les jeunes gens d'ordinaire n'aiment que leurs semblables, ne cherchent que leur compagnie. J'ai peur qu'un homme de mon âge ne soit pas de son goût, et que cela ne vienne à produire chez moi certains petits désordres qui ne m'accommoderoient pas.

FROSINE.

Ah! que vous la connoissez mal! C'est encore une particularité que j'avois à vous dire. Elle a une aversion épouvantable pour tous les jeunes gens, et n'a de l'amour que pour les vieillards.

HARPAGON.

Elle?

FROSINE.

Oui, elle. Je voudrois que vous l'eussiez entendue parler là-dessus. Elle ne peut souffrir du tout la vue d'un jeune homme; mais elle n'est point plus ravie, dit-elle, que lorsqu'elle peut voir un beau vieillard avec une barbe majestueuse. Les plus vieux sont pour elle les plus charmants; et je vous avertis de n'aller pas vous faire plus jeune que vous êtes. Elle veut tout au moins qu'on soit sexagénaire; et il n'y a pas quatre mois encore qu'étant près d'être mariée elle rompit tout net le mariage, sur ce que son amant fit voir qu'il n'avoit que cinquante-six ans, et qu'il ne prit point de lunettes pour signer le contrat.

HARPAGON.

Sur cela seulement?

FROSINE.

Oui. Elle dit que ce n'est pas contentement pour elle que cinquante-six ans; et surtout elle est pour les nez qui portent des lunettes.

HARPAGON.

Certes, tu me dis là une chose toute nouvelle.

FROSINE.

Cela va plus loin qu'on ne vous peut dire. On lui voit dans sa chambre quelques tableaux et quelques estampes. Mais que pensez-vous que ce soit? des Adonis? des Céphales? des Pâris et des Apollons? Non : de beaux portraits de Saturne, du roi Priam, du vieux Nestor, et du bon père Anchise sur les épaules de son fils.

HARPAGON.

Cela est admirable! Voilà ce que je n'aurois jamais pensé; et je suis bien aise d'apprendre qu'elle est de cette humeur. En effet, si j'avois été femme, je n'aurois point aimé les jeunes hommes.

FROSINE.

Je le crois bien. Voilà de belles drogues que des jeunes gens, pour les aimer! ce sont de beaux morveux, de beaux godelureaux, pour donner envie de leur peau! et je voudrois bien savoir quel ragoût il y a à eux!

ACTE II, SCÈNE VI.

HARPAGON.

Pour moi, je n'y en comprends point, et je ne sais pas comment il y a des femmes qui les aiment tant.

FROSINE.

Il faut être folle fieffée. Trouver la jeunesse aimable, est-ce avoir le sens commun? Sont-ce des hommes que de jeunes blondins? et peut-on s'attacher à ces animaux-là?

HARPAGON.

C'est ce que je dis tous les jours. Avec leur ton de poule laitée, leurs trois petits brins de barbe relevés en barbe de chat, leurs perruques d'étoupes, leurs hauts-de-chausses tout tombants, et leurs estomacs débraillés!

FROSINE.

Hé! cela est bien bâti auprès d'une personne comme vous! Voilà un homme cela. Il y a de quoi satisfaire à la vue! et c'est ainsi qu'il faut être fait et vêtu pour donner de l'amour.

HARPAGON.

Tu me trouves bien?

FROSINE.

Comment! vous êtes à ravir, et votre figure est à peindre. Tournez-vous un peu, s'il vous plaît. Il ne se peut pas mieux. Que je vous voie marcher. Voilà un corps taillé, libre et dégagé comme il faut, et qui ne marque aucune incommodité.

HARPAGON.

Je n'en ai pas de grandes, Dieu merci; il n'y a que ma fluxion qui me prend de temps en temps.

FROSINE.

Cela n'est rien; votre fluxion ne vous sied point mal, et vous avez grâce à tousser.

HARPAGON.

Dis-moi un peu : Mariane ne m'a-t-elle point encore vu? N'a-t-elle point pris garde à moi en passant?

FROSINE.

Non; mais nous nous sommes fort entretenues de vous: je lui ai fait un portrait de votre personne; et je n'ai pas manqué de lui vanter votre mérite, et l'avantage que ce lui seroit d'avoir un mari comme vous.

HARPAGON.

Tu as bien fait, et je t'en remercie.

FROSINE.

J'aurois, monsieur, une petite prière à vous faire. J'ai un procès que je suis sur le point de perdre, faute d'un peu d'argent; (Harpagon prend un air sérieux) et vous pourriez facilement me procurer le gain de ce procès, si vous aviez quelques bontés pour moi... Vous ne sauriez croire le plaisir qu'elle aura de vous voir. (Harpagon reprend un air gai.) Ah! que vous lui plairez! et que votre fraise à l'antique fera sur son esprit un effet admirable! Mais surtout elle sera charmée de votre haut-de-chausses attaché au pourpoint avec des aiguillettes: c'est pour la rendre folle de vous; et un amant aiguilleté sera pour elle un ragoût merveilleux.

HARPAGON.

Certes, tu me ravis de me dire cela.

FROSINE.

En vérité, monsieur, ce procès m'est d'une conséquence tout-à-fait grande. (Harpagon reprend son air sérieux.) Je suis ruinée si je le perds; et quelque petite assistance me rétabliroit mes affaires... Je voudrois que vous eussiez vu le ravissement où elle étoit à m'entendre parler de vous. (Harpagon reprend un air gai.) La joie éclatoit dans ses yeux au récit de vos qualités; et je l'ai mise enfin dans une impatience extrême de voir ce mariage entièrement conclu.

HARPAGON.

Tu m'as fait grand plaisir, Frosine; et je t'en ai, je te l'avoue, toutes les obligations du monde.

FROSINE.

Je vous prie, monsieur, de me donner le petit secours que je vous demande. (Harpagon reprend encore son air sérieux.) Cela me remettra sur pied, et je vous en serai éternellement obligée.

HARPAGON.

Adieu. Je vais achever mes dépêches.

FROSINE.

Je vous assure, monsieur, que vous ne sauriez jamais me soulager dans un plus grand besoin.

HARPAGON.

Je mettrai ordre que mon carrosse soit tout prêt pour vous mener à la foire.

FROSINE.

Je ne vous importunerois pas si je ne m'y voyois forcée par la nécessité.

HARPAGON.

Et j'aurai soin qu'on soupe de bonne heure, pour ne vous point faire malades.

FROSINE.

Ne me refusez pas la grâce dont je vous sollicite. Vous ne sauriez croire, monsieur, le plaisir que...

HARPAGON.

Je m'en vais. Voilà qu'on m'appelle. Jusqu'à tantôt.

FROSINE, seule.

Que la fièvre te serre, chien de vilain, à tous les diables! Le ladre a été ferme à toutes mes attaques. Mais il ne me faut pas pourtant quitter la négociation; et j'ai l'autre côté, en tous cas, d'où je suis assurée de tirer bonne récompense.

FIN DU SECOND ACTE.

ACTE TROISIÈME.

SCÈNE I.

HARPAGON, CLÉANTE, ÉLISE, VALÈRE, DAME CLAUDE, tenant un balai; MAÎTRE JACQUES, LA MERLUCHE, BRINDAVOINE.

HARPAGON.

Allons, venez çà tous, que je vous distribue mes ordres pour tantôt, et règle à chacun son emploi. Approchez, dame Claude; commençons par vous. Bon, vous voilà les armes à la main. Je vous commets au soin de nettoyer partout; et surtout, prenez garde de frotter les meubles trop fort, de peur de les user. Outre cela, je vous constitue pendant le souper au gouvernement des bouteilles; et, s'il s'en écarte quelqu'une, et qu'il se casse quelque chose, je m'en prendrai à vous et le rabattrai sur vos gages.

MAÎTRE JACQUES, à part.

Châtiment politique!

HARPAGON, à dame Claude.

Allez.

SCÈNE II.

HARPAGON, CLÉANTE, ÉLISE, VALÈRE, MAÎTRE JACQUES, BRINDAVOINE, LA MERLUCHE.

HARPAGON.

Vous, Brindavoine, et vous, La Merluche, je vous établis dans la charge de rincer les verres, et de donner à boire, mais seulement lorsque l'on aura soif, et non pas selon la coutume de certains impertinents de laquais qui viennent provoquer les gens, et les faire aviser de boire lorsqu'on n'y songe pas. Attendez qu'on vous en demande plus d'une fois, et vous ressouvenez de porter toujours beaucoup d'eau.

MAÎTRE JACQUES, à part.

Oui, le vin pur monte à la tête.

LA MERLUCHE.

Quitterons-nous nos souquenilles, monsieur?

HARPAGON.

Oui, quand vous verrez venir les personnes; et gardez bien de gâter vos habits.

BRINDAVOINE.

Vous savez bien, monsieur, qu'un des devants de mon pourpoint est couvert d'une grande tache de l'huile de la lampe.

LA MERLUCHE.

Et moi, monsieur, que j'ai mon haut-de-chausses

tout troué par derrière, et qu'on me voit, révérence parler...

HARPAGON, à La Merluche.

Paix; rangez cela adroitement du côté de la muraille, et présentez toujours le devant au monde.
(à Brindavoine, en lui montrant comme il doit mettre son chapeau au-devant de son pourpoint pour cacher la tache d'huile.)
Et vous, tenez toujours votre chapeau ainsi, lorsque vous servirez.

SCÈNE III.

HARPAGON, CLÉANTE, ÉLISE, VALÈRE, MAÎTRE JACQUES.

HARPAGON.

Pour vous, ma fille, vous aurez l'œil sur ce que l'on desservira, et prendrez garde qu'il ne s'en fasse aucun dégât. Cela sied bien aux filles. Mais cependant préparez-vous à bien recevoir ma maîtresse, qui vous doit venir visiter, et vous mener avec elle à la foire. Entendez-vous ce que je vous dis?

ÉLISE.

Oui, mon père.

SCÈNE IV.

HARPAGON, CLÉANTE, VALÈRE, MAÎTRE JACQUES.

HARPAGON.

Et vous, mon fils le damoiseau, à qui j'ai la bonté de pardonner l'histoire de tantôt, ne vous allez pas aviser non plus de lui faire mauvais visage.

CLÉANTE.

Moi, mon père? mauvais visage? Et par quelle raison?

HARPAGON.

Mon Dieu! nous savons le train des enfants dont les pères se remarient, et de quel œil ils ont coutume de regarder ce qu'on appelle belle-mère. Mais si vous souhaitez que je perde le souvenir de votre dernière fredaine, je vous recommande surtout de régaler d'un bon visage cette personne-là, et de lui faire enfin tout le meilleur accueil qu'il vous sera possible.

CLÉANTE.

A vous dire le vrai, mon père, je ne puis pas vous promettre d'être bien aise qu'elle devienne ma belle-mère; je mentirois si je vous le disois; mais pour ce qui est de la bien recevoir, et de lui faire bon visage, je vous promets de vous obéir ponctuellement sur ce chapitre.

HARPAGON.

Prenez-y garde, au moins.

CLÉANTE.

Vous verrez que vous n'aurez pas sujet de vous en plaindre.

HARPAGON.

Vous ferez sagement.

SCÈNE V.

HARPAGON, VALÈRE, MAÎTRE JACQUES.

HARPAGON.

Valère, aide-moi à ceci. Oh çà? maître Jacques, approchez-vous; je vous ai gardé pour le dernier.

MAÎTRE JACQUES.

Est-ce à votre cocher, monsieur, ou bien à votre cuisinier, que vous voulez parler? car je suis l'un et l'autre.

HARPAGON.

C'est à tous les deux.

MAÎTRE JACQUES.

Mais à qui des deux le premier?

HARPAGON.

Au cuisinier.

MAÎTRE JACQUES.

Attendez donc, s'il vous plaît.

(Maître Jacques ôte sa casaque de cocher, et paroît vêtu en cuisinier.)

HARPAGON.

Quelle diantre de cérémonie est-ce là?

MAÎTRE JACQUES.

Vous n'avez qu'à parler.

HARPAGON.

Je me suis engagé, maître Jacques, à donner ce soir à souper.

MAÎTRE JACQUES, à part.

Grande merveille!

HARPAGON.

Dis-moi un peu, nous feras-tu bonne chère?

MAÎTRE JACQUES.

Oui, si vous me donnez bien de l'argent.

HARPAGON.

Que diable! toujours de l'argent! Il semble qu'ils n'aient rien autre chose à dire; de l'argent! de l'argent! de l'argent! Ah! ils n'ont que ce mot à la bouche, de l'argent! Toujours parler d'argent! Voilà leur épée de chevet,[1] de l'argent!

VALÈRE.

Je n'ai jamais vu de réponse plus impertinente que celle-là : Voilà une belle merveille que de faire bonne chère avec bien de l'argent! c'est une chose la plus aisée du monde, et il n'y a si pauvre esprit qui n'en fît bien autant. Mais pour agir en habile homme, il faut parler de faire bonne chère avec peu d'argent.

MAÎTRE JACQUES.

Bonne chère avec peu d'argent!

---

[1] L'*épée de chevet* est l'épée dont on se sert habituellement. Au figuré, c'est le mot ou le raisonnement que l'on emploie de préférence.

ACTE III, SCENE V.

VALÈRE.

Oui.

MAÎTRE JACQUES, à Valère.

Par ma foi, monsieur l'intendant, vous nous obligerez de nous faire voir ce secret, et de prendre mon office de cuisinier : aussi-bien vous mêlez-vous céans d'être le factotum.

HARPAGON.

Taisez-vous. Qu'est-ce qu'il nous faudra?

MAÎTRE JACQUES.

Voilà monsieur votre intendant qui vous fera bonne chère pour peu d'argent.

HARPAGON.

Ah! je veux que tu me répondes.

MAÎTRE JACQUES.

Combien serez-vous de gens à table?

HARPAGON.

Nous serons huit ou dix; mais il ne faut prendre que huit. Quand il y a à manger pour huit, il y en a bien pour dix.

VALÈRE.

Cela s'entend.

MAÎTRE JACQUES.

Hé bien! il faudra quatre grands potages et cinq assiettes... Potages... Entrées...

HARPAGON.

Que diable! voilà pour traiter une ville tout entière.

MAÎTRE JACQUES.

Rôt.

HARPAGON, mettant la main sur la bouche de maître Jacques.

Ah! traître, tu manges tout mon bien.

MAÎTRE JACQUES.

Entremets...

HARPAGON, mettant encore la main sur la bouche de maître Jacques.

Encore!

VALÈRE, à maître Jacques.

Est-ce que vous avez envie de faire crever tout le monde? et monsieur a-t-il invité des gens pour les assassiner à force de mangeaille? Allez-vous-en lire un peu les préceptes de la santé, et demander aux médecins s'il y a rien de plus préjudiciable à l'homme que de manger avec excès.

HARPAGON.

Il a raison.

VALÈRE.

Apprenez, maître Jacques, vous et vos pareils, que c'est un coupe-gorge qu'une table remplie de trop de viandes; que, pour se bien montrer ami de ceux que l'on invite, il faut que la frugalité règne dans les repas qu'on donne, et que, suivant le dire d'un ancien, *il faut manger pour vivre, et non pas vivre pour manger.*

HARPAGON.

Ah! que cela est bien dit! approche, que je t'embrasse pour ce mot. Voilà la plus belle sentence que j'aie en-

ACTE III, SCÈNE V.

tendue de ma vie : *il faut vivre pour manger, et non pas manger pour vi...* Non, ce n'est pas cela. Comment est-ce que tu dis ?

VALÈRE.

Qu'*il faut manger pour vivre, et non pas vivre pour manger.*

HARPAGON.

(à maître Jacques.) Oui. Entends-tu ? (à Valère.) Qui est le grand homme qui a dit cela ?

VALÈRE.

Je ne me souviens pas maintenant de son nom.

HARPAGON.

Souviens-toi de m'écrire ces mots : je les veux faire graver en lettres d'or sur la cheminée de ma salle.

VALÈRE.

Je n'y manquerai pas : et pour votre souper, vous n'avez qu'à me laisser faire, je réglerai tout cela comme il faut.

HARPAGON.

Fais donc.

MAÎTRE JACQUES.

Tant mieux, j'en aurai moins de peine.

HARPAGON, à Valère.

Il faudra de ces choses dont on ne mange guère, et qui rassasient d'abord ; quelque bon haricot bien gras, avec quelque pâté en pot bien garni de marrons.

VALÈRE.

Reposez-vous sur moi.

HARPAGON.

Maintenant, maître Jacques, il faut nettoyer mon carrosse.

MAÎTRE JACQUES.

Attendez. Ceci s'adresse au cocher.
(Maître Jacques remet sa casaque.)
Vous dites...?

HARPAGON.

Qu'il faut nettoyer mon carrosse, et tenir mes chevaux tout prêts pour conduire à la foire...

MAÎTRE JACQUES.

Vos chevaux, monsieur! Ma foi, ils ne sont point du tout en état de marcher. Je ne vous dirai point qu'ils sont sur la litière, les pauvres bêtes n'en ont point; et ce seroit mal parler : mais vous leur faites observer des jeûnes si austères, que ce ne sont plus rien que des idées ou des fantômes, des façons de chevaux.

HARPAGON.

Les voilà bien malades! ils ne font rien.

MAÎTRE JACQUES.

Et pour ne faire rien, monsieur, est-ce qu'il ne faut rien manger? Il leur vaudroit bien mieux, les pauvres animaux, de travailler beaucoup, de manger de même. Cela me fend le cœur, de les voir ainsi exténués; car enfin j'ai une tendresse pour mes chevaux, qu'il me semble que c'est moi-même, quand je les vois pâtir; je m'ôte tous les jours pour eux les choses de la bouche; et c'est être, monsieur, d'un naturel trop dur, que de n'avoir nulle pitié de son prochain.

HARPAGON.

Le travail ne sera pas grand d'aller jusqu'à la foire.

MAÎTRE JACQUES.

Non, monsieur, je n'ai point le courage de les mener, et je ferois conscience de leur donner des coups de fouet en l'état où ils sont. Comment voudriez-vous qu'ils traînassent un carrosse? ils ne peuvent pas se traîner eux-mêmes.

VALÈRE.

Monsieur, j'obligerai le voisin le Picard à se charger de les conduire; aussi-bien nous fera-t-il ici besoin pour apprêter le souper.

MAÎTRE JACQUES.

Soit. J'aime mieux encore qu'ils meurent sous la main d'un autre que sous la mienne.

VALÈRE.

Maître Jacques fait bien le raisonnable.

MAÎTRE JACQUES.

Monsieur l'intendant fait bien le nécessaire.

HARPAGON.

Paix.

MAÎTRE JACQUES.

Monsieur, je ne saurois souffrir les flatteurs; et je vois que ce qu'il en fait, que ses contrôles perpétuels sur le pain et le vin, le bois, le sel et la chandelle, ne sont rien que pour vous gratter, et vous faire sa cour. J'enrage de cela, et je suis fâché tous les jours d'entendre ce qu'on dit de vous : car enfin je me sens pour vous de la tendresse, en dépit que j'en aie; et, après mes chevaux, vous êtes la personne que j'aime le plus.

HARPAGON.

Pourrois-je savoir de vous, maître Jacques, ce que l'on dit de moi?

MAÎTRE JACQUES.

Oui, monsieur, si j'étois assuré que cela ne vous fâchât point.

HARPAGON.

Non, en aucune façon.

MAÎTRE JACQUES.

Pardonnez-moi; je sais fort bien que je vous mettrois en colère.

HARPAGON.

Point du tout; au contraire, c'est me faire plaisir, et je suis bien aise d'apprendre comme on parle de moi.

MAÎTRE JACQUES.

Monsieur, puisque vous le voulez, je vous dirai franchement qu'on se moque partout de vous, qu'on nous jette de tous côtés cent brocards à votre sujet, et que l'on n'est point plus ravi que de vous tenir au cul et aux chausses, et de faire sans cesse des contes de votre lésine. L'un dit que vous faites imprimer des almanachs particuliers, où vous faites doubler les quatre-temps et les vigiles, afin de profiter des jeûnes où vous obligez votre monde; l'autre, que vous avez toujours une querelle toute prête à

ACTE III, SCENE V.

faire à vos valets dans le temps des étrennes, ou de leur sortie d'avec vous, pour vous trouver une raison de ne leur donner rien : celui-là conte qu'une fois vous fîtes assigner le chat d'un de vos voisins pour vous avoir mangé un reste de gigot de mouton; celui-ci, que l'on vous surprit une nuit en venant dérober vous-même l'avoine de vos chevaux, et que votre cocher, qui étoit celui d'avant moi, vous donna dans l'obscurité je ne sais combien de coups de bâton, dont vous ne voulûtes rien dire. Enfin, voulez-vous que je vous dise? on ne sauroit aller nulle part où l'on ne vous entende accommoder de toutes pièces : vous êtes la fable et la risée de tout le monde; et jamais on ne parle de vous que sous les noms d'avare, de ladre, de vilain, et de fesse-Matthieu.

HARPAGON, en battant maître Jacques.

Vous êtes un sot, un maraud, un coquin et un impudent.

MAÎTRE JACQUES.

Hé bien! ne l'avois-je pas deviné? Vous ne m'avez pas voulu croire. Je vous avois bien dit que je vous fâcherois de vous dire la vérité.

HARPAGON.

Apprenez à parler.

SCÈNE VI.

VALÈRE, MAÎTRE JACQUES.

VALÈRE, riant.

A ce que je puis voir, maître Jacques, on paye mal votre franchise.

MAÎTRE JACQUES.

Morbleu! monsieur le nouveau venu, qui faites l'homme d'importance, ce n'est pas votre affaire. Riez de vos coups de bâton quand on vous en donnera, et ne venez point rire des miens.

VALÈRE.

Ah! monsieur maître Jacques, ne vous fâchez pas, je vous prie.

MAÎTRE JACQUES, à part.

Il file doux. Je veux faire le brave, et, s'il est assez sot pour me craindre, le frotter quelque peu. (haut.) Savez-vous bien, monsieur le rieur, que je ne ris pas, moi, et que, si vous m'échauffez la tête, je vous ferai rire d'une autre sorte?

(Maître Jacques pousse Valère jusqu'au bout du théâtre en le menaçant.)

VALÈRE.

Hé! doucement.

MAÎTRE JACQUES.

Comment, doucement! Il ne me plaît pas, moi.

VALÈRE.

De grâce.

ACTE III, SCENE VI.

MAÎTRE JACQUES.

Vous êtes un impertinent.

VALÈRE.

Monsieur maître Jacques.

MAÎTRE JACQUES.

Il n'y a point de monsieur maître Jacques pour un double. Si je prends un bâton, je vous rosserai d'importance.

VALÈRE.

Comment! un bâton!

(Valère fait reculer maître Jacques à son tour.)

MAÎTRE JACQUES.

Hé! je ne parle pas de cela.

VALÈRE.

Savez-vous bien, monsieur le fat, que je suis homme à vous rosser vous-même?

MAÎTRE JACQUES.

Je n'en doute pas.

VALÈRE.

Que vous n'êtes, pour tout potage, qu'un faquin de cuisinier?

MAÎTRE JACQUES.

Je le sais bien.

VALÈRE.

Et que vous ne me connoissez pas encore?

MAÎTRE JACQUES.

Pardonnez-moi.

VALÈRE.

Vous me rosserez, dites-vous?

MAÎTRE JACQUES.

Je le disois en raillant.

VALÈRE.

Et moi je ne prends point de goût à votre raillerie.
(donnant des coups de bâton à maître Jacques.)
Apprenez que vous êtes un mauvais railleur.

MAÎTRE JACQUES, seul.

Peste soit la sincérité! c'est un mauvais métier : désormais j'y renonce, et je ne veux plus dire vrai. Passe encore pour mon maître, il a quelque droit de me battre; mais pour ce monsieur l'intendant, je m'en vengerai si je puis.

SCÈNE VII.

MARIANE, FROSINE, MAÎTRE JACQUES.

FROSINE.

Savez-vous, maître Jacques, si votre maître est au logis?

MAÎTRE JACQUES.

Oui vraiment, il y est; je ne le sais que trop.

FROSINE.

Dites-lui, je vous prie, que nous sommes ici.

SCÈNE VIII.

MARIANE, FROSINE.

MARIANE.

Ah! que je suis, Frosine, dans un étrange état! et, s'il faut dire ce que je sens, que j'appréhende cette vue!

FROSINE.

Mais pourquoi? et quelle est votre inquiétude?

MARIANE.

Hélas! me le demandez-vous? et ne vous figurez-vous point les alarmes d'une personne toute prête à voir le supplice où l'on veut l'attacher?

FROSINE.

Je vois bien que, pour mourir agréablement, Harpagon n'est pas le supplice que vous voudriez embrasser; et je connois, à votre mine, que le jeune blondin dont vous m'avez parlé vous revient un peu dans l'esprit.

MARIANE.

Oui: c'est une chose, Frosine, dont je ne veux pas me défendre; et les visites respectueuses qu'il a rendues chez nous ont fait, je vous l'avoue, quelque effet dans mon âme.

FROSINE.

Mais avez-vous su quel il est?

MARIANE.

Non: je ne sais point quel il est: mais je sais qu'il est fait d'un air à se faire aimer; que, si l'on pouvoit mettre les choses à mon choix, je le prendrois plutôt qu'un autre, et qu'il ne contribue pas peu à me faire trouver un tourment effroyable dans l'époux qu'on veut me donner.

FROSINE.

Mon Dieu! tous ces blondins sont agréables, et débitent fort bien leur fait : mais la plupart sont gueux comme des rats; et il vaut mieux pour vous de prendre un vieux mari qui vous donne beaucoup de bien. Je vous avoue que les sens ne trouvent pas si bien leur compte du côté que je dis, et qu'il y a quelques petits dégoûts à essuyer avec un tel époux : mais cela n'est pas pour durer; et sa mort, croyez-moi, vous mettra bientôt en état d'en prendre un plus aimable, qui réparera toutes choses.

MARIANE.

Mon Dieu! Frosine, c'est une étrange affaire, lorsque, pour être heureuse, il faut souhaiter ou attendre le trépas de quelqu'un! et la mort ne suit pas tous les projets que nous faisons.

FROSINE.

Vous moquez-vous? Vous ne l'épousez qu'aux conditions de vous laisser veuve bientôt; et ce doit être là un des articles du contrat. Il seroit bien impertinent de ne pas mourir dans trois mois. Le voici en propre personne.

MARIANE.

Ah! Frosine, quelle figure!

SCÈNE IX.

HARPAGON, MARIANE, FROSINE.

HARPAGON, à Mariane.

Ne vous offensez pas, ma belle, si je viens à vous avec des lunettes. Je sais que vos appas frappent assez les yeux, sont assez visibles d'eux-mêmes, et qu'il n'est pas besoin de lunettes pour les apercevoir : mais enfin c'est avec des lunettes qu'on observe les astres; et je maintiens et garantis que vous êtes un astre, mais un astre, le plus bel astre qui soit dans le pays des astres... Frosine, elle ne répond mot, et ne témoigne, ce me semble, aucune joie de me voir.

FROSINE.

C'est qu'elle est encore toute surprise : et puis les filles ont toujours honte à témoigner d'abord ce qu'elles ont dans l'âme.

HARPAGON, à Frosine.

Tu as raison. (à Mariane.) Voilà, belle mignonne, ma fille qui vient vous saluer.

SCÈNE X.

HARPAGON, ÉLISE, MARIANE, FROSINE.

MARIANE.

Je m'acquitte bien tard, madame, d'une telle visite.

ÉLISE.

Vous avez fait, madame, ce que je devois faire, et c'étoit à moi de vous prévenir.

HARPAGON.

Vous voyez qu'elle est grande ; mais mauvaise herbe croît toujours.

MARIANE, bas, à Frosine.

O l'homme déplaisant!

HARPAGON, à Frosine.

Que dit la belle?

FROSINE.

Qu'elle vous trouve admirable.

HARPAGON.

C'est trop d'honneur que vous me faites, adorable mignonne.

MARIANE, à part.

Quel animal!

HARPAGON.

Je vous suis trop obligé de ces sentiments.

MARIANE, à part.

Je n'y puis plus tenir.

SCÈNE XI.

HARPAGON, MARIANE, ÉLISE, CLÉANTE, VALÈRE, FROSINE, BRINDAVOINE.

HARPAGON.

Voici mon fils aussi qui vous vient faire la révérence.

MARIANE, bas, à Frosine.

Ah! Frosine, quelle rencontre! C'est justement celui dont je t'ai parlé.

ACTE III, SCÈNE XI.

FROSINE, à Mariane.

L'aventure est merveilleuse.

HARPAGON.

Je vois que vous vous étonnez de me voir de si grands enfants; mais je serai bientôt défait et de l'un et de l'autre.

CLÉANTE, à Mariane.

Madame, à vous dire le vrai, c'est ici une aventure où, sans doute, je ne m'attendois pas; et mon père ne m'a pas peu surpris, lorsqu'il m'a dit tantôt le dessein qu'il avoit formé.

MARIANE.

Je puis dire la même chose : c'est une rencontre imprévue qui m'a surprise autant que vous; et je n'étois point préparée à une telle aventure.

CLÉANTE.

Il est vrai que mon père, madame, ne peut pas faire un plus beau choix, et que ce m'est une sensible joie que l'honneur de vous voir; mais, avec tout cela, je ne vous assurerai point que je me réjouis du dessein où vous pourriez être de devenir ma belle-mère. Le compliment, je vous l'avoue, est trop difficile pour moi; et c'est un titre, s'il vous plaît, que je ne vous souhaite point. Ce discours paroîtra brutal aux yeux de quelques-uns : mais je suis assuré que vous serez personne à le prendre comme il faudra; que c'est un mariage, madame, où vous vous imaginez bien que je dois avoir de la répugnance; que vous n'ignorez pas, sachant ce que je suis, comme il choque mes intérêts, et que vous voulez bien enfin que je vous dise, avec la permission de mon père, que, si les choses dépendoient de moi, cet hymen ne se feroit point.

HARPAGON.

Voilà un compliment bien impertinent! Quelle belle confession à lui faire!

MARIANE.

Et moi, pour vous répondre, j'ai à vous dire que les choses sont fort égales; et que, si vous auriez de la répugnance à me voir votre belle-mère, je n'en aurois pas moins, sans doute, à vous voir mon beau-fils. Ne croyez pas, je vous prie, que ce soit moi qui cherche à vous donner cette inquiétude. Je serois fort fâchée de vous causer du déplaisir; et, si je ne m'y vois forcée par une puissance absolue, je vous donne ma parole que je ne consentirai point au mariage qui vous chagrine.

HARPAGON.

Elle a raison : à sot compliment il faut une réponse de même. Je vous demande pardon, ma belle, de l'impertinence de mon fils; c'est un jeune sot qui ne sait pas encore la conséquence des paroles qu'il dit.

MARIANE.

Je vous promets que ce qu'il m'a dit ne m'a point du tout offensée; au contraire, il m'a fait plaisir de m'expliquer ainsi ses véritables sentiments. J'aime de lui un aveu de la sorte; et s'il avoit parlé d'autre façon, je l'en estimerois bien moins.

HARPAGON.

C'est beaucoup de bonté à vous de vouloir ainsi excu-

ACTE III, SCÈNE XI.

ser ses fautes. Le temps le rendra plus sage, et vous verrez qu'il changera de sentiments.

CLÉANTE.

Non, mon père, je ne suis point capable d'en changer, et je prie instamment madame de le croire.

HARPAGON.

Mais voyez quelle extravagance! il continue encore plus fort.

CLÉANTE.

Voulez-vous que je trahisse mon cœur?

HARPAGON.

Encore! Avez-vous envie de changer de discours?

CLÉANTE.

Hé bien! puisque vous voulez que je parle d'autre façon : Souffrez, madame, que je me mette ici à la place de mon père, et que je vous avoue que je n'ai rien vu dans le monde de si charmant que vous; que je ne conçois rien d'égal au bonheur de vous plaire, et que le titre de votre époux est une gloire, une félicité que je préférerois aux destinées des plus grands princes de la terre. Oui, madame, le bonheur de vous posséder est, à mes regards, la plus belle de toutes les fortunes; c'est où j'attache toute mon ambition. Il n'y a rien que je ne sois capable de faire pour une conquête si précieuse; et les obstacles les plus puissants...

HARPAGON.

Doucement, mon fils, s'il vous plaît.

CLÉANTE.

C'est un compliment que je fais pour vous à madame.

HARPAGON.

Mon Dieu! j'ai une langue pour m'expliquer moi-même, et je n'ai pas besoin d'un interprète comme vous. Allons, donnez des siéges.

FROSINE.

Non, il vaut mieux que de ce pas nous allions à la foire, afin d'en revenir plus tôt, et d'avoir tout le temps ensuite de nous entretenir.

HARPAGON, à Brindavoine.

Qu'on mette donc les chevaux au carrosse.

SCÈNE XII.

HARPAGON, MARIANE, ÉLISE, CLÉANTE, VALÈRE, FROSINE.

HARPAGON, à Mariane.

JE vous prie de m'excuser, ma belle, si je n'ai pas songé à vous donner un peu de collation avant que de partir.

CLÉANTE.

J'y ai pourvu, mon père; et j'ai fait apporter ici quelques bassins d'oranges de la Chine, de citrons doux, et de confitures, que j'ai envoyé querir de votre part.

HARPAGON, bas, à Valère.

Valère.

VALÈRE, à Harpagon.

Il a perdu le sens.

ACTE III, SCÈNE XII.

CLÉANTE.

Est-ce que vous trouvez, mon père, que ce ne soit pas assez? Madame aura la bonté d'excuser cela, s'il lui plaît.

MARIANE.

C'est une chose qui n'étoit pas nécessaire.

CLÉANTE.

Avez-vous jamais vu, madame, un diamant plus vif que celui que vous voyez que mon père a au doigt?

MARIANE.

Il est vrai qu'il brille beaucoup.

CLÉANTE, ôtant du doigt de son père le diamant, et le donnant à Mariane.

Il faut que vous le voyiez de près.

MARIANE.

Il est fort beau, sans doute, et jette quantité de feux.

CLÉANTE, se mettant au-devant de Mariane, qui veut rendre le diamant.

Non, madame, il est en de trop belles mains; c'est un présent que mon père vous fait.

HARPAGON.

Moi?

CLÉANTE.

N'est-il pas vrai, mon père, que vous voulez que madame le garde pour l'amour de vous?

HARPAGON, bas, à son fils.

Comment!

CLÉANTE, à Mariane.

Belle demande! il me fait signe de vous le faire accepter.

MARIANE.

Je ne veux point...

CLÉANTE, à Mariane.

Vous moquez-vous? il n'a garde de le reprendre.

HARPAGON, à part.

J'enrage.

MARIANE.

Ce seroit...

CLÉANTE, empêchant toujours Mariane de rendre le diamant.

Non, vous dis-je; c'est l'offenser.

MARIANE.

De grâce...

CLÉANTE.

Point du tout.

HARPAGON, à part.

Peste soit...!

CLÉANTE.

Le voilà qui se scandalise de votre refus.

HARPAGON, bas, à son fils.

Ah! traître!

CLÉANTE, à Mariane.

Vous voyez qu'il se désespère.

HARPAGON, bas, à son fils en le menaçant.

Bourreau que tu es!

CLÉANTE.

Mon père, ce n'est pas ma faute; je fais ce que je puis pour l'obliger à le garder; mais elle est obstinée.

HARPAGON, bas, à son fils avec emportement.

Pendard!

CLÉANTE.

Vous êtes cause, madame, que mon père me querelle.

HARPAGON, bas, à son fils, avec les mêmes gestes.

Le coquin!

CLÉANTE, à Mariane.

Vous le ferez tomber malade. De grâce, madame, ne résistez pas davantage.

FROSINE, à Mariane.

Mon Dieu! que de façons! Gardez la bague, puisque monsieur le veut.

MARIANE, à Harpagon.

Pour ne vous point mettre en colère, je la garde maintenant; et je prendrai un autre temps pour vous la rendre.

SCÈNE XIII.
HARPAGON, MARIANE, ÉLISE, CLÉANTE, VALÈRE, FROSINE, BRINDAVOINE.

BRINDAVOINE.

Monsieur, il y a là un homme qui veut vous parler.

HARPAGON.

Dis-lui que je suis empêché, [1] et qu'il revienne une autre fois.

---

[1] *Empêché*, pour, *retenu par des affaires*

BRINDAVOINE.

Il dit qu'il vous apporte de l'argent.

HARPAGON, à Mariane.

Je vous demande pardon, je reviens tout à l'heure.

SCÈNE XIV.

HARPAGON, MARIANE, ÉLISE, CLÉANTE, VALÈRE, FROSINE, LA MERLUCHE.

LA MERLUCHE, courant, et faisant tomber Harpagon.

Monsieur...

HARPAGON.

Ah! je suis mort.

CLÉANTE.

Qu'est-ce, mon père? Vous êtes-vous fait mal?

HARPAGON.

Le traître assurément a reçu de l'argent de mes débiteurs pour me faire rompre le cou.

VALÈRE, à Harpagon.

Cela ne sera rien.

LA MERLUCHE, à Harpagon.

Monsieur, je vous demande pardon; je croyois bien faire d'accourir vite.

HARPAGON.

Que viens-tu faire ici, bourreau?

LA MERLUCHE.

Vous dire que vos deux chevaux sont déferrés.

HARPAGON.

Qu'on les mène promptement chez le maréchal.

CLÉANTE.

En attendant qu'ils soient ferrés, je vais faire pour vous, mon père, les honneurs de votre logis, et conduire madame dans le jardin, où je ferai porter la collation.

SCÈNE XV.

HARPAGON, VALÈRE.

HARPAGON.

Valère, aie un peu l'œil à tout cela; et prends soin, je te prie, de m'en sauver le plus que tu pourras pour le renvoyer au marchand.

VALÈRE.

C'est assez.

HARPAGON, seul.

O fils impertinent! as-tu envie de me ruiner?

FIN DU TROISIÈME ACTE.

ACTE QUATRIÈME.

SCÈNE I.

CLÉANTE, MARIANE, ÉLISE, FROSINE.

CLÉANTE.

Rentrons ici, nous serons beaucoup mieux; il n'y a plus autour de nous personne de suspect, et nous pouvons parler librement.

ÉLISE.

Oui, madame, mon frère m'a fait confidence de la passion qu'il a pour vous. Je sais les chagrins et les déplaisirs que sont capables de causer de pareilles traverses; et c'est, je vous assure, avec une tendresse extrême que je m'intéresse à votre aventure.

MARIANE.

C'est une douce consolation que de voir dans ses intérêts une personne comme vous; et je vous conjure, madame, de me garder toujours cette généreuse amitié, si capable de m'adoucir les cruautés de la fortune.

FROSINE.

Vous êtes, par ma foi, de malheureuses gens, l'un et l'autre, de ne m'avoir point, avant tout ceci, avertie de votre affaire. Je vous aurois sans doute détourné cette inquiétude, et n'aurois point amené les choses où l'on voit qu'elles sont.

CLÉANTE.

Que veux-tu? c'est ma mauvaise destinée qui l'a voulu ainsi. Mais, belle Mariane, quelles résolutions sont les vôtres?

MARIANE.

Hélas! suis-je en pouvoir de faire des résolutions? et, dans la dépendance où je me vois, puis-je former que des souhaits?

CLÉANTE.

Point d'autre appui pour moi dans votre cœur que de simples souhaits? point de pitié officieuse? point de secourable bonté? point d'affection agissante?

MARIANE.

Que saurois-je vous dire? mettez-vous en ma place, et voyez ce que je puis faire. Avisez, ordonnez vous-même, je m'en remets à vous; et je vous crois trop raisonnable pour vouloir exiger de moi que ce qui peut m'être permis par l'honneur et la bienséance.

CLÉANTE.

Hélas! où me réduisez-vous, que de me renvoyer à ce que voudront me permettre les fâcheux sentiments d'un rigoureux honneur et d'une scrupuleuse bienséance!

MARIANE.

Mais que voulez-vous que je fasse? Quand je pourrois passer sur quantité d'égards où notre sexe est obligé, j'ai de la considération pour ma mère : elle m'a toujours élevée avec une tendresse extrême; et je ne saurois me résoudre à lui donner du déplaisir. Faites, agissez auprès d'elle; employez tous vos soins à gagner son esprit; vous pouvez faire et dire tout ce que vous voudrez, je vous en donne la licence; et, s'il ne tient qu'à me déclarer en votre faveur, je veux bien consentir à lui faire un aveu moi-même de tout ce que je sens pour vous.

CLÉANTE.

Frosine, ma pauvre Frosine, voudrois-tu nous servir?

FROSINE.

Par ma foi, faut-il le demander? je le voudrois de tout mon cœur. Vous savez que de mon naturel je suis assez humaine. Le ciel ne m'a point fait l'âme de bronze; et je n'ai que trop de tendresse à rendre de petits services, quand je vois des gens qui s'entr'aiment en tout bien et en tout honneur. Que pourrions-nous faire à ceci?

CLÉANTE.

Songe un peu, je te prie.

MARIANE.

Ouvre-nous des lumières.

ÉLISE.

Trouve quelque invention pour rompre ce que tu as fait.

FROSINE.

Ceci est assez difficile. (à Mariane.) Pour votre mère, elle n'est pas tout-à-fait déraisonnable; et peut-être pourroit-on la gagner et la résoudre à transporter au fils le don

ACTE IV, SCÈNE 1.

qu'elle veut faire au père. (à Cléante.) Mais le mal que j'y trouve, c'est que votre père est votre père.

CLÉANTE.

Cela s'entend.

FROSINE.

Je veux dire qu'il conservera du dépit si l'on montre qu'on le refuse, et qu'il ne sera point d'humeur ensuite à donner son consentement à votre mariage. Il faudroit, pour bien faire, que le refus vînt de lui-même, et tâcher par quelque moyen de le dégoûter de votre personne.

CLÉANTE.

Tu as raison.

FROSINE.

Oui, j'ai raison, je le sais bien. C'est là ce qu'il faudroit; mais le diantre [1] est d'en pouvoir trouver les moyens... Attendez. Si nous avions quelque femme un peu sur l'âge, qui fût de mon talent, et jouât assez bien pour contrefaire une dame de qualité, par le moyen d'un train fait à la hâte, et d'un bizarre nom de marquise ou de vicomtesse, que nous supposerions de la basse Bretagne, j'aurois assez d'adresse pour faire accroire à votre père que ce seroit une personne riche, outre ses maisons, de cent mille écus en argent comptant; qu'elle seroit éperdument amoureuse de lui, et souhaiteroit de se voir sa

---

[1] *Diantre* s'employoit assez souvent pour *diable.* On prétend que ce mot vient de *Dinant,* ou plutôt de certains coureurs attachés à cette ville, et qui, d'après leur costume, pouvoient être pris pour des diables par le peuple.

femme, jusqu'à lui donner tout son bien par contrat de mariage : et je ne doute point qu'il ne prêtât l'oreille à la proposition. Car enfin il vous aime fort, je le sais; mais il aime un peu plus l'argent : et quand, ébloui de ce leurre, il auroit une fois consenti à ce qui vous touche, il importeroit peu ensuite qu'il se désabusât, en venant à vouloir voir clair aux affaires de notre marquise.

CLÉANTE.

Tout cela est fort bien pensé.

FROSINE.

Laissez-moi faire. Je viens de me ressouvenir d'une de mes amies qui sera notre fait.

CLÉANTE.

Sois assurée, Frosine, de ma reconnoissance, si tu viens à bout de la chose. Mais, charmante Mariane, commençons, je vous prie, par gagner votre mère; c'est toujours beaucoup faire que de rompre ce mariage. Faites-y de votre part, je vous conjure, tous les efforts qu'il vous sera possible. Servez-vous de tout le pouvoir que vous donne sur elle cette amitié qu'elle a pour vous : déployez sans réserve les grâces éloquentes, les charmes tout-puissants que le ciel a placés dans vos yeux et dans votre bouche; et n'oubliez rien, s'il vous plaît, de ces tendres paroles, de ces douces prières, et de ces caresses touchantes à qui je suis persuadé qu'on ne sauroit rien refuser.

MARIANE.

J'y ferai tout ce que je puis, et n'oublierai aucune chose.

SCÈNE II.

HARPAGON, CLÉANTE, MARIANE, ÉLISE, FROSINE.

HARPAGON, à part, sans être aperçu.

Ouais! mon fils baise la main de sa prétendue belle-mère, et sa prétendue belle-mère ne s'en défend pas fort. Y auroit-il quelque mystère là-dessous?

ÉLISE.

Voilà mon père.

HARPAGON.

Le carrosse est tout prêt, vous pouvez partir quand il vous plaira.

CLÉANTE.

Puisque vous n'y allez pas, mon père, je m'en vais les conduire.

HARPAGON.

Non, demeurez; elles iront bien toutes seules, et besoin de vous.

SCÈNE III.

HARPAGON, CLÉANTE.

HARPAGON.

Oh çà, intérêt de belle-mère à part, que te semble, à toi, de cette personne?

CLÉANTE.

Ce qu'il m'en semble?

HARPAGON.

Oui, de son air, de sa taille, de sa beauté, de son esprit?

CLÉANTE.

Là, là.

HARPAGON.

Mais encore?

CLÉANTE.

A vous en parler franchement, je ne l'ai pas trouvée ici ce que je l'avois crue. Son air est de franche coquette, sa taille est assez gauche, sa beauté très-médiocre, et son esprit des plus communs. Ne croyez pas que ce soit, mon père, pour vous en dégoûter; car, belle-mère pour belle-mère, j'aime autant celle-là qu'une autre.

HARPAGON.

Tu lui disois tantôt pourtant...

CLÉANTE.

Je lui ai dit quelques douceurs en votre nom; mais c'étoit pour vous plaire.

HARPAGON.

Si bien donc que tu n'aurois pas d'inclination pour elle?

CLÉANTE.

Moi? point du tout.

HARPAGON.

J'en suis fâché, car cela rompt une pensée qui m'étoit venue dans l'esprit. J'ai fait, en la voyant ici, réflexion sur mon âge; et j'ai songé qu'on pourra trouver à redire de me voir marier à une si jeune personne. Cette considération m'en faisoit quitter le dessein; et comme je l'ai fait demander, et que je suis pour elle engagé de parole, je te l'aurois donnée, sans l'aversion que tu témoignes.

CLÉANTE.

A moi?

HARPAGON.

A toi.

CLÉANTE.

En mariage?

HARPAGON.

En mariage.

CLÉANTE.

Écoutez. Il est vrai qu'elle n'est pas fort à mon goût : mais, pour vous faire plaisir, mon père, je me résoudrai à l'épouser, si vous voulez.

HARPAGON.

Moi? Je suis plus raisonnable que tu ne penses; je ne veux point forcer ton inclination.

CLÉANTE.

Pardonnez-moi, je me ferai cet effort pour l'amour de vous.

HARPAGON.

Non, non; un mariage ne sauroit être heureux où l'inclination n'est pas.

CLÉANTE.

C'est une chose, mon père, qui peut-être viendra ensuite; et l'on dit que l'amour est souvent un fruit du mariage.

HARPAGON.

Non : du côté de l'homme on ne doit point risquer l'affaire; et ce sont des suites fâcheuses où je n'ai garde de me commettre. Si tu avois senti quelque inclination pour elle, à la bonne heure; je te l'aurois fait épouser, au lieu de moi : mais, cela n'étant pas, je suivrai mon premier dessein, et je l'épouserai moi-même.

CLÉANTE.

Hé bien, mon père, puisque les choses sont ainsi, il faut vous découvrir mon cœur, il faut vous révéler notre secret. La vérité est que je l'aime, depuis un jour que je la vis dans une promenade; que mon dessein étoit tantôt de vous la demander pour femme; et que rien ne m'a retenu que la déclaration de vos sentiments, et la crainte de vous déplaire.

HARPAGON.

Lui avez-vous rendu visite?

CLÉANTE.

Oui, mon père.

HARPAGON.

Beaucoup de fois?

CLÉANTE.

Assez, pour le temps qu'il y a.

HARPAGON.

Vous a-t-on bien reçu?

ACTE IV, SCÈNE III.

CLÉANTE.

Fort bien, mais sans savoir qui j'étois; et c'est ce qui a fait tantôt la surprise de Mariane.

HARPAGON.

Lui avez-vous déclaré votre passion, et le dessein où vous étiez de l'épouser?

CLÉANTE.

Sans doute; et même j'en avois fait à sa mère quelque peu d'ouverture.

HARPAGON.

A-t-elle écouté pour sa fille votre proposition?

CLÉANTE.

Oui, fort civilement.

HARPAGON.

Et la fille correspond-elle fort à votre amour?

CLÉANTE.

Si j'en dois croire les apparences, je me persuade, mon père, qu'elle a quelque bonté pour moi.

HARPAGON, bas, à part.

Je suis bien aise d'avoir appris un tel secret; et voilà justement ce que je demandois. (haut.) Or sus, mon fils, savez-vous ce qu'il y a? C'est qu'il faut songer, s'il vous plaît, à vous défaire de votre amour, à cesser toutes vos poursuites auprès d'une personne que je prétends pour moi, et à vous marier dans peu avec celle qu'on vous destine.

CLÉANTE.

Oui, mon père, c'est ainsi que vous me jouez! Hé bien!

puisque les choses en sont venues là, je vous déclare, moi, que je ne quitterai point la passion que j'ai pour Mariane; qu'il n'y a point d'extrémité où je ne m'abandonne pour vous disputer sa conquête; et que, si vous avez pour vous le consentement d'une mère, j'aurai d'autres secours peut-être qui combattront pour moi.

HARPAGON.

Comment, pendard! tu as l'audace d'aller sur mes brisées!

CLÉANTE.

C'est vous qui allez sur les miennes, et je suis le premier en date.

HARPAGON.

Ne suis-je pas ton père? et ne me dois-tu pas respect?

CLÉANTE.

Ce ne sont point ici des choses où les enfants soient obligés de déférer aux pères, et l'amour ne connoît personne.

HARPAGON.

Je te ferai bien me connoître avec de bons coups de bâton.

CLÉANTE.

Toutes vos menaces ne feront rien.

HARPAGON.

Tu renonceras à Mariane.

CLÉANTE.

Point du tout.

HARPAGON.

Donnez-moi un bâton tout à l'heure

SCÈNE IV.

HARPAGON, CLÉANTE, MAÎTRE JACQUES.

MAÎTRE JACQUES.

Hé! hé! hé! messieurs, qu'est-ce ci? à quoi songez-vous?

CLÉANTE.

Je me moque de cela.

MAÎTRE JACQUES, à Cléante.

Ah! monsieur, doucement.

HARPAGON.

Me parler avec cette impudence!

MAÎTRE JACQUES, à Harpagon.

Ah! monsieur, de grâce.

CLÉANTE.

Je n'en démordrai point.

MAÎTRE JACQUES, à Cléante.

Hé quoi! à votre père!

HARPAGON.

Laisse-moi faire.

MAÎTRE JACQUES, à Harpagon.

Hé quoi! à votre fils! Encore passe pour moi.

HARPAGON.

Je te veux faire toi-même, maître Jacques, juge de cette affaire, pour montrer comme j'ai raison.

MAÎTRE JACQUES.

J'y consens. (à Cléante.) Éloignez-vous un peu.

HARPAGON.

J'aime une fille que je veux épouser, et le pendard a l'insolence de l'aimer avec moi, et d'y prétendre malgré mes ordres.

MAÎTRE JACQUES.

Ah! il a tort.

HARPAGON.

N'est-ce pas une chose épouvantable, qu'un fils qui veut entrer en concurrence avec son père? et ne doit-il pas, par respect, s'abstenir de toucher à mes inclinations?

MAÎTRE JACQUES.

Vous avez raison. Laissez-moi lui parler, et demeurez là.

CLÉANTE, à maître Jacques, qui s'approche de lui.

Hé bien, oui, puisqu'il veut te choisir pour juge, je n'y recule point; il ne m'importe qui que ce soit : et je veux bien aussi me rapporter à toi, maître Jacques, de notre différent.

MAÎTRE JACQUES.

C'est beaucoup d'honneur que vous me faites.

CLÉANTE.

Je suis épris d'une jeune personne qui répond à mes vœux, et reçoit tendrement les offres de ma foi; et mon père s'avise de venir troubler notre amour par la demande qu'il en fait faire.

MAÎTRE JACQUES.

Il a tort assurément.

CLÉANTE.

N'a-t-il point de honte à son âge de songer à se marier?

ACTE IV, SCÈNE IV.

Lui sied-il bien d'être encore amoureux? et ne devroit-il pas laisser cette occupation aux jeunes gens?

MAÎTRE JACQUES.

Vous avez raison, il se moque ; laissez-moi lui dire deux mots. (à Harpagon.) Hé bien! votre fils n'est pas si étrange que vous le dites, et il se met à la raison : il dit qu'il sait le respect qu'il vous doit, qu'il ne s'est emporté que dans la première chaleur, et qu'il ne fera point refus de se soumettre à ce qu'il vous plaira, pourvu que vous vouliez le traiter mieux que vous ne faites, et lui donner quelque personne en mariage dont il ait lieu d'être content.

HARPAGON.

Ah! dis-lui, maître Jacques, que, moyennant cela, il pourra espérer toutes choses de moi, et que, hors Mariane, je lui laisse la liberté de choisir celle qu'il voudra.

MAÎTRE JACQUES.

Laissez-moi faire. (à Cléante.) Hé bien! votre père n'est pas si déraisonnable que vous le faites ; et il m'a témoigné que ce sont vos emportements qui l'ont mis en colère, et qu'il n'en veut seulement qu'à votre manière d'agir ; et qu'il sera fort disposé à vous accorder ce que vous souhaitez, pourvu que vous vouliez vous y prendre par la douceur, et lui rendre les déférences, les respects et les soumissions qu'un fils doit à son père.

CLÉANTE.

Ah! maître Jacques, tu lui peux assurer que, s'il m'accorde Mariane, il me verra toujours le plus soumis de tous les hommes, et que jamais je ne ferai aucune chose que par ses volontés.

MAÎTRE JACQUES, à Harpagon.

Cela est fait, il consent à ce que vous dites.

HARPAGON.

Voilà qui va le mieux du monde.

MAÎTRE JACQUES, à Cléante.

Tout est conclu; il est content de vos promesses.

CLÉANTE.

Le ciel en soit loué.

MAÎTRE JACQUES.

Messieurs, vous n'avez qu'à parler ensemble, vous voilà d'accord maintenant; et vous alliez vous quereller, faute de vous entendre.

CLÉANTE

Mon pauvre maître Jacques, je te serai obligé toute ma vie.

MAÎTRE JACQUES.

Il n'y a pas de quoi, monsieur.

HARPAGON.

Tu m'as fait plaisir, maître Jacques, et cela mérite une récompense.

(Harpagon fouille dans sa poche, maître Jacques tend la main; mais Harpagon ne tire que son mouchoir en disant:)

Va, je m'en souviendrai, je t'assure.

MAÎTRE JACQUES.

Je vous baise les mains.

SCÈNE V.

HARPAGON, CLÉANTE.

CLÉANTE.

Je vous demande pardon, mon père, de l'emportement que j'ai fait paroître.

HARPAGON.

Cela n'est rien.

CLÉANTE.

Je vous assure que j'en ai tous les regrets du monde.

HARPAGON.

Et moi j'ai toutes les joies du monde de te voir raisonnable.

CLÉANTE.

Quelle bonté à vous d'oublier si vite ma faute!

HARPAGON.

On oublie aisément les fautes des enfants lorsqu'ils rentrent dans leur devoir.

CLÉANTE.

Quoi! ne garder aucun ressentiment de toutes mes extravagances!

HARPAGON.

C'est une chose où tu m'obliges par la soumission et le respect où tu te ranges.

CLÉANTE.

Je vous promets, mon père, que, jusqu'au tombeau, je conserverai dans mon cœur le souvenir de vos bontés.

HARPAGON.

Et moi je te promets qu'il n'y aura aucune chose que tu n'obtiennes de moi.

CLÉANTE.

Ah! mon père, je ne vous demande plus rien, et c'est m'avoir assez donné que de me donner Mariane.

HARPAGON.

Comment?

CLÉANTE.

Je dis, mon père, que je suis trop content de vous, et que je trouve toutes choses dans la bonté que vous avez de m'accorder Mariane.

HARPAGON.

Qui est-ce qui parle de t'accorder Mariane?

CLÉANTE.

Vous, mon père.

HARPAGON.

Moi?

CLÉANTE.

Sans doute.

HARPAGON.

Comment! c'est toi qui as promis d'y renoncer.

CLÉANTE.

Moi, y renoncer?

HARPAGON.

Oui.

CLÉANTE.

Point du tout.

ACTE IV, SCÈNE V.

HARPAGON.

Tu ne t'es pas départi d'y prétendre ?

CLÉANTE.

Au contraire, j'y suis porté plus que jamais.

HARPAGON.

Quoi, pendard! derechef?

CLÉANTE.

Rien ne me peut changer.

HARPAGON.

Laisse-moi faire, traître !

CLÉANTE.

Faites tout ce qu'il vous plaira.

HARPAGON.

Je te défends de me jamais voir.

CLÉANTE.

A la bonne heure.

HARPAGON.

Je t'abandonne.

CLÉANTE.

Abandonnez.

HARPAGON.

Je te renonce pour mon fils.

CLÉANTE.

Soit.

HARPAGON.

Je te déshérite.

CLÉANTE.

Tout ce que vous voudrez.

HARPAGON.

Et je te donne ma malédiction.

CLÉANTE.

Je n'ai que faire de vos dons.

SCÈNE VI.
CLÉANTE, LA FLÈCHE.

LA FLÈCHE, sortant du jardin avec une cassette.

Ah! monsieur, que je vous trouve à propos! Suivez-moi vite.

CLÉANTE.

Qu'y a-t-il?

LA FLÈCHE.

Suivez-moi, vous dis-je; nous sommes bien.

CLÉANTE.

Comment?

LA FLÈCHE.

Voici votre affaire.

CLÉANTE.

Quoi?

LA FLÈCHE.

J'ai guigné[1] ceci tout le jour.

CLÉANTE.

Qu'est-ce que c'est?

LA FLÈCHE.

Le trésor de votre père, que j'ai attrapé.

---

[1] *Guigné*, de l'espagnol *guimar*, regarder une chose avec envie, la guetter.

CLÉANTE.

Comment as-tu fait?

LA FLÈCHE.

Vous saurez tout. Sauvons-nous, je l'entends crier.

SCÈNE VII.

HARPAGON, CRIANT AU VOLEUR DÈS LE JARDIN.

Au voleur! au voleur! à l'assassin! au meurtrier! Justice, juste ciel! Je suis perdu, je suis assassiné; on m'a coupé la gorge, on m'a dérobé mon argent. Qui peut-ce être? Qu'est-il devenu? Où est-il? Où se cache-t-il? Que ferai-je pour le trouver? Où courir? Où ne pas courir? N'est-il point là? N'est-il point ici? Qui est-ce? Arrête. (à lui-même, se prenant par le bras.) Rends-moi mon argent, coquin... Ah! c'est moi... Mon esprit est troublé, et j'ignore où je suis, qui je suis, et ce que je fais. Hélas! mon pauvre argent, mon pauvre argent, mon cher ami, on m'a privé de toi! et, puisque tu m'es enlevé, j'ai perdu mon support, ma consolation, ma joie; tout est fini pour moi, et je n'ai plus que faire au monde! Sans toi il m'est impossible de vivre. C'en est fait; je n'en puis plus, je me meurs, je suis mort, je suis enterré. N'y a-t-il personne qui veuille me ressusciter, en me rendant mon cher argent, ou en m'apprenant qui l'a pris? Hé! que dites-vous? Ce n'est personne. Il faut, qui que ce soit qui ait fait le coup, qu'avec beaucoup de soin on ait épié l'heure; et l'on a choisi justement le temps que je parlois à mon traître de fils. Sortons. Je veux aller querir la justice, et faire donner la question à toute ma maison, à servantes, à valets, à fils, à fille, et à moi aussi. Que de gens assemblés! Je ne jette mes regards sur personne qui ne me donne des soupçons, et tout me semble mon voleur. Hé! de quoi est-ce qu'on parle là? de celui qui m'a dérobé? Quel bruit fait-on là-haut? est-ce mon voleur qui y est? De grâce, si l'on sait des nouvelles de mon voleur, je supplie que l'on m'en dise. N'est-il point caché là parmi vous? Ils me regardent tous, et se mettent à rire. Vous verrez qu'ils ont part, sans doute, au vol que l'on m'a fait. Allons vite, des commissaires, des archers, des prevôts, des juges, des gênes, des potences et des bourreaux. Je veux faire pendre tout le monde; et si je ne retrouve mon argent, je me pendrai moi-même après.

FIN DU QUATRIÈME ACTE.

ACTE CINQUIÈME.

SCÈNE I.

HARPAGON, UN COMMISSAIRE.

LE COMMISSAIRE.

Laissez-moi faire, je sais mon métier, Dieu merci. Ce n'est pas d'aujourd'hui que je me mêle de découvrir des vols; et je voudrois avoir autant de sacs de mille francs que j'ai fait pendre de personnes.

HARPAGON.

Tous les magistrats sont intéressés à prendre cette affaire en main; et, si l'on ne me fait retrouver mon argent, je demanderai justice de la justice.

LE COMMISSAIRE.

Il faut faire toutes les poursuites requises. Vous dites qu'il y avoit dans cette cassette...

HARPAGON.

Dix mille écus bien comptés.

LE COMMISSAIRE.

Dix mille écus!

HARPAGON.

Dix mille écus.

LE COMMISSAIRE.

Le vol est considérable.

HARPAGON.

Il n'y a point de supplice assez grand pour l'énormité de ce crime; et, s'il demeure impuni, les choses les plus sacrées ne sont plus en sûreté.

LE COMMISSAIRE.

En quelles espèces étoit cette somme?

HARPAGON.

En bons louis d'or et pistoles bien trébuchantes.

LE COMMISSAIRE.

Qui soupçonnez-vous de ce vol?

HARPAGON.

Tout le monde; et je veux que vous arrêtiez prisonniers la ville et les faubourgs.

LE COMMISSAIRE.

Il faut, si vous m'en croyez, n'effaroucher personne, et tâcher doucement d'attraper quelques preuves, afin de procéder après, par la rigueur, au recouvrement des deniers qui vous ont été pris.

SCÈNE II.

HARPAGON, LE COMMISSAIRE, MAÎTRE JACQUES.

MAÎTRE JACQUES, *dans le fond du théâtre, en se retournant du côté par lequel il est entré.*

Je m'en vais revenir : qu'on me l'égorge tout à l'heure; qu'on me lui fasse griller les pieds; qu'on me le mette dans l'eau bouillante; et qu'on me le pende au plancher.

HARPAGON, à maître Jacques.

Qui? celui qui m'a dérobé?

MAÎTRE JACQUES.

Je parle d'un cochon de lait que votre intendant me vient d'envoyer, et je veux vous l'accommoder à ma fantaisie.

HARPAGON.

Il n'est pas question de cela, et voilà monsieur à qui il faut parler d'autre chose.

LE COMMISSAIRE, à maître Jacques.

Ne vous épouvantez point ; je suis homme à ne vous point scandaliser, et les choses iront dans la douceur.

MAÎTRE JACQUES.

Monsieur est de votre souper?

LE COMMISSAIRE.

Il faut ici, mon cher ami, ne rien cacher à votre maître.

MAÎTRE JACQUES.

Ma foi, monsieur, je montrerai tout ce que je sais faire, et je vous traiterai du mieux qu'il me sera possible.

HARPAGON.

Ce n'est pas là l'affaire.

MAÎTRE JACQUES.

Si je ne vous fais pas aussi bonne chère que je voudrois, c'est la faute de monsieur notre intendant, qui m'a rogné les ailes avec les ciseaux de son économie.

HARPAGON.

Traître! il s'agit d'autre chose que de souper; et je

veux que tu me dises des nouvelles de l'argent qu'on m'a pris.

MAÎTRE JACQUES.

On vous a pris de l'argent?

HARPAGON.

Oui, coquin; et je m'en vais te faire pendre si tu ne me le rends.

LE COMMISSAIRE, à Harpagon.

Mon Dieu! ne le maltraitez point. Je vois à sa mine qu'il est honnête homme, et que, sans se faire mettre en prison, il vous découvrira ce que vous voulez savoir. Oui, mon ami, si vous nous confessez la chose, il ne vous sera fait aucun mal, et vous serez récompensé comme il faut par votre maître. On lui a pris aujourd'hui son argent, et il n'est pas que vous ne sachiez quelque nouvelle de cette affaire.

MAÎTRE JACQUES, bas, à part.

Voici justement ce qu'il me faut pour me venger de notre intendant. Depuis qu'il est entré céans, il est le favori; on n'écoute que ses conseils; et j'ai aussi sur le cœur les coups de bâton de tantôt.

HARPAGON.

Qu'as-tu à ruminer?

LE COMMISSAIRE, à Harpagon.

Laissez-le faire, il se prépare à vous contenter; et je vous ai bien dit qu'il étoit honnête homme.

MAÎTRE JACQUES.

Monsieur, si vous voulez que je vous dise les choses,

ACTE V, SCÈNE II.

je crois que c'est monsieur votre cher intendant qui a fait le coup.

HARPAGON.

Valère?

MAÎTRE JACQUES.

Oui.

HARPAGON.

Lui, qui me paroît si fidèle?

MAÎTRE JACQUES.

Lui-même. Je crois que c'est lui qui vous a dérobé.

HARPAGON.

Et sur quoi le crois-tu?

MAÎTRE JACQUES.

Sur quoi?

HARPAGON.

Oui.

MAÎTRE JACQUES.

Je le crois... sur ce que je le crois.

LE COMMISSAIRE.

Mais il est nécessaire de dire les indices que vous avez.

HARPAGON.

L'as-tu vu rôder autour du lieu où j'avois mis mon argent?

MAÎTRE JACQUES.

Oui, vraiment. Où étoit-il, votre argent?

HARPAGON.

Dans le jardin.

MAÎTRE JACQUES.

Justement. Je l'ai vu rôder dans le jardin. Et dans quoi est-ce que cet argent étoit?

HARPAGON.

Dans une cassette.

MAÎTRE JACQUES.

Voilà l'affaire. Je lui ai vu une cassette.

HARPAGON.

Et cette cassette, comment est-elle faite? Je verrai bien si c'est la mienne.

MAÎTRE JACQUES.

Comment elle est faite?

HARPAGON.

Oui.

MAÎTRE JACQUES.

Elle est faite... Elle est faite comme une cassette.

LE COMMISSAIRE.

Cela s'entend. Mais dépeignez-la un peu, pour voir.

MAÎTRE JACQUES.

C'est une grande cassette...

HARPAGON.

Celle qu'on m'a volée est petite.

MAÎTRE JACQUES.

Hé oui, elle est petite, si on le veut prendre par-là; mais je l'appelle grande pour ce qu'elle contient.

LE COMMISSAIRE.

Et de quelle couleur est-elle?

ACTE V, SCÈNE II.

MAÎTRE JACQUES.

De quelle couleur?

LE COMMISSAIRE.

Oui.

MAÎTRE JACQUES.

Elle est de couleur... là, d'une couleur... Ne sauriez-vous m'aider à dire?

HARPAGON.

Hé?

MAÎTRE JACQUES.

N'est-elle pas rouge?

HARPAGON.

Non, grise.

MAÎTRE JACQUES.

Hé, oui, gris-rouge, c'est ce que je voulois dire.

HARPAGON.

Il n'y a point de doute, c'est elle assurément. Écrivez, monsieur, écrivez sa déposition. Ciel! à qui désormais se fier? il ne faut plus jurer de rien; et je crois, après cela, que je suis homme à me voler moi-même.

MAÎTRE JACQUES, à Harpagon.

Monsieur, le voici qui revient. Ne lui allez pas dire au moins que c'est moi qui vous ai découvert cela.

SCÈNE III.

HARPAGON, LE COMMISSAIRE, VALÈRE, MAÎTRE JACQUES.

HARPAGON.

Approche, viens confesser l'action la plus noire, l'attentat le plus horrible qui jamais ait été commis.

VALÈRE.

Que voulez-vous, monsieur?

HARPAGON.

Comment, traître! tu ne rougis pas de ton crime!

VALÈRE.

De quel crime voulez-vous donc parler?

HARPAGON.

De quel crime je veux parler, infâme! comme si tu ne savois pas ce que je veux dire! C'est en vain que tu prétendrois de le déguiser : l'affaire est découverte, et l'on vient de m'apprendre tout. Comment! abuser ainsi de ma bonté, et s'introduire exprès chez moi pour me trahir, pour me jouer un tour de cette nature!

VALÈRE.

Monsieur, puisqu'on vous a découvert tout, je ne veux point chercher de détours, et vous nier la chose.

MAÎTRE JACQUES, à part.

Oh! oh! aurois-je deviné sans y penser?

VALÈRE.

C'étoit mon dessein de vous en parler, et je voulois attendre pour cela des conjonctures favorables; mais puisqu'il est ainsi, je vous conjure de ne vous point fâcher, et de vouloir entendre mes raisons.

HARPAGON.

Et quelles belles raisons peux-tu me donner, voleur, infâme?

VALÈRE.

Ah! monsieur, je n'ai pas mérité ces noms. Il est vrai que j'ai commis une offense envers vous; mais, après tout, ma faute est pardonnable.

HARPAGON.

Comment, pardonnable! un guet-apens, un assassinat de la sorte!

VALÈRE.

De grâce, ne vous mettez point en colère. Quand vous m'aurez ouï, vous verrez que le mal n'est pas si grand que vous le faites.

HARPAGON.

Le mal n'est pas si grand que je le fais! Quoi! mon sang, mes entrailles, pendard!

VALÈRE.

Votre sang, monsieur, n'est pas tombé dans de mauvaises mains. Je suis d'une condition à ne lui point faire de tort; et il n'y a rien en tout ceci que je ne puisse bien réparer.

HARPAGON.

C'est bien mon intention, et que tu me restitues ce que tu m'as ravi.

VALÈRE.

Votre honneur, monsieur, sera pleinement satisfait.

HARPAGON.

Il n'est pas question d'honneur là-dedans. Mais, dis-moi, qui t'a porté à cette action ?

VALÈRE.

Hélas! me le demandez-vous?

HARPAGON.

Oui, vraiment, je te le demande.

VALÈRE.

Un dieu qui porte les excuses de tout ce qu'il fait faire : l'Amour.

HARPAGON.

L'Amour!

VALÈRE.

Oui.

HARPAGON.

Bel amour! bel amour, ma foi! l'amour de mes louis d'or!

VALÈRE.

Non, monsieur, ce ne sont point vos richesses qui m'ont tenté, ce n'est pas cela qui m'a ébloui; et je proteste de ne prétendre rien à tous vos biens, pourvu que vous me laissiez celui que j'ai.

HARPAGON.

Non ferai, de par tous les diables; je ne te le laisserai pas. Mais voyez quelle insolence, de vouloir retenir le vol qu'il m'a fait!

ACTE V, SCÈNE III.

VALÈRE.

Appelez-vous cela un vol?

HARPAGON.

Si je l'appelle un vol! un trésor comme celui-là!

VALÈRE.

C'est un trésor, il est vrai, et le plus précieux que vous ayez sans doute; mais ce ne sera pas le perdre que de me le laisser. Je vous le demande à genoux, ce trésor plein de charmes; et pour bien faire il faut que vous me l'accordiez.

HARPAGON.

Je n'en ferai rien. Qu'est-ce à dire, cela?

VALÈRE.

Nous nous sommes promis une foi mutuelle, et avons fait serment de ne nous point abandonner.

HARPAGON.

Le serment est admirable, et la promesse plaisante!

VALÈRE.

Oui, nous nous sommes engagés d'être l'un à l'autre à jamais.

HARPAGON.

Je vous en empêcherai bien, je vous assure.

VALÈRE.

Rien que la mort ne nous peut séparer.

HARPAGON.

C'est être bien endiablé après mon argent!

VALÈRE.

Je vous ai déjà dit, monsieur, que ce n'étoit point l'intérêt qui m'avoit poussé à faire ce que j'ai fait. Mon cœur n'a point agi par les ressorts que vous pensez, et un motif plus noble m'a inspiré cette résolution.

HARPAGON.

Vous verrez que c'est par charité chrétienne qu'il veut avoir mon bien. Mais j'y donnerai bon ordre; et la justice, pendard effronté, me va faire raison de tout.

VALÈRE.

Vous en userez comme vous voudrez, et me voilà prêt à souffrir toutes les violences qu'il vous plaira : mais je vous prie de croire au moins que, s'il y a du mal, ce n'est que moi qu'il en faut accuser, et que votre fille, en tout ceci, n'est aucunement coupable.

HARPAGON.

Je le crois bien, vraiment : il seroit fort étrange que ma fille eût trempé dans ce crime. Mais je veux ravoir mon affaire, et que tu me confesses en quel endroit tu me l'as enlevée.

VALÈRE.

Moi? je ne l'ai point enlevée; et elle est encore chez vous.

HARPAGON, à part.

O ma chère cassette! (haut.) Elle n'est point sortie de ma maison?

VALÈRE.

Non, monsieur.

HARPAGON.

Hé! dis-moi un peu; tu n'y as point touché?

ACTE V, SCÈNE III.

VALÈRE.

Moi, y toucher! Ah! vous lui faites tort, aussi-bien qu'à moi; et c'est d'une ardeur toute pure et respectueuse que j'ai brûlé pour elle.

HARPAGON, à part.

Brûlé pour ma cassette!

VALÈRE.

J'aimerois mieux mourir que de lui avoir fait paroître aucune pensée offensante; elle est trop sage et trop honnête pour cela.

HARPAGON, à part.

Ma cassette trop honnête!

VALÈRE.

Tous mes désirs se sont bornés à jouir de sa vue; et rien de criminel n'a profané la passion que ses beaux yeux m'ont inspirée.

HARPAGON, à part.

Les beaux yeux de ma cassette! Il parle d'elle comme un amant d'une maîtresse.

VALÈRE.

Dame Claude, monsieur, sait la vérité de cette aventure; et elle vous peut rendre témoignage...

HARPAGON.

Quoi! ma servante est complice de l'affaire?

VALÈRE.

Oui, monsieur, elle a été témoin de notre engagement; et c'est après avoir connu l'honnêteté de ma flamme qu'elle m'a aidé à persuader votre fille de me donner sa foi, et de recevoir la mienne.

HARPAGON.

Hé! (à part.) Est-ce que la peur de la justice le fait extravaguer? (à Valère.) Que nous brouilles-tu ici de ma fille?

VALÈRE.

Je dis, monsieur, que j'ai eu toutes les peines du monde à faire consentir sa pudeur à ce que vouloit mon amour.

HARPAGON.

La pudeur de qui?

VALÈRE.

De votre fille; et c'est seulement depuis hier qu'elle a pu se résoudre à nous signer mutuellement une promesse de mariage.

HARPAGON.

Ma fille t'a signé une promesse de mariage?

VALÈRE.

Oui, monsieur, comme de ma part je lui en ai signé une.

HARPAGON.

O ciel! autre disgrâce!

MAÎTRE JACQUES, au commissaire.

Écrivez, monsieur, écrivez.

HARPAGON.

Rengrègement [1] de mal! surcroît de désespoir! (au com-

---

[1] *Rengrègement*, augmentation, surcroit.

ACTE V, SCÈNE III.

missaire.) Allons, monsieur, faites le dû de votre charge, et dressez-lui-moi son procès comme larron et comme suborneur.

MAÎTRE JACQUES.

Comme larron et comme suborneur.

VALÈRE.

Ce sont des noms qui ne me sont point dus; et quand on saura qui je suis...

SCÈNE IV.

HARPAGON, ÉLISE, MARIANE, VALÈRE, FROSINE, MAÎTRE JACQUES, LE COMMISSAIRE.

HARPAGON.

Ah! fille scélérate! fille indigne d'un père comme moi! c'est ainsi que tu pratiques les leçons que je t'ai données! tu te laisses prendre d'amour pour un voleur infâme, et tu lui engages ta foi sans mon consentement! Mais vous serez trompés l'un et l'autre. (à Elise.) Quatre bonnes murailles me répondront de ta conduite; (à Valère.) et une bonne potence, pendard effronté, me fera raison de ton audace.

VALÈRE.

Ce ne sera point votre passion qui jugera l'affaire; et l'on m'écoutera au moins avant que de me condamner.

HARPAGON.

Je me suis abusé de dire une potence; et tu seras roué tout vif.

ÉLISE, aux genoux d'Harpagon.

Ah! mon père, prenez des sentiments un peu plus humains, je vous prie; et n'allez point pousser les choses dans les dernières violences du pouvoir paternel. Ne vous laissez point entraîner aux premiers mouvements de votre passion, et donnez-vous le temps de considérer ce que vous voulez faire. Prenez la peine de mieux voir celui dont vous vous offensez. Il est tout autre que vos yeux ne le jugent; et vous trouverez moins étrange que je me sois donnée à lui, lorsque vous saurez que sans lui vous ne m'auriez plus il y a long-temps. Oui, mon père, c'est lui qui me sauva de ce grand péril que vous savez que je courus dans l'eau, et à qui vous devez la vie de cette même fille dont...

HARPAGON.

Tout cela n'est rien; et il valoit bien mieux pour moi qu'il te laissât noyer, que de faire ce qu'il a fait.

ÉLISE.

Mon père, je vous conjure par l'amour paternel de me...

HARPAGON.

Non, non, je ne veux rien entendre; et il faut que la justice fasse son devoir.

MAÎTRE JACQUES, à part.

Tu me paieras mes coups de bâton.

FROSINE, à part.

Voici un étrange embarras.

ACTE V, SCÈNE V.

SCÈNE V.

ANSELME, HARPAGON, ÉLISE, MARIANE, FROSINE, VALÈRE, LE COMMISSAIRE, MAÎTRE JACQUES.

ANSELME.

Qu'est-ce, seigneur Harpagon? je vous vois tout ému.

HARPAGON.

Ah! seigneur Anselme, vous me voyez le plus infortuné de tous les hommes, et voici bien du trouble et du désordre au contrat que vous venez faire. On m'assassine dans le bien, on m'assassine dans l'honneur; et voilà un traître, un scélérat qui a violé tous les droits les plus saints, qui s'est coulé chez moi, sous le titre de domestique, pour me dérober mon argent, et pour me suborner ma fille.

VALÈRE.

Qui songe à votre argent, dont vous me faites un galimatias?

HARPAGON.

Oui, ils se sont donné l'un à l'autre une promesse de mariage. Cet affront vous regarde, seigneur Anselme; et c'est vous qui devez vous rendre partie contre lui, et faire à vos dépens toutes les poursuites de la justice, pour vous venger de son insolence.

ANSELME.

Ce n'est pas mon dessein de me faire épouser par force, et de rien prétendre à un cœur qui se seroit donné; mais pour vos intérêts, je suis prêt à les embrasser ainsi que les miens propres.

HARPAGON.

Voilà monsieur, qui est un honnête commissaire, qui n'oubliera rien, à ce qu'il m'a dit, de la fonction de son office. (au commissaire, montrant Valère.) Chargez-le comme il faut, monsieur, et rendez les choses bien criminelles.

VALÈRE.

Je ne vois pas quel crime on me peut faire de la passion que j'ai pour votre fille, et le supplice où vous croyez que je puisse être condamné pour notre engagement, lorsqu'on saura ce que je suis.

HARPAGON.

Je me moque de tous ces contes; et le monde aujourd'hui n'est plein que de ces larrons de noblesse, que de ces imposteurs qui tirent avantage de leur obscurité, et s'habillent insolemment du premier nom illustre qu'ils s'avisent de prendre.

VALÈRE.

Sachez que j'ai le cœur trop bon pour me parer de quelque chose qui ne soit point à moi, et que tout Naples peut rendre témoignage de ma naissance.

ANSELME.

Tout beau! prenez garde à ce que vous allez dire. Vous risquez ici plus que vous ne pensez; et vous parlez devant un homme à qui tout Naples est connu, et qui peut aisément voir clair dans l'histoire que vous ferez.

ACTE V, SCÈNE V.

VALÈRE.

Je ne suis point homme à rien craindre; et si Naples vous est connu, vous savez qui étoit don Thomas d'Alburci.

ANSELME.

Sans doute, je le sais; et peu de gens l'ont connu mieux que moi.

HARPAGON.

Je ne me soucie ni de don Thomas, ni de don Martin.

(Harpagon voyant deux chandelles allumées en souffle une.)

ANSELME.

De grâce, laissez-le parler; nous verrons ce qu'il en veut dire.

VALÈRE.

Je veux dire que c'est lui qui m'a donné le jour.

ANSELME.

Lui?

VALÈRE.

Oui.

ANSELME.

Allez, vous vous moquez. Cherchez quelque autre histoire qui vous puisse mieux réussir; et ne prétendez pas vous sauver sous cette imposture.

VALÈRE.

Songez à mieux parler. Ce n'est point une imposture, et je n'avance rien qu'il ne me soit aisé de justifier.

ANSELME.

Quoi! vous osez vous dire fils de don Thomas d'Alburci?

VALÈRE.

Oui, je l'ose, et je suis prêt de soutenir cette vérité contre qui que ce soit.

ANSELME.

L'audace est merveilleuse! Apprenez, pour vous confondre, qu'il y a seize ans pour le moins que l'homme dont vous nous parlez périt sur mer avec ses enfants et sa femme, en voulant dérober leur vie aux cruelles persécutions qui ont accompagné les désordres de Naples, et qui en firent exiler plusieurs nobles familles.

VALÈRE.

Oui. Mais apprenez, pour vous confondre, vous, que son fils, âgé de sept ans, avec un domestique, fut sauvé de ce naufrage par un vaisseau espagnol, et que ce fils sauvé est celui qui vous parle. Apprenez que le capitaine de ce vaisseau, touché de ma fortune, prit amitié pour moi; qu'il me fit élever comme son propre fils; et que les armes furent mon emploi dès que je m'en trouvai capable; que j'ai su depuis peu que mon père n'étoit point mort, comme je l'avois toujours cru; que, passant ici pour l'aller chercher, une aventure par le ciel concertée me fit voir la charmante Elise; que cette vue me rendit esclave de ses beautés, et que la violence de mon amour et les sévérités de son père me firent prendre la résolution de m'introduire dans son logis, et d'envoyer un autre à la quête de mes parents.

ACTE V, SCÈNE V.

ANSELME.

Mais quels témoignages encore, autres que vos paroles, nous peuvent assurer que ce ne soit point une fable que vous ayez bâtie sur une vérité?

VALÈRE.

Le capitaine espagnol, un cachet de rubis qui étoit à mon père, un bracelet d'agate que ma mère m'avoit mis au bras, le vieux Pédro, ce domestique qui se sauva avec moi du naufrage.

MARIANE.

Hélas! à vos paroles je puis ici répondre, moi, que vous n'imposez point; et tout ce que vous dites me fait connoître clairement que vous êtes mon frère.

VALÈRE.

Vous ma sœur!

MARIANE.

Oui : mon cœur s'est ému dès le moment que vous avez ouvert la bouche; et notre mère, que vous allez ravir, m'a mille fois entretenue des disgrâces de notre famille. Le ciel ne nous fit point aussi périr dans ce triste naufrage : mais il ne nous sauva la vie que par la perte de notre liberté; et ce furent des corsaires qui nous recueillirent, ma mère et moi, sur un débris de notre vaisseau. Après dix ans d'esclavage, une heureuse fortune nous rendit notre liberté, et nous retournâmes dans Naples, où nous trouvâmes tout notre bien vendu, sans y pouvoir trouver des nouvelles de notre père. Nous passâmes à Gênes, où ma mère alla ramasser quelques malheureux restes d'une succession qu'on avoit déchirée; et de là, fuyant la barbare injustice de ses parents, elle vint en ces lieux, où elle n'a presque vécu que d'une vie languissante.

ANSELME.

O ciel, quels sont les traits de ta puissance! et que tu fais bien voir qu'il n'appartient qu'à toi de faire des miracles! Embrassez-moi, mes enfants, et mêlez tous deux vos transports à ceux de votre père.

VALÈRE.

Vous êtes notre père?

MARIANE.

C'est vous que ma mère a tant pleuré?

ANSELME.

Oui, ma fille, oui, mon fils, je suis don Thomas d'Alburci, que le ciel garantit des ondes avec tout l'argent qu'il portoit, et qui, vous ayant tous crus morts durant plus de seize ans, se préparoit, après de longs voyages, à chercher dans l'hymen d'une douce et sage personne la consolation de quelque nouvelle famille. Le peu de sûreté que j'ai vu pour ma vie de retourner à Naples m'a fait y renoncer pour toujours; et ayant su trouver moyen d'y faire vendre ce que j'avois, je me suis habitué ici, où, sous le nom d'Anselme, j'ai voulu m'éloigner les chagrins de cet autre nom qui m'a causé tant de traverses.

HARPAGON, à Anselme.

C'est là votre fils?

ANSELME.

Oui.

ACTE V, SCÈNE V.

HARPAGON.

Je vous prends à partie pour me payer dix mille écus qu'il m'a volés.

ANSELME.

Lui, vous avoir volé!

HARPAGON.

Lui-même.

VALÈRE.

Qui vous dit cela?

HARPAGON.

Maître Jacques.

VALÈRE, à maître Jacques.

C'est toi qui le dis?

MAÎTRE JACQUES.

Vous voyez que je ne dis rien.

HARPAGON.

Oui, voilà monsieur le commissaire qui a reçu sa déposition.

VALÈRE.

Pouvez-vous me croire capable d'une action si lâche?

HARPAGON.

Capable ou non capable, je veux ravoir mon argent.

SCÈNE VI.

HARPAGON, ANSELME, ÉLISE, MARIANE, CLÉANTE, VALÈRE, FROSINE, LE COMMISSAIRE, MAÎTRE JACQUES, LA FLÈCHE.

CLÉANTE.

Ne vous tourmentez point, mon père, et n'accusez personne. J'ai découvert des nouvelles de votre affaire; et je viens ici pour vous dire que, si vous voulez vous résoudre à me laisser épouser Mariane, votre argent vous sera rendu.

HARPAGON.

Où est-il?

CLÉANTE.

Ne vous en mettez point en peine, il est en lieu dont je réponds, et tout ne dépend que de moi: c'est à vous de me dire à quoi vous vous déterminez; et vous pouvez choisir, ou de me donner Mariane, ou de perdre votre cassette.

HARPAGON.

N'en a-t-on rien ôté?

CLÉANTE.

Rien du tout. Voyez si c'est votre dessein de souscrire à ce mariage, et de joindre votre consentement à celui de sa mère, qui lui laisse la liberté de faire un choix entre nous deux.

MARIANE, à Cléante.

Mais vous ne savez pas que ce n'est pas assez que ce

consentement, et que le ciel, (montrant Valère) avec un frère que vous voyez, vient de me rendre un père (montrant Anselme) dont vous avez à m'obtenir.

ANSELME.

Le ciel, mes enfants, ne me redonne point à vous pour être contraire à vos vœux. Seigneur Harpagon, vous jugez bien que le choix d'une jeune personne tombera sur le fils plutôt que sur le père. Allons, ne vous faites point dire ce qu'il n'est pas nécessaire d'entendre; et consentez, ainsi que moi, à ce double hyménée.

HARPAGON.

Il faut pour me donner conseil que je voie ma cassette.

CLÉANTE.

Vous la verrez saine et entière.

HARPAGON.

Je n'ai point d'argent à donner en mariage à mes enfants.

ANSELME.

Hé bien, j'en ai pour eux; que cela ne vous inquiète point.

HARPAGON.

Vous obligerez-vous à faire tous les frais de ces deux mariages?

ANSELME.

Oui, je m'y oblige. Êtes-vous satisfait?

HARPAGON.

Oui, pourvu que pour les noces vous me fassiez faire un habit.

ANSELME.

D'accord. Allons jouir de l'allégresse que cet heureux jour nous présente.

LE COMMISSAIRE.

Holà, messieurs, holà. Tout doucement, s'il vous plaît. Qui me paiera mes écritures?

HARPAGON.

Nous n'avons que faire de vos écritures.

LE COMMISSAIRE.

Oui; mais je ne prétends pas, moi, les avoir faites pour rien.

HARPAGON, montrant maître Jacques.

Pour votre paiement, voilà un homme que je vous donne à pendre.

MAÎTRE JACQUES.

Hélas! comment faut-il donc faire? On me donne des coups de bâton pour dire vrai, et on me veut pendre pour mentir.

ANSELME.

Seigneur Harpagon, il faut lui pardonner cette imposture.

HARPAGON.

Vous paierez donc le commissaire?

ANSELME.

Soit. Allons vite faire part de notre joie à votre mère.

HARPAGON.

Et moi, voir ma chère cassette.

FIN DE L'AVARE.

RÉFLEXIONS

SUR

L'AVARE.

L'AVARICE étoit plus commune dans le dix-septième siècle que de nos jours. A cette époque, la bourgeoisie, ayant beaucoup moins de luxe et d'activité qu'aujourd'hui, devoit se livrer naturellement de préférence au soin de ses biens. Ce travail n'exigeoit d'elle aucun effort pénible; l'économie, le placement avantageux des fonds, se concilioient fort bien avec la vie oisive et retirée qu'elle aimoit. Quelques-uns, portant la parcimonie et l'avidité à l'excès, mais conservant le goût de l'inaction, se privoient des choses les plus nécessaires, quelle que fût leur fortune; faisoient, par leur avarice, le tourment de tous ceux dont ils étoient entourés, et ne rougissoient pas d'employer, pour augmenter leurs trésors, l'usure la plus honteuse et la plus révoltante. Ils ne cherchoient pas, comme aujourd'hui, à cacher ce vice : leur extérieur annonçoit ce qu'ils étoient; leurs discours ne rouloient que sur de viles spéculations : ils n'avoient qu'une idée, celle d'accumuler; aucun respect humain ne modifioit aux yeux du monde cette passion, qui prenoit sans cesse de nouvelles forces dans l'isolement et dans la haine de la société. Tels furent les modèles de L'AVARE de Molière.

Il auroit pu, comme Plaute, prendre ce caractère dans la classe pauvre : mais son génie éclairé sur les véritables sources du comique, l'éloigna de cette conception commune. Harpagon est supposé jouir d'une grande fortune, puisqu'à une époque où le train de la bourgeoisie étoit très-modeste, il a des chevaux, une voiture et un nombreux domestique. Molière ne se borne pas à cette combinaison qui rend son Avare moins excusable et plus ridicule; il le peint au moment où il va se marier, et où il veut régaler sa future : tout chez lui doit prendre un air de fête; il doit moins que jamais regarder à la dépense; et c'est alors que l'auteur met pour ainsi dire Harpagon aux prises avec sa situation, qu'il fait éclater de toutes les manières la honteuse passion qui le domine, et que chaque incident, chaque scène fournit un trait profond de caractère. Ce contraste, si bien entendu entre la position d'un homme et son penchant irrésistible, est une conception digne de Molière. Plaute n'en a eu aucune idée.

Un père avare ne peut guère manquer d'avoir un fils prodigue : cette situation, l'un des fondements principaux de la pièce françoise, n'a pas même été entrevue par le poëte latin. Cléante, sans cesse en opposition avec son père, n'a pas pour lui les égards qu'il lui doit, et lui manque même d'une manière odieuse en méprisant sa malédiction. Ce caractère a été présenté par J. J. Rousseau, dans sa LETTRE SUR LES SPECTACLES, comme une peinture très-dangereuse : à une époque où l'on ne rougissoit pas d'offrir, soit au théâtre, soit dans les romans, les situations les plus cyniques, les opinions les plus révoltantes, on accusoit Molière d'avoir blessé la morale, parce qu'il avoit peint les suites nécessaires et inévitables de l'avarice d'un père de famille. Sans doute le respect des enfants pour leurs pères est un devoir qui ne souffre aucune exception; mais un devoir aussi sacré est prescrit aux pères, c'est celui de se rendre respectables : or Harpagon, se livrant à l'usure la plus vile et la plus criminelle, démasqué devant son fils par une circonstance très-vraisemblable, ne mérite-t-il pas un châtiment exemplaire? Et quel châtiment plus terrible le poëte pouvoit-il lui infliger que le mépris de son fils? Molière n'excuse nullement ce jeune homme; il peint son insolence sans ménagement : et ceux qui peuvent applaudir au trait par lequel il répond à la malédiction paternelle, ne doivent s'en prendre qu'à eux-mêmes s'ils n'ont pas saisi la véritable intention de l'auteur, qui n'est point, comme le dit faussement Rousseau, d'inspirer de l'intérêt pour Cléante, mais de montrer à quel excès un fils peut se porter lorsqu'il est poussé à bout par un père tel qu'Harpagon. Cléante, fils soumis et respectueux, n'auroit pas rempli l'objet que Molière s'étoit proposé : cette patience à toute épreuve auroit paru contraire à l'âge et aux passions du personnage; elle n'auroit eu aucun imitateur; et c'eût été une leçon de morale absolument perdue.

L'Avare ne présente point, comme les autres pièces de caractère de l'auteur, un homme raisonnable et modéré qui donne des conseils au principal personnage. La raison en est naturelle; un avare n'a point d'amis : son cœur est entièrement fermé à ce sentiment; il ne peut être entouré que de gens qui le trompent : telle est la situation d'Harpagon au milieu de sa famille.

Son fils et sa fille ont chacun une inclination qu'ils lui cachent, et font des projets pour fuir la maison paternelle : l'homme en qui il a placé sa confiance, dont il est sans cesse flatté, ne s'est introduit chez lui que pour le tromper, et pour lui ravir sa fille. Une femme d'intrigue est chargée de ses affaires, se moque de lui, et s'unit avec ses enfants pour le trahir. Enfin ses domestiques, manquant de tout, détestant leur

maître, sont tous des fripons qui cherchent l'occasion de le
voler. Il étoit impossible de mieux entourer un avare pour
offrir tous les développements de son caractère, et pour montrer les dangers auxquels cette indigne passion expose.

L'Avare de Plaute est loin de présenter ces combinaisons
profondes et cette foule de situations comiques : on va en
juger par une analyse abrégée de cette pièce, où les traits
imités par Molière seront indiqués.

Un prologue, comme dans toutes les comédies anciennes,
explique le sujet au spectateur. Le dieu domestique d'Euclion
raconte que le grand-père de ce personnage a caché un trésor
derrière son foyer. Cet homme étoit si avare, qu'en mourant
il n'a pu se décider à confier ce secret à son fils : celui-ci, du
même caractère, n'a jamais fait d'offrande au dieu domestique ; et le dieu s'est bien gardé de lui découvrir le trésor.
Enfin Euclion n'a pas eu plus de générosité ; mais sa fille Phœdria, pieuse et libérale, s'est concilié le dieu qui a fait connoître le trésor à Euclion, afin qu'il pût la marier. Cette fille
a été violée aux fêtes de Cérès par Lyconide, neveu de Mégadore, voisin de l'avare ; elle est grosse et sur le point d'accoucher. Le dieu veut que Lyconide l'épouse ; et, pour qu'il se
déclare, il annonce qu'il va la faire demander par l'oncle de
ce jeune homme.

Euclion paroît devant sa maison avec Straphila, sa gouvernante : il s'emporte contre elle, exprime des soupçons
qu'elle ne comprend pas, et la traite si mal, qu'elle veut se
pendre. Après avoir visité sa maison, il est plus tranquille.
Sa gouvernante lui fait observer que ses inquiétudes sont mal
fondées, car il n'y a rien dans la maison. Euclion, craignant
que quelqu'un ne s'introduise chez lui, recommande à Straphila de ne rien prêter aux voisins. Si l'on demande du feu, il

faut l'éteindre; si l'on veut de l'eau, il faut dire qu'il n'y en a point : ainsi du reste. Il tremble qu'on ne le soupçonne d'avoir de l'or chez lui. Quand on le salue, il imagine que son secret est découvert. Il sort enfin pour aller toucher l'argent que la république distribue aux citoyens malheureux.

Ce premier acte de Plaute n'a, comme on le voit, rien fourni à Molière : à peu de choses près, le second ne lui a pas été plus utile. Mégadore, oncle de l'amant de Phœdria, n'étant pas instruit de la liaison que ce jeune homme a eue avec elle, annonce à Eunomie, sa sœur, qu'il a l'intention d'épouser cette fille, quoiqu'elle soit pauvre. Il aborde Euclion, qui revient de très-mauvaise humeur parce qu'il n'a pas touché d'argent : il lui fait des compliments; et cette politesse donne les plus vives inquiétudes à l'avare, qui croit que le secret de son trésor est découvert. Ne pouvant y résister, Euclion rentre brusquement chez lui, voit si son argent y est toujours, revient, sort encore pour le même motif, et reparoît enfin plus calme. Molière a donné les mêmes craintes à Harpagon. Mégadore fait ses propositions de mariage : Euclion y consent, mais à une condition. « Je veux bien, dit-il, que cet hymen « s'accomplisse; mais n'oubliez pas que vous vous êtes engagé « à prendre ma fille sans dot. »[1] Il est possible que ce trait ait fait naître à Molière l'idée de la scène où Harpagon répond constamment à toutes les objections que lui fait adroitement Valère sur le mariage d'Élise avec Anselme, par ces seuls mots : *Sans dot!* Mais quelle différence entre ces deux scènes ! Celle du poëte latin est froide et commune; celle de Molière est du comique le plus fort.

---

[1] Faxint ; illud facito ut memineris
Convenisse ut ne quid dotis mea ad te afferret filia.

Euclion, après que Mégadore est parti, annonce à sa gouvernante qu'il va marier sa fille, et lui ordonne de nettoyer sa vaisselle; elle répond que cela sera bientôt fait. Restée seule, elle s'inquiète, parce que Phœdria sent déjà les douleurs de l'enfantement. Cependant les cuisiniers de Mégadore arrivent pour préparer le festin de noces dont Euclion aura la moitié; ils s'entretiennent de cet avare : voici quelques traits qui ont pu fournir à Molière l'idée du portrait de l'Avare que Maître Jacques fait en présence d'Harpagon lui-même :

[1] « Une pierre n'est pas plus dure que ce maudit vieillard.
« Il jette les hauts cris, s'imagine qu'il a tout perdu, et croit
« qu'on lui a arraché les entrailles s'il voit la fumée sortir de
« la cheminée. Dernièrement, un milan s'empara d'un mor-
« ceau de viande destiné à son dîner : mon homme court aussi-
« tôt tout en pleurs au tribunal du préteur; et, la voix entre-
« coupée par ses sanglots, il supplie le magistrat de lui
« permettre d'ajourner cet oiseau. Je rappellerois cent traits
« pareils, si j'en avois le temps. » Les autres détails sur le caractère d'Euclion sont grossiers et de mauvais goût : Molière ne les a pas imités.

Strobile, valet du neveu de Mégadore, ordonne à l'un des

---

[1] Pumex non æquè est aridus atque hic est senex.
. . . . Clamat continuò
Suam rem periisse, seque eradicarier,
De suo tigillo fumus si quà exit foras.
. . . .
Ei pulmentum pridem eripuit milvus :
Homo ad prætorem deplorabundus venit :
Infit ibi postulare, plorans, ejulans,
Ut sibi liceret milvum vadarier.
Sexcenta sunt quæ memorem, si sit otium.

cuisiniers d'aller s'installer chez Euclion pour préparer le festin : ensuite il appelle la gouvernante; et comme il ne trouve point de bois, il parle de brûler les meubles. Euclion, qui a voulu se mettre en dépense le jour du mariage de sa fille, revient du marché où il n'a rien acheté, parce que tout lui a paru trop cher. Il voit sa maison en proie aux cuisiniers; et ce spectacle le met au désespoir. Il rentre, et c'est la fin du second acte.

Le troisième acte s'ouvre par un cuisinier qui se sauve de la maison d'Euclion où il vient d'être battu : l'avare le poursuit, et lui dit qu'il a voulu le voler. Resté seul, il réfléchit au mariage de sa fille, et se repent d'y avoir consenti. Mégadore entre, et croyant être seul, il fait aussi des réflexions; mais elles sont moins tristes. Il se félicite d'épouser une fille pauvre, et fait à cette occasion un tableau de la vie des femmes et de leurs dépenses : la sienne sera économe; et ce qu'elle ne dissipera pas tiendra lieu de la dot qui lui manque. Molière a tiré le plus grand parti de cette idée, en mettant ce calcul dans la bouche de Frosine, où il est bien mieux placé. Mégadore propose à l'Avare de venir boire avec lui du bon vin vieux. Euclion soupçonne que c'est un piége, et qu'on veut l'enivrer pour voler son trésor. Il rompt l'entretien; et cette brusquerie termine le troisième acte.

Le quatrième a été plus utile à Molière que les précédents : on va voir qu'il y a puisé trois scènes importantes. Euclion, toujours inquiet sur son trésor, vient le placer dans le temple de la *Bonne Foi*. Strobile, valet du jeune Lyconide, entend son monologue, et forme le projet de le voler. Euclion revient bientôt, tourmenté par ses soupçons : il arrête Strobile, qui n'a encore pu faire son coup, et l'interroge avec vivacité.

STROBILE.

Que vous ai-je enlevé?[1]

EUCLION.

Rends-le-moi.

STROBILE.

Que faut-il vous rendre?

EUCLION.

Tu le demandes. Montre-moi tes mains.

STROBILE.

Voyez.

EUCLION.

Montre-les-moi.

STROBILE.

Les voilà.

EUCLION.

Cela ne suffit pas. Montre-moi aussi la troisième... Je ne veux point te fouiller, mais rends-le-moi.

Molière a imité cette scène; mais il y a fait un changement important. «Lorsque Euclion, dit M. de La Harpe, après avoir
« examiné les deux mains d'un esclave, dit, *Voyons la troisième*,
« il blesse la vraisemblance. Euclion, qui n'est pas fou, sait
« bien qu'on n'a que deux mains. Molière a pourtant profité de
« ce trait; mais comment? Harpagon, après avoir vu une
« main, dit *l'autre*; et, après avoir vu la seconde, il dit encore
« *l'autre*. Il n'y a rien de trop, parce que la passion peut lui
« faire oublier qu'il en a vu deux; mais elle ne peut lui persua-

---

[1] STROB. Quid tibi surripui? EUCL. Redde huc sis. STROB. Quid tibi vis reddam? EUCL. Rogas?
.... Ostende huc manus.
STROB. Hem tibi. EUCL. Ostende. STROB. Eccas. EUCL. Video, age, Ostende etiam tertiam. Jam scrutari mitto. Redde huc.

SUR L'AVARE.

« der qu'il y en a trois. Le mot de Plaute est d'un farceur,
« celui de Molière est d'un comique. »

Strobile, irrité, forme de nouveau le projet de voler l'Avare. Euclion revient; et, toujours inquiet sur son trésor, il se propose de le porter hors de la ville, dans un bois consacré à Sylvain. Strobile, qui l'a entendu, sort précipitamment en disant qu'il y sera plus tôt que lui.

Lyconide, qui, comme on sait, a autrefois violé la fille de l'Avare, paroît pour la première fois avec sa mère Eunomie, sœur de Mégadore; il désire d'épouser Phœdria : au milieu de la scène, on entend les cris de cette fille qui accouche. La mère et le fils sortent pour aller prier Mégadore de consentir à ce mariage. Strobile reparoît transporté de joie; il a volé le trésor, et se sauve pour le mettre en sûreté. Euclion au désespoir le remplace aussitôt :

[1] « Je suis perdu, s'écrie-t-il, je suis mort, je suis assas-
« siné! Où irai-je? où n'irai-je pas? Arrêtez! Le voici! le
« voilà! Je ne sais rien, je ne vois rien, je marche en aveugle.
« Je vous en prie, je vous en conjure, montrez-moi l'homme
« qui m'a volé... Qu'y a-t-il? Pourquoi vois-je rire de tous
« côtés? Je sais qu'il y a ici beaucoup de fripons. Personne

---

[1] Perii, interii, occidi! Quò curram? Quò non curram?
Tene, tene quem! Quis! Nescio, nihil video, cæcus eo; atque.
. . . .
Oro, obtestor, sitis, et hominem demonstretis qui eam abstulerit.
. . . .
Quid est? Quid ridetis? Novi omnes, scio fures esse hîc complures.
Hem, nemo habet horum! Occidisti! Dic igitur quis habet, nescis?
Heu! me miserum, miserum! Perii malè perditus. . . . .
. . . . Perditissimus ego sum omnium in terrâ.
Nam quid mihi opus est vitâ, qui tantum auri perdidi?

« n'a-t-il trouvé mon voleur? Vous m'assassinez avec vos ris!
« Dites-moi donc celui qui m'a pris mon argent? ne le savez-
« vous pas? Malheureux que je suis! Je suis mort, j'ai tout
« perdu! je suis le plus infortuné des mortels. A quoi me sert
« la vie, après qu'on m'a enlevé mon argent? »

Molière a imité ce monologue, où la passion de l'Avare est exprimée avec beaucoup d'énergie. Il a même hasardé, d'après le poëte latin, une invraisemblance qui seroit inexcusable, si l'on en abusoit; c'est de mettre l'Avare aux prises avec le parterre. Mais la situation d'Harpagon est plus forte et plus comique : il n'a perdu qu'une très-petite partie de sa fortune, tandis qu'on a enlevé tout à Euclion. Il est naturel que les plaintes de celui-ci, qui sont très-fondées, fassent moins rire que celles d'Harpagon, qui peut facilement réparer la perte qu'il a faite.

Lyconide, qui entend les plaintes d'Euclion, fait la même méprise que Valère dans la pièce françoise : il s'imagine que le malheureux père se plaint de ce qu'on a outragé sa fille.

[1] C'est moi qui suis le coupable, dit-il, je l'avoue.

EUCLION.

O ciel! que m'apprends-tu?

---

[1] Lyc. Id ego feci et fateor. Eucl. Quid ego ex te audio?
 Lyc. Id quod verum est. . . . .
  Deus mihi impulsor fuit, is me ad illam illexit. Eucl. Quomodò?
 Lyc. Fateor me peccavisse, et me hanc culpam commeritum scio.
  Id adeò te oratum advenio, ut animo æquo ignoscas mihi.
 Eucl. Cur id ausus facere ut id, quod non tuum esset, tangeres?
 Lyc. Quid vis fieri? Factum est illud. Fieri infectum non potest.
  Deos credo voluisse. Nam ni vellent, non fieret, scio.
 Eucl. . . . . Homo audacissime,
  Cum isthácne te oratione huc ad me adire ausum?

LYCONIDE.

Ce qui est vrai. J'ai été poussé par l'ascendant d'un dieu qui m'a entraîné vers elle.

EUCLION.

Et comment?

LYCONIDE.

J'avoue que je suis coupable, et que je mérite d'être puni de ma faute. Je viens donc vous prier d'avoir de l'indulgence pour mon égarement, et de me le pardonner.

EUCLION.

Comment as-tu osé porter tes mains sur ce qui ne t'appartenoit pas?

LYCONIDE.

Que voulez-vous? il n'y a point de remède. Ce qui est fait est fait. Je crois que les dieux m'ont fait perdre la raison. S'ils ne m'avoient poussé, je ne me serois pas égaré.

EUCLION.

Téméraire! comment oses-tu venir auprès de moi? Espères-tu m'apaiser par des excuses? etc.

Le reste de cette scène est sur le ton sérieux : celle de Molière est bien plus comique; la méprise dure plus long-temps; et l'excellente plaisanterie *des beaux yeux de la cassette* n'est pas même indiquée dans le poëte latin.

Nous n'avons que la première scène du cinquième acte de Plaute. C'est Strobile qui vient annoncer à Lyconide qu'il s'est emparé du trésor : le jeune homme veut qu'on le rende.

On voit par cette analyse que Molière n'a fait à Plaute que de légers emprunts; qu'il a embelli tout ce qu'il a imité, et que la belle conception d'un avare riche lui appartient entièrement.

Suivant sa coutume de s'approprier toutes les bonnes idées qu'il trouvoit, il a fondu dans la fable de l'Avare quelques traits comiques puisés dans une comédie de l'Arioste intitulée, I SUPPOSITI ; dans une pièce de Boisrobert, intitulée, LA BELLE PLAIDEUSE ; et dans un cannevas italien aujourd'hui oublié.

Frosine cherche à flatter l'Avare ; elle veut lui persuader qu'il est jeune, et très-propre à p'aire à une jeune femme. Le commencement de cette scène est imité DES SUPPOSITI. Pasifile, ayant les mêmes projets sur le vieux Cléandre, lui parle ainsi :

[1] N'êtes-vous pas jeune ?

CLÉANDRE.

Je suis dans ma cinquantième année.

PASIFILE (à part).

Il en dit plus de douze de moins.

CLÉANDRE.

Que dis-tu ? douze de moins.

PASIFILE.

Que je vous croyois plus de douze ans de moins, vous n'ayez pas l'air d'en avoir plus de trente-sept.

CLÉANDRE.

Je suis cependant à l'âge que je t'ai dit.

---

[1] PASIFILO. . . . . Non sete voi giovane ?
CLEANDRO. Sono nè cinquant'anni. PAS. (Più di dodici
Dice di manco.) CL. Che di manco dodici
Di tu ? PAS. Che vi estimavo più di dodici
Anni di manco. Non mostrate all'aria
Passar trenta sette anni. CL. Sono altermine
Pur ch'io ti dico. PAS. La vostra abitudine
È tal, che voi passerete il centesimo.
Mostrate mi la man. CL. Sei tu, Pasifilo,
Buon chiromante ? PAS. Io ci ho pur qualche pratica.
Ieh ! lasciatemi un pò vederla. CL. Eccola.
PAS. O che bella, che lunga, e netta linea !
Non vidi mai la miglior.

SUR L'AVARE.

PASIFILE.

A votre tournure, je vois que vous passerez cent ans. Montrez-moi votre main.

CLÉANDRE.

Es-tu bon magicien?

PASIFILE.

J'ai autrefois un peu pratiqué cet art; mais laissez-moi votre main.

CLÉANDRE.

La voici.

PASIFILE.

O que cette ligne est droite, longue et belle! Jamais je n'en ai vu de plus heureuse.

La scène de Molière est plus développée et plus comique.[1] Le mouvement de franchise de maître Jacques, lorsqu'il raconte à l'Avare tous les bruits qui courent sur lui, est aussi une imitation DES SUPPOSITI. Cléandre demande à Dalippo ce qu'on pense de lui :[2] « Imaginez-vous, répond Dalippo, tout « ce qu'on peut dire de pis. On soutient qu'il n'y a pas d'homme « plus ladre et plus vilain que vous. » Il est aisé de voir quel parti Molière a tiré de cette idée comique.

Parmi les excellentes scènes de L'AVARE, on distingue celle où La Flèche montre à Léandre à quel prix on lui prêtera de

---

[1] On a critiqué l'emphase de Frosine, lorsqu'elle dit qu'elle pourroit marier le grand Turc avec la république de Venise. Cette plaisanterie est de Rabelais. (Livre III, chap. XXXIX.) «Et te dis, Dandin, mon fils joly, « que, par cette méthode, je pourrois paix mettre et trèves entre le grand « roy et les Vénitiens. »

[2]   Immaginate vi
Quel che si può di peggio : che il più misero
E più stretto uomo non è di voi.

l'argent, et celle où Cléante reconnoît son père dans l'usurier. L'idée de ces deux scènes se trouve dans LA BELLE PLAIDEUSE de Boisrobert, jouée en 1654, treize ans avant L'AVARE. Ces scènes sont dans un ordre différent : on sera probablement curieux de les connoître. Ergaste, jeune dissipateur, fils d'un père avare, nommé Armidor, veut secourir la mère de sa maîtresse qui a un procès ruineux : il s'adresse au notaire Barquet pour avoir de l'argent; et ce notaire, qui ne le connoît pas, le mène à son père.

BARQUET.

Parlez-lui.

ERGASTE.

Quoi! c'est là celui qui fait le prêt?

BARQUET.

Oui, monsieur.

ARMIDOR.

Quoi! c'est là ce payeur d'intérêt?
Quoi! c'est donc toi, filou, méchant, traîne-potence!
C'est en vain que ton œil évite ma présence.
Je t'ai vu.

ERGASTE.

Qui doit être enfin le plus honteux,
Mon père? et qui paroit le plus sot de nous deux?

Ergaste, obligé de renoncer à ce moyen de se procurer de l'argent, trouve un autre usurier qui veut bien lui prêter quinze mille francs. Son valet lui en parle :

FILIPIN.

A votre père il feroit des leçons.
Têtebleu! qu'il en sait, et qu'il fait de façons!
C'est le fesse-Matthieu le plus franc que je sache :
J'ai pensé lui donner deux fois sur la moustache.
Il veut bien vous donner les quinze mille francs;
Mais, monsieur, les deniers ne sont pas tous comptants.

Admirez le caprice injuste de cet homme !
Encor qu'au denier douze il prête cette somme,
Sur bonne caution, il n'a que mille écus
Qu'il donne argent comptant.

ERGASTE.

Où donc est le surplus ?

FILIPIN.

Je ne sais si je puis vous le conter sans rire.
Il dit que du cap Verd il lui vient un navire,
Et fournit le surplus de la somme en guenons,
En fort beaux perroquets, en douze gros canons,
Moitié fer, moitié fonte, et qu'on vend à la livre.
Si vous voulez ainsi la somme, il vous la livre.

Molière a donné beaucoup plus de force à ces détails vraiment comiques : il a perfectionné l'idée de Boisrobert, en faisant figurer son Avare dans les deux scènes.

Riccoboni prétend que plusieurs scènes de L'AVARE sont puisées dans des canevas italiens. Nous croyons qu'il se trompe : il suffira de citer quelques-unes de ces prétendues imitations. Lelio, dans un canevas italien, s'introduit chez Pantalon, banquier, dont il aime la fille, et se vante d'être très-habile dans le commerce. Cela ressemble-t-il au stratagème de Valère, qui se fait intendant d'Harpagon ? Scapin persuade à Pantalon que sa maîtresse est amoureuse de lui, qu'elle aime les vieillards ; et Pantalon ouvre sa bourse à chaque louange. C'est tout le contraire chez Molière, car Harpagon ne donne rien. Cette idée a été plutôt employée dans LE BOURGEOIS GENTILHOMME, où M. Jourdain récompense magnifiquement tous les titres dont on l'accable. Il n'y a dans L'AVARE que deux scènes véritablement imitées de ce canevas : celle où deux rivaux, étant prêts à en venir aux mains, Scapin les prend à part, et leur fait croire que chacun cède sa maîtresse ; (on reconnoît la situation de maître Jacques) et la scène du diamant que Scapin enlève du doigt de Pantalon pour le donner à Flaminia, ce que le vieillard n'ose empêcher. Dans cette scène, il y a encore une différence essentielle, c'est que Pantalon est généreux.

On a peine à se figurer que Molière, ayant recueilli de tous côtés tant de matériaux différents, soit parvenu à en composer un ensemble parfait. C'est un effort aussi admirable que s'il eût entièrement imaginé le sujet. En effet, lorsque l'ouvrage d'un homme ordinaire se forme de diverses conceptions qui ne lui appartiennent pas, on reconnoît toujours des parties qui ne vont pas ensemble, qui ne peuvent s'accorder, et qui produisent des disparates choquantes; au lieu que l'homme de génie se rend maître de tout ce qu'il daigne emprunter, se l'approprie en quelque sorte; et les beautés différentes qu'il emploie semblent couler de la même source. Aucun auteur n'a porté plus loin que Molière cette force de conception qui soumet tout aux idées de celui qui la possède. Il est aussi grand lorsqu'il imite que lorsqu'il invente.

Le mérite de L'Avare ne fut pas senti aux premières représentations; mais Boileau, qui se déclara ouvertement l'admirateur de cette pièce, ramena les esprits éclairés; et le public partagea bientôt leur opinion.

FIN DU TOME QUATRIÈME.

TABLE

DES PIÈCES CONTENUES DANS CE VOLUME.

MÉLICERTE.................................... Page 1
Réflexions sur Mélicerte......................... 38
PASTORALE COMIQUE........................... 41
LE SICILIEN, OU L'AMOUR PEINTRE.............. 53
Réflexions sur le Sicilien......................... 90
LE TARTUFFE................................... 93
Réflexions sur le Tartuffe........................ 227
AMPHITRYON................................... 241
Réflexions sur Amphitryon....................... 351
L'AVARE....................................... 365
Réflexions sur l'Avare........................... 501

FIN DE LA TABLE.